阿布都伟力·买合普拉 著

县域综合物流体系建设路径研究
——以新疆若羌县为例

XIANYU ZONGHE WULIU TIXI
JIANSHE LUJING YANJIU

企业管理出版社
EMPH ENTERPRISE MANAGEMENT PUBLISHING HOUSE

图书在版编目（CIP）数据

县域综合物流体系建设路径研究：以新疆若羌县为例 / 阿布都伟力·买合普拉著. -- 北京：企业管理出版社, 2024. 8. -- ISBN 978-7-5164-1841-3

Ⅰ. F259.274.54

中国国家版本馆 CIP 数据核字第 20244J6S14 号

书　　名：	县域综合物流体系建设路径研究——以新疆若羌县为例
书　　号：	ISBN 978-7-5164-1841-3
作　　者：	阿布都伟力·买合普拉
策划编辑：	侯春霞
责任编辑：	侯春霞
出版发行：	企业管理出版社
经　　销：	新华书店
地　　址：	北京市海淀区紫竹院南路 17 号　　邮编：100048
网　　址：	http://www.emph.cn　　电子信箱：pingyaohouchunxia@163.com
电　　话：	编辑部 18501123296　　发行部（010）68417763、（010）68414644
印　　刷：	北京厚诚则铭印刷科技有限公司
版　　次：	2024 年 10 月第 1 版
印　　次：	2024 年 10 月第 1 次印刷
开　　本：	710mm×1000mm　　1/16
印　　张：	16.75 印张
字　　数：	268 千字
定　　价：	89.00 元

版权所有　　翻印必究·印装有误　　负责调换

前言

在政府主导型经济发展模式下，区域物流理论得以形成并蓬勃发展。这是因为，特定经济区域的发展，可通过宏观调控的相关手段加以干预和改善，这是从区域视角进行的一种思考。同时，特定经济区域的产业体系，同样可通过宏观调控手段加以干预和改进。因此，一般市场经济条件下的物流产业活动，在政府主导型经济发展模式下，被赋予了"区域"的特征。尽管社会物流活动的供给与需求关系很大程度上由市场机制调节，但是政府主导型经济发展模式对市场机制条件下的物流活动，在企业组织、空间组织、扶持政策等层面都产生了重要的影响，尽管这种影响不是绝对的或长远的。因此，物流产业的研究，在政府主导型经济发展模式下，获得了"区域"的视角。这种视角，通过产业规划手段、产业管理手段、产业扶持政策等层面，形成了具体的表现形式，做实了"区域"物流的客观存在状态。在一些区域物流研究、市域物流研究和县域物流研究中，对于这种理论框架进行了多方位的讨论和验证。一些研究从学科视角出发，采用特定学科的方法对区域物流进行研究，而另一些研究则从区域政策视角出发，依托政策的导向性表述对区域物流发展问题进行研究。

市域或县域，是区域的一种空间表现形式，其物流产业运行的本质要素是相同的，只是市域或县域的经济体系、城镇化体系、自我发展能力、空间经济组织表现等存在一些差异。一般情况下，县域物流主要为县域城镇的经济社会发展、县域各类产业体系的可持续发展提供物流支撑，其中城乡物流的融合发展是县域物流的一个重要特征。从县域的传统产业结构看，农产品物流是县域物流的一个重要表现板块和形式。从概念上讲，县域物流是指在特定县域范围内进行货物运输、仓储和配送等物流活动的一种组织形式。县域物流主要关注满足该县域内商品流动的需求，包括生产企业的原材料供应、产品销售等，以及居民的日常消费品采购等。县域物流系统通常由物流公司、仓储设施、运输车辆和相关信息系统组成，通过建立健全物流网络与销售渠道，提高县域物流效率，促进经济发展。县域物流产业的发展，通常由县域政府经济管理部门通过制定物流产业布局规划以及实施物流产业发展政策而加以推进。县域物流的发展可以提升区域经济竞争力，改善农产品、特色产品等的供应链管理，推动产业结构升级和农村经济转型。

从运行模式看，县域物流体系具有较强的综合性特征。县域物流不仅是单一的货物运输，还包括仓储、配送、代理报关、信息管理等一系列服务内容，需提供全方位、综合性的服务，以满足客户的不同需求。县域物流涉及供应链的各个环节，包括供应商、生产企业、分销商和最终消费者等，需要综合考虑供应链中的运输、仓储、配送等方面，以确保货物的顺利流通。县域物流在进行货物运输时，往往需要综合运用公路、铁路、水路和航空等不同的运输方式，以便更好地实现货物的快速、安全、经济流动。县域物流涉及各个行业的货物运输，例如农产品、工业品、日用品等，因此需要综合运用不同行业的物流资源和技术，以满足不同行业的需求。县域物流产业由不同的县域经济管理部门进行管理和引导，物流产业管理职能分布于不同的产业管理部门。对此，要进行统筹管理，以提高物流产业的协同管理水平和融合发展水平。总之，由于县域物流体系涉及不同行业的物资流动、多种运输方式的选择、供应链的整合和多样化的服务内容，因而具有综合性特征。

县域综合物流体系的建设主要是为了促进产业发展、改善物流环境、满足消费需求、优化资源配置、增加就业机会和加强区域合作等。通过建立健全县域综合物流体系，可以提升县域竞争力，推动经济社会发展。首先，物流是产业链和供应链的重要环节，发展县域综合物流体系可以提高产业链的协同效应，促进产业发展，推动县域经济的转型升级。良好的物流环境可以提高物流效率和降低物流成本，吸引更多的企业投资，提升县域的竞争力，加快城市现代化进程。由于县域内资源分布不均衡，建设综合物流体系可以优化资源配置，实现资源整合和利用，提高资源的综合利用效率。其次，随着人们生活水平的提高，对商品品质和服务质量的要求也越来越高。建设县域综合物流体系可以提供更快速、更便捷、更安全的物流服务，满足居民和企业的消费需求。再次，物流行业是人力密集型行业，建设县域综合物流体系可以创造大量的就业机会，提高就业率，改善居民生活水平。最后，县域综合物流体系的建设可以促进区域间的合作与交流，加强县域与外部地区的联系，推动跨区域合作与发展。

县域综合物流体系的建设路径包括调研分析、确定规划目标、提供政策支持、基础设施建设、运输方式优化、信息系统建设、供应链管理、综合服务提供、人才培养和持续改进等环节。在各个环节中，需要充分考虑县域实际情况和发展需求，形成符合县域特点的综合物流体系。首先，要对县域的物流需求、现有物流状况、产业特点等进行调研分析，了解县域物流的发展潜力和瓶颈。根据调研结果，确定县域综合物流体系的规划目标，包括物流发展的战略定位、发展目标、重点领域等。制定配套政策，提供各种支持措施，包括税收优惠、资金扶持、土地资源保障等。同时，加强政府监管和协调，推动物流发展。其次，根据规划目标和实际需求，在县域内建设物流园区、物流中心、仓储设施等基础设施，形成辐射带动效应。结合县域实际情况，选择合适的运输方式，发展公路、铁路、水路等多式联运，提高运输效率和降低成本。建立物流信息平台，实现物流信息的集成和共享，提高物流协同效应和管理水平。再次，加强供应链管理，促使生产企业、分销商、第三方物流公司等建立紧密的合作关系，提高整体供应链的效率和竞争力。提供货物仓储、配送、代理报关等一体化服务，满足客户的不同需求。加强物流人才的培养和引进，提高县域内物流从业人员的素质和能力，推动县域物流体系的发展。最后，要持续进行监测评估，及时发现问题和不足，并进行改进和创新，实现县域物流体系的可持续发展。

本书将新疆若羌县作为县域综合物流体系建设的案例进行了讨论。若羌县是全国辖区面积最大的县，地处新疆维吾尔自治区巴音郭楞蒙古自治州东南部，塔克拉玛干沙漠东南缘，行政面积20.23万平方千米。若羌县位于新疆东南咽喉要冲，与甘肃、青海、西藏三省区交界，毗邻且末县、尉犁县、哈密市和吐鲁番市。域内风光水土资源丰富，矿产资源种类多、储量大，具有广阔的发展前景。若羌县自古以来就是内地通往中亚和新疆通往内地的第二条战略通道，也曾是古丝绸之路的必经要道，地理优势极为突出，战略地位十分重要。若羌县是315国道进入新疆的门户，218、315国道在县城交会。218国道向北接南疆重镇库尔勒，经伊宁到达霍尔果斯口岸；315国道向西经且末到达喀什，向东经青海、四川到达广西出海。随着库尔勒—若羌、依吞布拉克—若羌—和田高速公路和哈密—若羌、库尔勒—若羌—格尔木和若羌—且末—和田铁路及楼兰飞机场的相继建设，若羌县物流商贸中心、交通枢纽重镇的区位优势和作用日渐凸显。若羌县的交通建设缩短了我国内地与新疆南疆地区之间的运输距离，为南疆的发展、丝绸之路经济带沿线经济的建设贡献了重要力量。通过发展县域物流，若羌县可以充分利用地理位置优势，提高区域物流运输的便捷性。

通过综合物流体系建设，若羌县力求成为进出疆大通道和西部陆海新通道的重要枢纽城市、保障国家能源安全的重要新能源基地、南疆乃至全疆经济社会高质量发展的全新战略支点。2023年，新疆维吾尔自治区人民政府印发《若羌新城建设发展规划（2023—2030年）》，提出到2030年，将若羌新城建成国家重要的新能源供应保障基地、国家陆港型物流枢纽、西部新材料制造应用基地、新疆绿色矿产转型创新发展样板区、新疆农业现代化示范区、国际知名高端特种旅游体验区等。除了以上县域发展定位之外，若羌县是我国西部地区典型的内陆县市，其县域综合物流体系研究具有重要的物流地理学意义，能够丰富和发展内陆地区县域物流的研究理论。此外，我国政府高度重视县域经济发展和扶贫工作，相应的政策支持也较为完善。以若羌县为案例进行县域物流研究，可以更好地总结和借鉴政策支持的经验，并为其他类似地区提供参考。随着共建"一带一路"的推进以及区域经济一体化的发展，中亚地区的市场需求不断增加。若羌县作为与中亚地区紧密联系的县域，发展县域物流有望满足这些市场的需求，促进贸易往来和经济合作。综合考虑以上因素，在县域物流的普遍性研究层面，若羌县作为研究案例具有较大的代表性和研究价值，有助于深入了解县域物流发展的实际问题及其解决方法。

物流是现代经济的重要组成部分，县域物流作为物流体系的重要组成环节，在推动地方经济发展、促进产业升级和区域一体化发展中起着不可替代的作用。随着中国经济的快速发展，县域物流也面临着许多挑战和机遇。本专著旨在对县域物流进行深入研究，探讨其发展现状、存在的问题以及未来的发展趋势。通过对县域物流的全面分析和理论研究，我希望能够为相关从业人员提供参考和指导，推动县域物流行业的健康有序发展。在编写本专著的过程中，我尽力秉承科学、客观、实用、前瞻的原则，将理论研究与实践应用相结合，力求系统全面地呈现县域物流的发展现状和面临的问题。

本专著主要包括以下两个部分。第一篇是县域物流相关的基础理论，介绍了县域物流的定义、特点以及发展的背景。通过对县域物流概念的界定和研究进展的梳理，我们可以更好地理解县域物流的本质和意义。同时，探讨了县域综合物流体系的构成要素以及综合物流体系建设的基本路径等操作性问题。第二篇是县域物流的发展现状和问题分析，依托案例，针对目前县域物流发展中存在的问题进行了深入分析和探讨，包括县域物流的基础设施建设、运输网络布局、信息化建设以及人才培养等方面的问题，并提出了相应的改进策略和措施。在案例分析部分，探讨了县域物流在技术创新、企业转型升级、政府支持政策等方面的发展前景。通过案例分析和市场调研，我们可以更好地理解县域物流的创新发展路径和潜力。

最后，我希望读者能够从本书中获得有益的启示和指导。由于县域综合物流体系的研究尚处在框架探索阶段，在基本概念的确定、综合性特征的提炼，尤其是政府主导型经济发展模式下综合物流体系建设路径的探索方面还存在众多理论、市场和政策问题，需要学者同仁深入研究和批评指正。我们相信，通过共同努力，县域物流一定能够实现高质量发展，为地方经济发展做出更大的贡献。

阿布都伟力·买合普拉
2023 年 11 月于乌鲁木齐

目 录

基础理论篇

第一章　县域经济及运行特点 ····················· 2
　　第一节　县域经济的总体特征与功能 ················ 2
　　第二节　县域经济的概念及要素构成 ················ 7
　　第三节　县域经济结构 ························· 9
　　第四节　县域经济的运行特点 ···················· 10

第二章　县域物流的概念及理论基础 ················ 15
　　第一节　县域物流的概念及特点 ··················· 16
　　第二节　县域物流研究的理论基础 ·················· 18
　　第三节　县域物流研究进展 ······················ 24

第三章　县域综合物流体系概述 ·················· 30
　　第一节　县域综合物流体系的概念描述 ··············· 31
　　第二节　县域综合物流体系的要素框架 ··············· 33
　　第三节　县域综合物流体系的建设要求 ··············· 37
　　第四节　县域综合物流体系的建设目标 ··············· 43

第四章　县域物流发展宏观背景形势 ················ 49
　　第一节　国家或地区产业政策形势 ·················· 49
　　第二节　国家或地区经济发展形势 ·················· 71
　　第三节　重大通道建设形势 ······················ 74
　　第四节　流通体系现代化建设形势 ·················· 75

第五章　县域综合物流体系建设路径 ································· 80
  第一节　县域经济地理分析 ··· 81
  第二节　县域综合物流体系建设现状分析 ························· 87
  第三节　县域综合物流体系建设面临的形势分析 ·················· 96
  第四节　县域综合物流体系建设目标与愿景确定 ················· 101
  第五节　县域综合物流体系建设重点任务讨论 ···················· 103

实践案例篇

第六章　若羌县经济地理概述 ··· 110
  第一节　若羌县区位环境条件 ······································ 110
  第二节　若羌县资源环境条件 ······································ 112
  第三节　若羌县产业发展概述 ······································ 118

第七章　若羌县综合物流体系建设现状 ····························· 130
  第一节　若羌县综合物流基础设施建设现状 ····················· 131
  第二节　若羌县物流产业运行现状及特点 ························ 142
  第三节　若羌县物流产业发展亮点 ································ 145
  第四节　若羌县物流产业发展中存在的问题 ····················· 152

第八章　若羌县综合物流体系建设面临的形势 ··················· 155
  第一节　面临的形势 ··· 155
  第二节　县域经济发展要求 ·· 172
  第三节　若羌县物流产业未来发展趋势 ··························· 178

第九章　若羌县综合物流体系建设目标与愿景 ··················· 182
  第一节　战略定位与战略目标 ······································ 182
  第二节　战略制定 ··· 188
  第三节　战略空间布局与体系层次 ································ 191

第十章　若羌县综合物流体系重点建设任务 ······················ 198
  第一节　着力构建综合物流大通道 ································ 198

第二节　统筹建设物流节点网络体系……………………………… 202
　　第三节　构建紧密连接的多式联运系统……………………………… 205
　　第四节　积极推进重点行业物流发展………………………………… 207
　　第五节　若羌县部分综合性商贸流通项目简介……………………… 212

第十一章　若羌县综合物流体系建设重点工程…………………………… 217
　　第一节　丝绸之路经济带现代物流示范城市创建工程……………… 218
　　第二节　仓储产业培育工程…………………………………………… 220
　　第三节　行业安全工程………………………………………………… 221
　　第四节　农产品溯源体系工程………………………………………… 223
　　第五节　城乡配送工程………………………………………………… 224
　　第六节　物流信息公共平台工程……………………………………… 225
　　第七节　辅助产业培育工程…………………………………………… 226
　　第八节　区域物流联动发展工程……………………………………… 228

第十二章　若羌县综合物流体系建设保障框架…………………………… 232
　　第一节　运营组织框架………………………………………………… 232
　　第二节　金融架构设计………………………………………………… 240
　　第三节　政策扶持结构设计…………………………………………… 247

后记……………………………………………………………………………… 251

基础理论篇

第一章 县域经济及运行特点

县域是国家和地区经济发展的基础单元,是县级行政区划所辖的地域范围。它是以县为单位进行地理、经济、社会等方面的区域划分和研究的概念。县域通常包括一个县城以及该县辖区内的各个乡镇、村庄等地方。县域具有相对独立的地方行政管理和经济发展功能,包括负责本地区的基础设施建设、公共服务提供、区域发展规划等事务。

县域经济的发展直接关系到地方经济的健康发展。通过深入研究县域经济,可以帮助地方政府和企业了解自身的优势和劣势,明确发展目标和路径,制定相应的政策和措施,推动地方经济的快速发展。中国各地区经济发展的差异很大,区域发展不平衡问题突出。通过了解县域经济的现状和发展趋势,可以更好地制定相应的政策措施,提高政府决策的科学性和有效性。同时,研究县域经济可以帮助各地区充分发挥自身的优势,加强区域合作和协调,实现经济的整体稳定和可持续发展。

县域经济往往与农村经济密切相关。研究县域经济可以帮助改善农村经济发展状况,促进农村产业转型升级,提高农民的收入水平,推动农村经济的可持续发展。当前,我国提出了乡村振兴战略,研究县域经济对于推动乡村振兴战略的实施至关重要。只有深入研究县域经济,找准县域经济发展的突破口和路径,才能更好地推动乡村振兴。

第一节 县域经济的总体特征与功能

县域经济是县域空间范围之内的所有经济活动的综合。一般情况下,县域经济有以下几个方面的功能。首先,县域经济对于区域经济具有粮食和农牧产品提供功能。其次,县域是一个国家和地区提供各类矿产资源的主要区域之一。再次,县域具有人力资源生产和消化功能。一方面,县域为城市提供源源不断的人力资源；另一方面，县域又是解决人口居住和就业问题的重点区域之一，尤其在城乡融合发展中扮演着重要角色。最后，县域经济是区域经济发展的重要后备，可以帮助各地区经济找到发展的新动力和发展方向，推动区域产业的转型升级。

一、县域经济的总体特征

作为区域经济的一种发展形式，从外围识别过程看，县域经济具有自身的一些发展特征，可从以下几个层面进行讨论和分析。

（一）县域经济是区域经济发展的底气所在

县域经济作为区域经济的基础，具有自身的特点和优势，对于实现区域经济的整体发展具有重要作用。县域经济资源的充沛与否，直接关系到整个区域经济的发展底气。县域经济的发展底气主要表现在以下几个方面。

地理位置优势：很多县域地处交通枢纽、沿海开放带、边境地区等具有特殊地理位置优势的地方，可以借助地理位置带来的便利，发展相关产业，提升经济竞争力。

自然资源优势：不同的县域拥有各具特色的自然资源，如矿产资源、水资源、农田资源等，这些资源的充分开发和利用，能够为县域经济的发展提供强大动力。

人力资源优势：县域经济中的人力资源是至关重要的部分。一方面，县域可以依靠本地的劳动力资源实现产业发展和经济增长；另一方面，县域可以通过教育、培训等措施提升人力资源的素质和技能水平。

产业特色优势：不同的县域往往具有不同的特色产业，如农业、制造业、旅游业等。通过发挥本地资源和特色产业的优势，可以形成独特的竞争优势，推动县域经济的发展。

政策支持优势：有些县域获得了政府的专项政策支持，这些支持涉及财政资金投入、税收优惠、基础设施建设等方面，为县域经济提供了重要的保障。

综上所述，县域经济的发展底气来自其地理位置、自然资源、人力资源、产业特色以及政策支持等方面的优势。充分发掘和利用这些资源，将有助于推动县域经济的快速发展。

（二）县域是地区经济发展的最基础单元

县域是地区经济发展的最基础单元。县域是国家行政管理体系中最底层的单位，也是地方经济活动的基本空间单元。县域经济对于一个地区经济的整体发展起着至关重要的作用。

首先，县域是地方经济活动的基础单位。各类企业、农村经济活动和居民生活都在县域内进行，县域经济的发展水平直接影响到该地区的经济总体状况。

其次，县域经济是农村经济发展的主要依托。农业是县域经济中的重要组成部分，很多县域经济仍然以农业为主导产业，农村经济的发展与农业发展密切相关。

再次，县域经济也是城市经济发展的重要基础。城市与农村相互依存，城市的发展需要农村提供原材料、劳动力和市场需求等资源。县级城市在地方经济中扮演着重要节点和枢纽的角色。

最后，县域经济的发展对于全国经济的稳定和可持续发展也具有重要作用。县域经济的强弱直接关系到国家宏观经济是否整体稳定，发展县域经济是实现全国经济均衡发展的重要环节。

因此，充分发挥县域经济的潜力和优势，优化县域经济结构，加强基础设施建设，推动农村产业升级和城市化进程，对于地区经济的健康发展具有重要意义。

（三）县域经济是政府驱动式经济发展的重要基础

县域是一种行政体制，也是一种空间经济管理体制。在政府主导型经济发展模式下，国家或地区可将县域经济管理框架作为一种体制支撑或手段，推动实现区域经济发展的目标。而县域经济管理体制也具有推动政府主导型经济发展模式的条件和基础。政府在县域经济发展中扮演着重要角色，可以通过政策、规划、资金等方式来支持和促进县域经济的发展。政府的驱动作用可以体现在以下几个方面。

宏观调控： 政府通过宏观经济政策的制定和执行，如货币政策、财政政策等，来实现对县域经济的调控和引导，以保持经济的平稳增长和合理结构。

产业政策： 政府可以通过制定产业政策和产业发展规划，扶持县域内具有竞争力的产业，推动县域经济由传统产业向新兴产业转型升级，提升整体经济效益。

资金支持：政府可以通过提供财政资金、税收优惠政策、金融支持等方式来支持县域经济的发展，包括投资基础设施建设、产业项目推进、科技研发创新等方面。

政策环境：政府可以提供良好的政策环境，简化行政审批手续，减少企业和个人的经营负担，降低市场准入门槛，为县域经济的发展创造有利条件。

教育和人才支持：政府可以加大对教育和人才培养的投入，提供优质教育资源和技能培训机会，以满足县域经济发展对人才的需求。

总之，在县域经济条件下，政府的驱动作用可通过政策、资金、环境等方面加以体现，以推动县经济实现更好的发展。

（四）县域是城乡融合发展的空间载体

县域是城乡融合发展的空间载体。城乡融合发展是指城市和农村相互融合、互利共赢的发展方式，以促进城乡经济社会协调发展。县域作为城乡融合发展的空间载体，具有以下几个方面的特点。

农业转型：县域融合了城市和农村的发展要求，可以通过推动农业产业结构调整、加强农业科技创新、培育农业龙头企业等方式，促进农业的现代化发展，实现农业产业的转型升级。

基础设施建设：县域通过加强基础设施建设，包括交通、能源、信息等基础设施的建设，提高农村地区的交通便利性和生活质量，促进农村和城市之间的互联互通。

产业协同发展：在县域范围内，可以通过不同产业的协同发展，形成产业链、价值链的延伸，实现资源的优化配置和协同效应，推动城乡经济的融合发展。

人才流动与培养：县域作为城乡融合发展的空间载体，能够加强人才的引进和培养，吸引高层次人才到农村地区创业和就业，提升农村地区的人力资源水平，促进城乡人才的流动和交流。

社会服务均等化：县域通过加强社会服务的均等化，扩大教育、医疗、文化等公共服务的覆盖面，提高农村地区的社会服务水平，缩小城乡之间的差距。

（五）县域经济是农业农村现代化的基础

县域经济在农业农村现代化中扮演着重要的角色。县域经济作为农业农村现代化的基础，能够推动农业发展、促进农村经济发展、加强农村基础设施建设和农村社会服务体系建设，实现农业农村的现代化。

在农业发展方面，县域经济能够推动农业的现代化发展，包括农业产业结构调整、农业科技创新、农业机械化和农业信息化等方面。通过提高农业的生产效率和质量，实现农业的可持续发展。

在农村经济发展方面，县域经济能够推动农村经济的发展，包括培育农村产业、促进农民就业创业、发展农村电商等方面。通过增加农村经济收入和就业机会，提高农民的生活水平，实现农村经济的现代化。

在农村基础设施建设方面，县域经济能够加强对农村基础设施建设的支持，包括道路、桥梁、供水、电力等基础设施的建设和改善。通过提高农村基础设施水平，改善农村的生产条件和生活环境。

在农村社会服务体系建设方面，县域经济能够加强对农村社会服务的支持，包括教育、医疗、文化、养老等方面。通过提供优质的农村社会服务，改善农民的生活质量和福利待遇。

二、县域经济的基本功能

县域经济既包括农业和农村经济，也包括工业和制造业、服务业和商贸业，同时还涉及基础设施建设、生态环境保护和资源开发等方面，具有多元化的功能。发挥这些功能，可以推动县域经济的全面发展和可持续增长。

（一）农业生产功能

县域经济的重要组成部分是农业和农村经济。作为农业主导的地区，县域承担着粮食生产、农产品加工和农业资源开发等经济功能，这对保障国家粮食安全和农民收入具有重要意义。

（二）工业和制造业功能

一些县域经济依靠传统和新兴的工业和制造业支撑。这些县域经济以本地资源和劳动力为基础，发展一些中小型企业和工业园区，推动工业结构调整和升级，促进就业和经济增长。

（三）服务业和商贸业功能

随着城市化进程的推进，县域经济逐渐发展起了服务业和商贸业。县级行政中心和县城成为商贸、金融、文化、教育和医疗等服务业的集聚地，为居民提供各种服务，促进消费和增加就业。

（四）基础设施建设功能

县域经济在基础设施建设方面承担着重要的角色，包括道路交通、水利工程、电力供应、通信网络等基础设施建设，从而为经济发展提供支撑和保障。

（五）生态环境保护功能

县域经济还需要兼顾生态环境保护和资源开发的功能。县级行政区域内往往存在着丰富的自然资源，如矿产资源、林木资源和水资源等，合理开发和利用这些资源，并保护当地的生态环境，是县域经济的重要任务。

第二节　县域经济的概念及要素构成

县域经济是指在国家区域经济体系中，以县（市、区）为基本单位的经济活动和发展状况。县域经济包括该县域所辖范围内的农业、工业、服务业等各个领域的经济活动和发展情况。

一、县域经济的概念

县域经济的定义可以因不同的学科、研究领域和背景而有所不同。以下是几个不同的定义。

从地理学视角看，县域经济可以理解为以县（市、区）为单位的地理空间经济系统。它涉及该县域的资源禀赋、产业结构、人口分布、交通网络等方面。

从区域经济学视角看，县域经济是一种以县域为基本单位的经济活动和发展态势。它关注县域内部的产业结构、劳动力就业、产出增长等因素对经济增长和发展的影响。

需要注意的是，由于不同的学科和领域对于县域经济的定义存在差异，因此在具体研究和应用中，需要结合具体背景和目的进行理解和运用。

县域经济的发展与地方的资源禀赋、区域产业结构、基础设施建设、人力资源和政府政策等因素密切相关。县域经济在国家区域经济体系中扮演着连接城乡经济、促进整体经济均衡发展的重要角色。另外，县域经济的发展对于推动乡村振兴、缩小城乡差距、提升地方经济竞争力和可持续发展能力等都具有重要的意义。因此，加强县域经济发展，促进县域内产业转型升级、推进创新驱动发展、改善农村经济条件、优化营商环境等成为当前经济发展的重要任务之一。

二、县域经济的特点

县域经济具有以下特点。

基层性：县域经济是国家经济体系中最基层的经济单位，与乡村经济和城市经济相结合，是连接城乡经济的纽带。

区域性：县域经济的发展受到所处地理位置、资源禀赋、区域产业结构等区域特征的影响，具有一定的地域特色。

多样性：不同县域经济的发展程度和方向可能存在差异。由于自然、人文、历史等因素的不同，各县域经济各有特点。

综合性：县域经济是一个综合性的概念，包括农业、工业、服务业等多个领域的经济活动，涵盖了全面发展的各个方面。

县域经济的发展对于促进整个国家经济的均衡发展、推动乡村振兴、缩小城乡差距等具有重要意义。因此，加强县域经济发展，提升县域经济的竞争力和可持续发展能力，是当前经济发展的重要任务之一。

三、县域经济系统及构成要素

县域经济系统指的是以县（市、区）为单位的经济活动和发展形态组合。它涵盖了一个县域内的各种经济主体，包括农业、工业、服务业等各个行业的企业、个体经营者等。县域经济系统通常由以下几个要素组成。

地理资源要素：包括县域的地理位置、地形地势、土地资源、水资源、矿产资源等。这些要素对于农业、旅游业、能源开发等具有重要影响。

产业要素：包括县域内各产业的企业和从业人员，如农业、工业、服务业等。不同产业的发展情况和结构将直接影响县域经济的发展。

市场要素：包括商品市场、劳动力市场、资本市场等。市场需求和供给的匹配程度，以及市场的竞争状况，都会对县域经济的发展产生重要影响。

基础设施要素：包括交通运输、电力、通信网络、水利等基础设施。基础设施的完善程度与质量将影响县域的生产、流通和交流效率。

人力资源要素：包括县域内的劳动力数量、素质和技能水平。优质的人力资源是推动县域经济发展的重要保障，也是提升产业竞争力的关键因素。

政府要素：包括政府的产业政策、财政支持、市场监管等。政府在引导资源配置、提供公共服务和保障公平竞争等方面的作用对于县域经济的发展至关重要。

县域经济系统是一个复杂的经济体系，上述这些要素相互作用、相互依存，共同推动着县域经济的发展。通过优化和协调这些要素之间的关系，可以促进县域经济的健康、可持续发展。

第三节　县域经济结构

县域经济结构通常是指一个县（市、区）内不同产业在经济总量中的比重和占据的地位。一个县域的经济结构受到多种因素的影响，例如自然资源条件、市场需求、人力资源、政策环境等。优化县域经济结构可以促进经济发展，提高竞争力和可持续性。

一、县域经济结构的构成

县域经济结构通常分为以下三个层面。

（一）产业结构

县域经济的产业结构反映了各产业在经济中的比重和地位。一般来说，主要包括农业、工业和服务业。农业包括农作物种植、畜牧养殖等；工业包括制造业、采矿业等；服务业包括零售业、餐饮业、金融业、房地产业等。

（二）地区结构

县域经济的地区结构反映了不同地区在经济中的比重和地位。一个县域内可能存在城市区域和农村区域，不同地区的经济发展水平和产业布局会有差异。

（三）功能结构

县域经济的功能结构反映了不同功能部门在经济中的比重和地位。一般来说，可以分为生产功能部门和辅助功能部门。生产功能部门包括农业、工业、服务业等直接产生经济价值的部门；辅助功能部门包括交通运输、通信、金融、行政管理等为其他部门提供支持和服务的部门。

二、县域经济结构调整的趋势

一般情况下，县域经济结构调整的趋势是从传统农业和重工业向现代服务业、高技术制造业和绿色产业转型升级，实现经济可持续发展和高质量发展。需要注意的是，县域之间的差距较大，不同地区的县域经济结构调整方向可能存在一定的差异。因此，在进行县域经济结构调整时需要根据具体情况制定相应的政策和措施。以下为县域经济结构调整的一些基本方面和方向。

（一）产业结构优化

随着经济发展和社会进步，传统农业和重污染产业的比重逐渐减少，而现代服务业、高技术制造业等新兴产业的比重逐渐增加。县域经济结构调整的趋势是加快发展知识密集型、技术密集型和创新驱动型产业，提升产业链水平，推动产业升级。例如，我国县域经济结构调整的方向主要包括：加快推进农业供给侧结构性改革，提高农业现代化水平，推动农业从传统农业向特色农业、绿色农业转变；加大对制造业的支持力度，促进制造业转型升级，推动高技术制造业和装备制造业发展；培育壮大现代服务业，提升服务业比重；发展新兴产业，如新能源、新材料、生物医药等。

（二）地区结构协调

县域内城乡差距是制约经济发展的重要因素之一。县域经济结构调整的趋势是推动城乡一体化发展，缩小城乡差距，促进城乡经济协调发展，实现资源的合理配置和优势互补。县域经济发展需要有良好的基础设施和公共服务保障，县域经济结构调整的趋势是加强基础设施建设，提升公共服务水平，促进各功能部门间的互联互通和协同发展。因此，我国县域经济区域协调的主要方向包括促进城乡协调发展，缩小城乡差距，加强农村基础设施建设和公共服务供给，推动农村一、二、三产业融合发展等。

（三）绿色发展

县域经济结构调整的趋势是推动绿色发展，加强环境保护和资源节约利用，减少对环境的污染和压力，促进循环经济发展，提高生态环境质量，转向低碳、循环和可持续发展的路径。

第四节　县域经济的运行特点

县域经济依托自身的区位、资源、生产力等条件形成一定的具有地域特色的产业体系。一般情况下，县域经济往往呈现地域广阔、人口稀少、消费市场规模较小、基础设施条件有限等综合特征。区域特色产业的发展水平，往往依赖于一些大型招商引资企业的项目投入和运营。一些重大基础设施的投资也往往依赖于中央政府的项目规划投资、地方债的融资、相关商业银行的贷款等投融资方式。

一、县域经济运行的一般特点

县域经济具有一定的运行特点，主要包括以下几个方面。

基础薄弱：相比于大城市，县域的经济发展起点较低，基础设施和产业配套相对薄弱，技术水平和人才资源有限。

产业结构单一：县域经济往往依靠传统农业或单一产业支撑，缺乏多元化的产业结构，抗风险能力较弱。

劳动力流动性高：由于就业机会有限，很多农村劳动力流向城市就业，导致县域存在劳动力缺口，产业发展受到限制。

金融服务不足：相对于大型金融机构聚集的城市，县域的金融服务机构相对较少，金融支持有限，资金流通不够便利。

市场规模有限：县域经济的市场规模相对较小，市场需求有限，企业发展受到市场约束。

地方政府的主导作用突出：在县域经济中，地方政府的主导作用较为突出，政府投资和政策支持对于经济发展的影响较大。

以上特点使得县域经济面临一些困难和挑战，需要通过政府引导、产业升级、金融支持等手段来加以解决，从而促进县域经济的健康稳定发展。

二、县域产业结构的一般特点

县域产业结构的一般特点是农业占比较高，制造业和工业占比较低，服务业比重增加，基础设施建设有限，企业规模较小，人力资源发展不均衡。这些特点是县域经济发展的基础和目前面临的挑战，需要通过改革和创新来推动县域经济的进一步发展。

（一）农业占比较高

由于县域经济的基本功能之一是保障粮食安全和农产品供应，因此农业在县域产业结构中通常占据重要地位。农业种植、养殖和农产品加工等相关产业在县域经济中起到支撑作用。

（二）制造业和工业占比较低

相对于城市地区，县域的产业结构往往更为简单，制造业和工业发展程度较低。制造业企业数量较少，规模较小，产业链相对薄弱。

（三）服务业比重增加

随着城市化进程的推进，县城及周边地区的服务业逐渐兴起。商贸、金融、文化、教育、医疗等服务业在县域经济发展中逐渐占据较大的比重，成为经济增长的新动力。

（四）基础设施建设有限

相对于城市地区，县域的基础设施建设滞后。交通、水利、电力、通信等基础设施的建设不够完善，影响了县域经济的发展速度和质量。

（五）企业规模较小

由于经济基础相对薄弱，县域内企业的规模通常较小。大多数企业是中小型企业，缺乏资金和技术支持，竞争力相对较弱。

（六）人力资源发展不均衡

县域人口相对分散，教育水平和技能层次参差不齐。一些县域人口流出，出现了"人才荒"的问题。同时，县域也存在一定的人力资源潜力，可通过培育优势产业和提升人才培养水平来吸引和留住高素质人才。

三、中国西部地区县域经济的一般特点

西部地区县域经济的一般特点是资源丰富、农业依赖性强、经济发展不平衡、市场规模小、交通条件相对落后、政府支持力度大以及具有跨境贸易优势。这些特点既为西部地区县域经济的发展提供了机遇，也带来了挑战，需要通过加强基础设施建设、促进产业升级、推动城乡一体化发展等措施，加快县域经济的转型升级。

（一）资源丰富

西部地区县域经济往往拥有丰富的自然资源，包括矿产资源、水资源、农田资源等。这些资源为县域经济提供了重要的支撑和发展动力。例如，中国西部地区的新疆拥有丰富的自然资源，如煤炭、天然气、石油、稀土等。这些资源为新疆县域经济的发展提供了重要支撑。

（二）农业依赖性强

西部地区县域经济往往以农业为主导产业，农业在经济中占据了重要地位。农产品种植和养殖业是西部地区县域经济的支柱产业，农村劳动力占比较高。例如，位于西部地区的新疆土地广阔，适宜农牧业发展。农业以种植业为主，主要种植棉花、小麦、水果等作物；畜牧业以养殖牛羊为主。农牧业在新疆县域经济中占据重要地位。

（三）经济发展不平衡

西部地区县域经济发展不平衡是一大特点。一些县域在经济发展、基础设施建设等方面具备较高水平，而一些偏远山区、边远地区的县域经济相对较弱。例如，处于西部地区的新疆地域辽阔，南疆地区以农牧业为主要产业，东疆地区以油气开发和化工为主要产业，北疆地区以煤炭和有色金属为主要产业。不同地区的经济结构和发展水平存在差异。

（四）市场规模小

西部地区县域经济的市场规模较小，消费能力相对较低。由于经济总量的限制，一些县域企业难以实现规模化生产和市场扩张。

（五）交通条件相对落后

西部地区县域经济的发展常常受制于相对落后的交通条件。交通基础设施建设滞后，物流成本较高，影响了县域经济的发展和与外部市场的联系。

（六）政府支持力度大

西部地区县域经济的发展往往依赖于政府的支持和引导。政府投资和政策扶持对县域经济的发展起到了重要的推动作用。

（七）具有跨境贸易优势

西部地区地域广阔，有许多省份与周边国家和地区接壤，发展外向型经济具有一定的条件和地缘优势。例如，中国新疆与中亚、中东等国家和地区接壤，具有独特的地理位置优势。因此，新疆的县域经济在跨境贸易、物流运输、口岸建设等方面具有很好的发展前景。

四、县域经济的运行机理

一般情况下，县域经济的运行受到产业结构和分工、内外需求、人力资源和劳动力市场、投资和政策支持以及地理位置和区位优势等因素的影响。这些因素相互作用，共同决定着县域经济的发展路径和特点。县域经济的运行机理主要涉及以下几个方面。

（一）产业结构和分工

县域经济的运行受制于其产业结构和分工情况。不同县域的资源禀赋、地理位置等因素会影响其产业发展方向和特色。有些县域以农业为主导，有些则以工业、服务业为主导，产业结构的不同将决定县域经济的运行方式和特点。

（二）内外需求

县域经济的运行受到内外需求的影响。内需是指本地区的消费需求，而外需是指来自其他地区或国家的需求。县域经济的发展往往需要依靠外部市场，同时也要满足本地区居民的消费需求。

（三）人力资源和劳动力市场

人力资源是县域经济的重要组成部分，劳动力市场的供需状况将直接影响县域经济的运行。劳动力市场的供给与需求关系，涉及人才素质、就业结构、职业技能等因素，对县域经济的发展起着重要作用。

（四）投资和政策支持

投资和政策支持是影响县域经济运行的关键因素。政府在基础设施建设、产业发展等方面的投入和政策支持，将直接影响县域经济的发展速度和方向。

（五）地理位置和区位优势

地理位置和区位优势也是县域经济运行的重要影响因素之一。优越的地理位置可以带来交通便利、资源丰富等优势，从而吸引外部投资和增加市场需求，促进县域经济的发展。

第二章 县域物流的概念及理论基础

县域物流是指在县级行政区域内进行的物流活动，包括物流设施、物流服务和物流管理等方面的内容。县域物流是连接城市和农村之间的交通运输和货物配送的关键环节，为城乡经济发展提供必要的物流支持。县域物流涉及货物的收集、仓储、配送等环节，以及信息流、资金流和人员流等方面的管理。县域物流具有规模小、网络复杂和资源匮乏等特点，需要采取有效的组织和管理方式，以提高物流效率和降低物流成本。同时，县域物流还需要与上下游的物流网络相互衔接，形成完整的物流体系，促进经济和社会的协调发展。

县域物流的发展与县域经济息息相关。首先，通过研究县域物流，可以了解物流在区域经济中的作用和影响，进而制定相应的政策和策略，推动县域经济的快速发展。县域物流的研究可以帮助发现物流环节中的瓶颈和问题，从而提出改进措施，提升物流效率，降低物流成本。这对于县域内的企业来说，可以提升其竞争力和市场地位。其次，县域物流在城乡之间起着重要的桥梁作用。研究县域物流可以了解城乡物流网络的现状和问题，进而优化物流网络布局，打破城乡物流壁垒，促进城乡一体化发展。再次，农产品是县域经济的重要组成部分。通过研究县域物流，可以深入了解农产品流通的问题和需求，优化农产品供应链，提升农产品的流通效率，促进农产品的销售和流通市场的繁荣。最后，通过研究县域物流，可以了解县域内物流企业及相关服务供应商的现状和问题，推动其技术水平和服务质量的提升，满足需求方对物流服务的要求。

随着我国城镇化进程的不断推进，越来越多的人口涌入城市及其周边的县域地区。这使得县域物流面临着更大的发展机遇和挑战。因此，对于县域物流的研究变得尤为重要，以满足城市化进程中日益增长的物流需求。随着全球经济格局的变化，我国正面临着产业结构转型升级的任务。特别是一些传统产业向县域地区转移，加速了县域经济的发展。县域物流是支撑产业链条的重要环节，需要深入研究其对产业结构调整的影响和作用，以促进产业升级和提升区域经济竞争力。我国各个地区的经济发展水平存在较大差异，一些县域地区落后于发达城市。研究县域物流有助于发现和解决这些地区物流发展中的问题和瓶颈，推动区域发展的均衡和协调。随着信息技术的快速发展，物流信息化已经成为提高物流效率和降低物流成本的重要手段。县域物流的研究需要关注信息技术在物流中的应用和创新，以推动县域物流的现代化和智能化发展。

第一节　县域物流的概念及特点

一、县域物流的概念

县域物流指的是在县级范围内组织、管理和运营的物流活动。它主要涉及货物的集散、运输、分拣、仓储等环节。它是以县城或县级行政中心为核心，服务范围相对较小的物流网络。县域物流的主要目标是通过优化物流资源配置，提高物流效率，降低物流成本，促进县域经济发展和社会资源的合理利用。它涵盖了农业、工业、商业等多个行业的物流需求，对于县域经济的发展具有重要意义。

县域物流可以从地理范围、经济定位、政府角色以及网络建设等多个角度进行分析和理解。从地理范围角度看，县域物流可以理解为在县级行政单位内组织和运营的物流活动，这意味着其服务范围仅限于某一个县的境内。从经济定位角度看，县域物流可以指县级经济体系中的物流环节，即在县域内进行的货物流通、仓储、分销等物流业务，是第三产业服务业的一个构成部门。它是连接上下游产业链的重要纽带，以推动县域经济发展。从政府角色角度看，县域物流可以理解为由县级政府牵头组织和推动的物流工作。政府在县域内扮演着物流规划、协调和政策制定的重要角色，通过引导和支持物流发展，提升县域的竞争力。从网络建设角度看，县域物流可以指在县域范围内建立起来的物流网络体系，包括交通、仓储、配送等基础设施和资源的整合与运作。在这种视角下，县域物流的目标是提高资源利用效率，降低物流成本，促进区域间的物流连接。

二、县域物流的特点

县域物流是指在一个县级行政区域内建立起来的一套物流组织和管理体系。它由各种物流要素、活动和参与主体组成，通过协调、整合和优化物流资源和服务，实现县域物流活动的高效运作。县域物流具有区域性、小规模、地理环境多样性、产业结构复杂性、物流资源相对匮乏、配送覆盖范围广和政策环境不完善等特点。这些特点需要在县域物流发展中得到充分考虑，以提高物流效率和服务质量，促进县域经济的发展。

（一）区域性

县域物流在地理上具有明显的范围性，主要服务于一个县级行政区域内的物流需求。它关注的是特定地域范围内的物流活动。

（二）小规模

相比于大城市或大区域的物流体系，县域物流规模较小，运输需求相对较少，物流企业和物流服务供给相对有限。

（三）地理环境多样性

不同的县域地理环境各异，如山区、平原、沿海等，因此物流在不同县域中面临着不同的地理条件和运输难题。

（四）产业结构复杂性

不同县域具有不同的产业结构，有些县域以农业为主，有些以制造业或服务业为主，因此其物流需求和物流服务类型也不尽相同。

（五）物流资源相对匮乏

相对于大城市或发达地区，县域的物流资源较为匮乏，物流设施和设备的更新滞后，物流人才较少，专业技术水平相对较低。

（六）配送覆盖范围广

县域物流的特点之一是配送范围广，涉及不同城镇、农村和乡村地区的货物配送，因此要求物流企业具备较强的配送能力。

（七）政策环境不完善

相对于大城市或发达地区，县域的物流政策环境相对不完善，监管制度和政策措施相对薄弱，物流市场竞争程度较低。

第二节 县域物流研究的理论基础

县域物流研究的理论基础涵盖了物流管理学、交通运输学、区域经济学、地理信息系统学、城市规划学、经济地理学、系统科学和社会经济学等多个方面,以此为基础可以深入研究县域物流系统的运行规律和优化方法。

一、物流管理学

物流管理学是研究如何高效地组织和管理物流活动的学科。它涉及物流系统的规划、设计、实施和控制,以确保物流过程中货物、信息和资金的流动能够在成本最小化的情况下实现高质量和高效率。

物流管理学研究的核心目标是提供可靠、快捷和经济有效的物流服务。它包括了供应链管理、运输管理、仓储管理、信息管理和采购管理等方面的内容。物流管理学还涉及运输网络的设计与优化、库存管理、运输计划和调度、货物装卸和配送等具体的操作性问题。

在物流管理学中,还涉及一些重要的概念和工具,如供应链管理、跨国物流、电子商务物流、物流成本控制、仓库布局设计、物流信息系统等。这些概念和工具可以帮助物流管理者优化物流活动的各个环节,提高物流的效率和质量。

物流管理学的研究对象主要包括物流企业和物流供应链。物流企业是指从事货物运输、仓储、配送等物流活动的企业,物流供应链则是指由多个物流环节和参与者组成的整体。从研究内容来看,物流管理学主要对物流企业和物流供应链的组织结构、运营模式、信息流动、决策制定等方面进行分析和探讨。

在实践中,物流管理学的理论和方法可以帮助企业优化物流成本、提高物流服务质量、降低库存水平和缩短交货时间。它对于现代企业的运作和竞争力提升具有重要意义。因此,物流管理学已经成为供应链管理和企业运营管理领域中的重要学科。

县域物流系统需要运用一系列的物流管理理论和方法来优化物流资源配置、提高服务水平和降低成本。例如,供应链管理理论可以帮助优化县域物流系统中不同参与主体之间的合作关系;运输规划理论可以指导县域物流系统的交通网络设计和货物配送路线优化等。

二、交通运输学

交通运输学是研究交通运输系统和运输活动的学科，主要关注交通运输的理论、方法和应用。交通运输学可以分为两个主要领域：交通工程学和交通经济学。

交通工程学是研究交通设施、交通流量和交通系统管理的学科。它关注如何规划、设计和建设道路、铁路、航空和水运等交通设施，以及如何管理和优化交通系统的运行。交通工程学包括交通规划、交通流量分析、交通控制和交通安全等方面的内容。

交通经济学是研究交通运输市场和交通经济活动的学科。它关注交通运输市场的供需关系、价格机制、成本效益分析和经济效果评估等问题。交通经济学还研究交通运输对经济发展和社会福利的影响，以及交通政策的制定与实施。

交通运输学的研究内容还包括交通系统模拟、交通技术创新、交通环境影响评价和可持续交通发展等方面。随着城市化和全球化的推进，交通运输学在解决交通拥堵、环境污染和能源消耗等问题方面发挥着越来越重要的作用。

交通运输学的研究成果广泛应用于交通规划、交通管理、交通设施设计、交通政策制定、交通运输企业管理等领域。它对提高交通服务质量、促进经济发展、保障社会安全和改善环境质量具有重要意义。

三、区域经济学

区域经济学是研究区域内不同地区经济发展和交往的学科。它主要关注地理空间上的经济活动、资源配置以及经济发展的地方差异和影响因素。区域经济学的研究内容包括以下几个方面。

区域发展：研究不同地区的经济增长、就业、收入分配、产业结构等问题，分析不同地区的发展差异和趋势，探讨如何促进地区发展和提高地区经济竞争力。

区域经济差异：研究不同地区之间经济差异的原因和机制，包括地理位置、资源禀赋、人力资本、技术创新等因素对地区经济发展的影响。

区域经济政策：研究各级政府的区域经济政策，包括区域发展战略、区域产业政策、区域规划等，探讨如何通过政策手段促进区域均衡发展和缩小地区差距。

区域经济一体化：研究不同地区之间的经济联系和合作，包括区域间的贸易、投资、劳动力流动等，探讨如何通过区域一体化促进经济发展和资源优化配置。

区域经济学的研究方法主要包括统计分析、计量经济模型、空间经济模型、实证研究等。区域经济学的研究成果广泛应用于地方政府决策、企业发展战略制定、区域规划等领域，有助于推动经济发展和增加社会福祉。

县域物流系统是区域经济的重要组成部分，其运行和发展受到区域经济规模、产业结构、资源禀赋等因素的影响。区域经济理论可以帮助研究者分析县域物流系统的地域特点、产业布局和潜在的发展机会等。

四、地理信息系统学

地理信息系统学是一门研究地理信息系统（Geographic Information System，GIS）原理、方法和应用的学科。它将地理学、计算机科学和信息技术相结合，利用计算机技术收集、存储、分析、管理和展示地理空间数据。

地理信息系统是一种用于处理和分析地理空间数据的工具，它可以整合地理、统计和经济等多源数据，通过空间分析和模型构建揭示地理问题的关联性和规律性。地理信息系统主要包括数据采集、数据管理、空间分析和地图可视化等功能。地理信息系统学的研究内容涉及以下几个方面。

GIS 技术与方法：研究 GIS 的技术原理、数据结构、空间分析方法、地图投影等，开发和优化 GIS 软件和算法，提高 GIS 数据处理和分析的效率和精度。

空间数据获取与处理：研究空间数据采集与处理的方法和技术，包括遥感影像解译、GPS 定位、地理信息抽取等，以及地理数据质量控制和数据集成等方面的问题。

空间分析与模型：研究空间分析方法和模型构建，包括空间统计、空间插值、空间关联分析等，以及基于空间数据的决策支持系统和规划模拟等应用。

GIS 应用：研究 GIS 在不同领域的应用，包括城市规划、环境管理、资源调查与评估、交通运输、地理学研究等，探讨如何通过 GIS 技术解决相关问题。

地理信息系统学的研究方法主要包括实证研究、案例分析和模拟实验等。地理信息系统的应用广泛涉及政府部门、企业机构和学术研究等领域，有助于提高空间规划与决策的科学性和精确性，推动社会经济发展和资源环境可持续利用。

地理信息系统可以帮助研究者收集、管理和分析县域物流系统中的地理信息数据。通过地理信息系统，可以绘制县域物流网络图，分析物流节点和路径的位置和分布情况，为县域物流系统的规划和管理提供科学依据。

五、城市规划学

城市规划学是研究城市发展与设计的学科，旨在通过合理的规划和设计来改善城市的居住环境、促进社会经济发展和提高居民的生活质量。城市规划学的研究内容包括以下几个方面。

城市发展与规划理论：研究城市发展的规律和城市规划的理论基础，探索城市规划的目标、原则和方法，推动规划思想的创新和理论的进一步发展。

城市空间组织与设计：研究城市的空间组织和布局，包括城市功能分区、道路网络、建筑设计等，以实现城市功能的合理配置和空间的美观与便利。

城市环境与可持续发展：研究城市环境保护与治理，包括城市生态系统的保护与恢复、绿色基础设施的建设、环境影响评价等，以实现城市的可持续发展。

城市社会与经济发展：研究城市社会和经济发展的规律与需求，包括人口流动、社会公平、经济活动等方面，以促进城市的社会和经济发展。

城市规划实践与政策：研究城市规划的实践和政策，包括城市规划法律法规、城市规划管理和城市规划项目的实施，以提高城市规划效果和推动城市发展。

城市规划学的研究方法主要包括实地考察、调查研究、模型仿真和规划设计等。城市规划学的应用涉及城市建设、区域发展、土地利用、交通规划、环境保护等方面，为城市的整体发展提供科学依据和决策支持。

利用城市规划学可以研究和规划县域内的物流基础设施、物流布局、运输路线等方面，促进物流产业的发展，提高物流效率，实现经济、社会和环境的可持续发展。

六、经济地理学

经济地理学是研究地理空间与经济活动之间相互关系的学科，主要关注地理环境、资源配置和区域发展对经济活动的影响。经济地理学的研究内容包括以下几个方面。

地理环境与经济发展：研究地理环境对经济活动的影响，包括自然资源分布、气候条件、地形地貌等因素对产业布局和经济增长的影响。

区域发展与城市化：研究不同地区之间的经济发展差异和不均衡现象，探索城市化过程中的空间组织和城市发展的规律。

区域经济一体化与全球化：研究经济全球化背景下的区域经济一体化，包括国际贸易、产业集聚和跨国公司在地理空间上的布局和互动。

交通与物流：研究交通网络、物流体系对地区经济发展和贸易流动的影响，包括陆路、水路和航空运输对地域联系和经济活动的促进作用。

城市空间与经济活动：研究城市内部的空间组织和经济活动的空间分布，包括产业布局、人口分布、商业中心等与城市经济发展密切相关的空间模式。

经济地理学的研究方法主要包括实地调查、统计数据分析、空间分析模型和计量经济模型等。经济地理学的应用涉及区域规划、城市规划、产业发展等领域，为地方政府和企业提供决策支持和规划建议。

经济地理学通过区位理论、地理空间分析、供应链管理和区域政策研究等方法和工具，可以对县域物流进行全面深入的研究，为改善物流运作、促进经济发展提供理论和实践支持。

七、系统科学

系统科学是一门综合性的学科，研究复杂系统的性质、结构、行为和发展规律。它包括对自然系统、社会系统和人工系统等各种系统的研究。系统科学的研究内容包括以下几个方面。

系统理论：研究系统的基本概念、属性和特征，探讨系统的层次性、整体性、动态性、非线性等基本原理和规律。

系统建模与模拟：通过建立数学模型、计算机模型等方法，对系统的结构、行为和演化进行定量描述和模拟，以便更好地理解系统的运行机制和预测系统的未来发展。

系统分析与优化：通过对系统的组成部分、相互关系和作用机制进行分析，寻找系统的优化策略和改进方案，提高系统的效能和效益。

系统设计与控制：应用系统思维和方法，设计和管理复杂系统，包括工业生产系统、交通运输系统、电力系统等，以实现系统的最优运行和稳定控制。

综合决策与风险管理：将系统分析和优化方法应用于决策问题，并考虑不确定性和风险因素，提供决策支持和风险管理的理论和方法。

系统科学的研究方法主要包括系统建模、系统动力学、网络分析、模拟仿真、优化算法等。系统科学的应用涵盖自然科学、工程技术、管理科学、社会科学等各个领域，为解决复杂问题和实现可持续发展提供思路和方法。

县域物流系统是一个复杂的系统，包括多个组成部分和相互关联的环节。系统科学理论可以帮助研究者理解县域物流系统的整体特征和运行规律，从整体上优化和协调各个环节，实现系统的高效运行。

八、社会经济学

社会经济学是研究社会和经济之间相互关系的学科。它涉及社会制度、经济活动、社会关系、资源分配等方面的问题。社会经济学的研究内容包括以下几个方面。

社会经济发展：研究社会和经济的发展过程，包括经济增长、产业结构变迁、技术创新、市场发展等方面的问题。

社会经济结构：研究社会和经济组织的结构和功能，包括企业、市场、家庭、政府等社会经济主体的角色和作用。

社会经济政策：研究社会和经济政策的制定、实施和评估，包括宏观经济政策、产业政策、就业政策、社会保障政策等方面的问题。

社会经济不平等：研究社会和经济的不平等现象和机制，包括收入分配、财富分配、社会流动性等方面的问题。

社会经济改革：研究社会和经济改革的理论和实践，包括市场化改革、企业改革、社会保障改革等方面的问题。

社会经济学的研究方法主要包括统计分析、经济模型、实证研究、案例研究等。社会经济学的应用领域广泛，包括经济政策制定、社会发展规划、企业管理、社会调查等。通过研究社会经济学，可以深入理解社会和经济之间的相互关系，为实现社会公平、经济可持续发展提供理论和实践支持。

县域物流系统的运行和发展除了受到物流管理理论和技术的影响外，还受到社会经济因素的影响。例如，人口结构、消费需求、社会环境等都会对县域物流系统的需求和发展产生影响。社会经济学理论可以帮助研究者分析这些因素对县域物流系统的影响和作用机制。

第三节 县域物流研究进展

一、县域物流研究的主要方向

目前，县域物流研究在理论和实践层面都取得了一定的进展。以下是县域物流研究的主要进展方向。

城乡物流协同发展：研究如何促进城乡物流协同发展，缩小城乡物流发展差距，提高农产品等农村物资的运输效率和市场竞争力。

服务型物流园区建设：研究如何构建县域内的现代物流园区，并提供高质量、高效率的物流服务。重点关注物流园区的规划布局、设施配套、人员培训等问题。

物流网络优化：研究如何优化县域物流网络，包括物流节点选址、线路规划、运力配置等。通过科学的网络优化，提高物流效能，降低物流成本。

物流信息技术应用：研究如何运用信息技术，构建县域物流信息平台，实现物流信息共享和管理。重点关注物流信息系统的建设、大数据分析、物联网技术的应用等。

绿色物流与可持续发展：研究如何推动县域物流向绿色、低碳的方向发展，减少物流对环境的影响。关注节能减排、新能源车辆应用、循环经济等问题。

政策与机制创新：研究如何制定和实施有利于县域物流发展的政策和机制。包括引导资金投入、优化政府管理、鼓励企业创新等方面的研究。

总体而言，县域物流研究正积极探索实践问题，提供理论指导，并通过跨学科的合作，不断推动县域物流发展和提升。

二、国内县域物流研究的基本情况

国内的县域物流研究在近年来有了显著的进展。以下是一些相关的发展情况。

（一）学术论文

越来越多的学者开始从县域物流的角度进行研究，涉及的领域包括县域物流网络规划、信息系统建设、供应链管理等。相关的学术论文逐渐增多，并在国内外期刊发表。县域物流网络规划是县域物流发展的基础，需要根据具体的地理、经济和市场条件进行科学合理的布局。同时，应注重与周边地区物流网络的衔接和协同，实现优势互补和资源共享。信息技术在县域物流发展中起着关键作用。物流企业应加强信息系统建设，提高物流信息化水平；政府应推动物流信息平台建设，提供便捷的信息服务；同时，物流企业和政府应共同加强数据共享和协同管理，提高物流效率和服务质量。

（二）研究项目和课题

一些研究机构和高校开展了具体的县域物流研究项目和课题，主要关注县域物流的现状、问题和解决方案等方面。这些项目和课题为进一步研究提供了重要的基础。一部分课题研究认为，县域物流发展应重点关注农产品冷链物流。通过建设完善的冷链网络，可以保障农产品的质量和安全，提高县域农产品的市场竞争力。

（三）实践案例研究

一些地方政府和企业开始关注县域物流的发展，并积极推动相关的实践案例研究。这些案例研究有助于理解县域物流的问题和挑战，并提供了可行的解决方案。乡村物流是县域物流发展的重要方向。通过发展乡村物流，可以促进农村经济发展，提高农民收入水平。同时，应注重乡村物流的绿色和可持续发展，提高资源利用效率，保护生态环境。

（四）产学研结合

一些高校和研究机构与地方政府和企业合作，共同开展县域物流研究。通过产学研结合，研究成果得以转化和应用，为县域物流发展提供了有力的支持。政府在县域物流发展中发挥着重要的作用。政府应加大对物流基础设施建设的投资，提供优惠政策和金融支持，促进物流企业的创新和发展。同时，政府应加强规划和管理，推动县域物流的有序发展。

总体而言，中国县域物流研究在学术、实践和政策层面都取得了一定的进展。随着县域经济的不断发展和物流需求的增加，预计未来县域物流研究会进一步深入，并为县域物流发展提供更多的理论和实证支持。

三、国外县域物流研究的基本情况

国外县域物流研究已经取得了一些重要的进展。以下是对国外县域物流研究的综述。

（一）研究方法

在国外，县域物流研究多采用定量分析方法，如数理统计、数学建模、优化算法等，以研究物流网络优化、运输路径选择、运输成本控制等问题。同时，也注重运用GIS技术、遥感技术等进行空间分析和地理信息系统建设。

（二）区域物流规划

国外县域物流研究着重于区域物流规划，包括物流基础设施布局、物流节点选址、物流组织结构设计等。通过综合考虑交通运输条件、市场需求和资源禀赋等因素，提出合理的区域物流规划方案，以促进经济发展和物流效率提升。

（三）可持续发展

在国外，县域物流研究也关注物流的可持续发展。绿色物流、低碳物流等议题受到广泛关注，旨在减少环境影响，提高资源利用效率，推动物流向可持续方向发展。

（四）物流创新技术应用

国外县域物流研究注重物流创新技术的应用，如物联网技术、大数据分析、人工智能等。研究人员通过运用这些技术，提高物流信息化水平，提升物流服务质量，并加强与全球物流网络的连接与合作。

（五）政策与合作

国外县域物流研究也关注政策与机制创新。政府在区域物流发展中扮演重要角色，通过出台相应的政策和法规，促进物流市场的竞争与合作，为物流基础设施建设提供投资支持。

总体来说，国外县域物流研究不仅关注物流组织与运作的效率提升，也关注物流的可持续发展和创新技术的应用。这些研究成果对于指导和推动县域物流的发展具有重要意义。

四、国内外县域物流研究的不足与展望

（一）国内县域物流研究的不足

在国内，县域物流研究存在以下不足。

研究薄弱：相较于城市和地区物流研究，关于县域物流的研究相对较少。县域物流作为乡村经济和农产品供应链的重要组成部分，具有独特的需求，也面临独特的挑战，但相关研究还不够深入和系统。

数据和信息匮乏：县域物流的特点是规模小、分散和信息不对称。由于缺乏相关的数据和信息系统，很难进行全面的研究和准确的分析，从而制约了研究的深入发展。

应用落地不足：一些研究成果难以直接应用于实际操作中，导致研究的可操作性不高。需要更多的实践案例和经验总结，将研究成果转化为实际效益。

缺乏跨学科与跨行业合作：县域物流问题涉及多个学科和行业，需要跨学科和跨行业的合作研究。目前，缺乏相关领域之间的有效协作机制，导致研究成果的综合性和实用性有所欠缺。

因此，需要加强对中国县域物流研究的重视，增加相关研究的投入，加强数据收集和信息共享，提高研究的实践性和可操作性。同时，还需要加强学科交叉和行业合作，形成多方合力，推动县域物流研究的发展和应用。

（二）国外县域物流研究的不足

国外县域物流研究的不足主要体现在以下几个方面。

研究视角局限：国外的县域物流研究往往针对发达地区，对于农村和边远地区的研究相对较少。这导致了研究结果的普适性和实用性有所欠缺。

缺乏对农产品冷链物流的关注：国外的县域物流研究往往更加注重工业品和消费品的物流运输，对于农产品冷链物流的研究相对较少。然而，农产品冷链物流在促进县域经济发展和农民收入增加方面具有重要作用。

理论与实践的结合度不高：国外的县域物流研究往往偏向于理论探讨，缺乏对实践应用的深入研究。与此同时，实际操作中的问题和挑战也很少被纳入研究范畴，导致研究成果的可操作性受到限制。

缺乏国际交流与合作：各国在县域物流研究方面缺乏有效的交流合作。不同国家和地区的县域物流发展面临着各自特殊的挑战与机遇，相互学习和交流可以促进经验分享及共同进步。

综上所述，国外县域物流研究的不足主要表现为研究视角局限、缺乏对农产品冷链物流的关注、理论与实践的结合度不高以及缺乏国际交流与合作。改善这些不足，将有助于更全面、深入地推动县域物流的研究和应用。

（三）县域物流研究展望

在国内，随着县域经济的快速发展，县域物流研究面临着以下几个发展趋势。一是研究如何建设高效的物流网络。随着经济全球化和电子商务的兴起，县域物流网络需要更加高效和智能化。研究者可以关注如何构建高效的县域物流网络，包括物流基础设施建设、物流信息系统的优化、物流运作的集约化和柔性化等方面。二是研究如何推动物流与产业融合。县域物流研究需要关注物流与产业的融合发展。研究者可以研究如何通过物流链条的优化和协同，提高产业价值链的整体效率和竞争力。同时，还可以研究如何通过物流支撑，推动产业结构的转型升级，促进传统产业的转型和新兴产业的培育。三是研究如何引入新技术驱动创新。随着物联网、大数据、人工智能等新技术的广泛应用，县域物流研究将面临更多的创新机遇。研究者可以考虑如何利用这些新技术来优化物流过程，提高物流效率和可持续发展水平等。

在信息化、绿色化、一体化等经济社会发展背景下，无论是国内还是国外，县域物流研究可能将朝以下几个方向发展。

1. 关注新技术与创新

随着信息技术的快速发展，新技术在物流领域的应用将进一步加强。例如，物联网、大数据分析、人工智能等技术将为县域物流提供更多的创新解决方案，包括智能物流管理、智能配送、物流信息共享等。县域物流研究需要关注这些新技术的应用和影响，探索其在物流网络优化和效率提升中的潜力。

2. 关注绿色与可持续发展

在全球环境问题日益严峻的背景下，县域物流研究将更加关注绿色和可持续发展。研究者可以探索如何减少物流过程中的能源消耗和环境污染，推动物流企业向低碳、环保的方向转型，促进生态文明建设，实现经济社会的良性循环。

3. 关注跨界合作与区域一体化

县域物流研究不再局限于单一地理区域,而是越来越关注不同县域之间的物流业务合作与整合。研究者可以研究跨县域物流网络的构建与优化,促进物流资源的共享,推动区域一体化发展。

4. 关注人文因素与社会影响

县域物流研究还应更多关注人文因素和社会影响。例如,研究者可以考虑物流对就业、城市化、社会等方面的影响,关注物流活动对当地文化、社会结构和社会福利的影响。

综上所述,县域物流研究将从新技术与创新、绿色与可持续发展、跨界合作与区域一体化以及人文因素与社会影响等方面进行探索,以适应快速变化的物流环境,并为县域物流的发展提供更多的理论和实践支持。

第三章 县域综合物流体系概述

随着县域经济的发展壮大以及物流产业体系的不断发展演变，县域物流体系越来越呈现综合性发展特征。从县域物流的实践层面看，一方面，县域经济系统各类产业的物流服务需求越来越细化，对物流产业的服务能力提出了更高的要求。另一方面，电子商务的崛起对县域居民的经济行为方式产生了深刻的影响，快递产业快速兴起，收发快递成为人们日常生活中不可分割的一部分。在电子商务环境下，人们可直接在手机App或电脑上下单并完成支付，各类个性化商品最终通过物流配送到达消费者手中，配送效率越来越高，物流手段越来越方便和灵活。在城镇化环境下，电子商务已经渗透到城镇经济社会生活的方方面面，物流成为县域经济发展的一个重点服务行业。而在农村环境下，物流配送网络逐渐延伸到所有的行政村或村组，对农村的生产方式和生活方式都在产生重要的影响。现代物流产业的这些发展特征，使得快递配送、外卖配送等物流产业成为县域经济发展的一个新的增长领域或新兴行业部门。在这种背景下，一方面，物流产业发展壮大，其社会经济作用越来越重要；另一方面，物流产业体系也变得越来越专业化和复杂化。最终，现代物流业成为一个综合性很强的服务行业部门。

从县域物流运行的理论分析看，县域物流的综合性体现在以下几个方面。一是物流服务对象广泛。县域物流的服务对象包括企业、商户、个体经营者等各类经济主体，以及居民个人。不同规模、不同行业的物流需求需要得到满足，物流服务对象的多样性是其综合性的一大体现。二是物流业务种类丰富。县域物流涵盖了仓储、运输、配送、装卸等多种物流业务，为客户提供全方位的物流服务。这些业务形式的多样性和综合性是县域物流的重要特征之一。三是物流网络复杂。县域物流网络结构较为复杂，涉及县城、乡镇、村庄等多个层级，需要建立起不同规模的物流网络，实现各个环节之间的衔接。县域物流网络的复杂性也是其综合性的一大体现。四是运输方式多样。县域物流中涉及的运输方式多样，包括公路运输、铁路运输、水路运输等，需要根据地理位置和物流需求选择适合的运输方式。运输方式的多样性也是县域物流综合性的体现之一。五是物流信息化程度有限。与城市物流相比，县域物流的信息化程度相对较低，缺乏统一的信息平台和标准。加大信息化建设力度，实现物流信息共享和管理的综合性要求成为县域物流发展的重点之一。

要实现县域物流的高质量发展以及充分发挥其对县域经济社会的高效支撑作用，必须对县域综合物流体系进行全面系统的规划和建设，不断提高县域物流服务水平和区域联动合作发展水平，将其培育成为县域经济体系优化的重点领域和新兴产业增长点。要统筹建设县域综合物流体系，就需要统筹协调多种物流运输方式、多元化的产业物流体系、多层次的物流产业发展空间、各种类型的物流企业群体和分散到多个政府职能部门的行业管理体制等综合要素，构建统一协调的建设管理体制和资源动员机制，最终实现县域综合物流体系的高质量运行。对此，需要全面识别县域综合物流体系的基本范畴和要素结构，科学把握县域综合物流体系的建设方向和要求，不断增强规划、政策和资源配置的针对性，提高物流效率和降低物流成本，促进县域内的产业发展和经济增长。

第一节 县域综合物流体系的概念描述

一、县域综合物流体系的概念

县域综合物流体系是指基于县级行政区域范围内的各种物流要素和资源，以满足不同层次、不同规模企业的物流需求为目标，通过整合物流资源、优化物流网络、提升物流服务水平等手段，构建的能够高效运作的综合物流服务体系。

县域综合物流体系的构建涉及物流基础设施建设、物流信息平台建设、物流人才培养和物流政策支持等方面。它通过建设高效的物流网络、完善的物流设施和设备、智能化的物流信息系统，以及专业化的物流人员队伍，实现从供应链管理、仓储配送到运输流通等物流环节的有机衔接和协调运作。

县域综合物流体系的目标在于提高物流效率，降低物流成本，提升企业竞争力，推动地方经济的发展和区域间的协调发展。它有助于优化物流资源配置，加强物流服务能力，促进产品流通和市场拓展，提升农村地区农产品的附加值和市场竞争力。

总而言之，县域综合物流体系是基于县级行政区域内的物流要素和资源，通过整合、优化和提升物流服务能力，构建起的高效运作的综合物流服务体系，以促进地方经济发展和优化区域物流格局。

二、县域综合物流体系的特点

县域综合物流体系是指在一个县域内，将物流、信息流和资金流有机结合起来而形成的一个完整的物流运营网络。县域综合物流体系具有网络化、融通性、集约化、服务性、发展性、综合性和政府导向性等特点。这些特点对于县域物流的发展和物流效率的提高至关重要。

（一）网络化

县域综合物流体系通过建立覆盖全县域的物流网络，实现物流资源的有效整合和利用。通过建立物流节点和物流通道，实现县域内各地点之间的物流连接。

（二）融通性

县域综合物流体系将不同形式的物流活动有机地融合在一起，包括仓储、运输、配送等环节。同时，也能够融通信息流和资金流，提高物流操作的效率和准确性。

（三）集约化

县域综合物流体系通过优化物流运作流程和资源配置，实现物流效率的提升和成本的降低。通过集中管理和控制，实现物流资源的最大化利用。

（四）服务性

县域综合物流体系注重为企业和客户提供全方位的物流服务，包括物流咨询、运输、仓储、配送等。通过提供高效、安全、可靠的物流服务，满足用户对物流的多样化需求。

（五）发展性

县域综合物流体系处于一个动态发展的过程。随着县域经济的发展和需求的变化，需要不断调整和完善物流网络和服务模式，以适应新的发展需求。

（六）综合性

县域综合物流体系涉及多个方面的内容，包括物流设施建设、物流企业管理、物流信息系统建设等。它需要综合考虑各种因素，实现各个环节的协调和配合。

（七）政府导向性

县域综合物流体系的建设和管理通常由县级政府牵头，政府在其中发挥重要的引导和支持作用。政府制定相关规划和政策，在公共物流设施、基础设施建设和产业发展等方面提供支持措施。

第二节 县域综合物流体系的要素框架

县域物流系统是由多个部分组成的整体，包括物流要素、物流活动、参与主体和管理机制等。这些组成部分相互关联和配合，形成一个完整的物流运作体系。县域物流发展涉及的要素较多，包括基础设施、运输工具、信息系统、人力资源和政策支持等，这些要素相互配合，共同构成了县域物流体系的基础。以下是县域综合物流体系的要素框架，但因地区和具体情况的不同可能会存在差异。在实际的研究和实施过程中，需要综合考虑这些要素之间的相互关系和影响，以构建适应县域需求的综合物流体系。

一、物流基础设施

物流基础设施是指支撑物流运作的基础设施。以下是常见的物流基础设施，不同地区和不同规模的物流体系可能会存在差异。

（一）交通基础设施

交通基础设施包括公路、铁路、航空和水路等交通网络。公路运输是最常用的物流运输方式，需要建设和维护高质量的公路网络，确保货物可以快速、安全地运达目的地。铁路、航空和水路等交通方式也是重要的物流运输方式，需要相应的铁路、机场和码头等设施。

（二）仓储设施

仓储设施包括物流园区、仓库、配送中心等。物流园区是将仓储、配送、加工等功能整合在一起的综合性物流基地，便于实现物流流程的优化和集约化管理。仓库和配送中心用于存放和分发货物，提供临时储存和货物转运的功能。

（三）信息系统

信息系统包括物流信息平台、物流跟踪系统等。物流信息平台用于收集和处理物流信息，实现物流信息的共享和流动，提高物流效率和准确性。物流跟踪系统可以实时追踪货物的运输状态和位置，提供准确的物流信息。

二、物流服务企业

物流服务企业是专门提供物流运输、仓储、配送和供应链管理等相关服务的企业。它们在实际物流运作中扮演着重要角色，为各类企业和个人提供物流解决方案和专业服务。以下是常见的物流服务企业，实际上还有许多其他类型的物流服务企业，它们根据不同的业务需求提供各类专业化服务。

（一）快递公司

快递公司主要提供快递服务，将包裹、文件等小件货物快速、安全地送达目的地。常见的国内快递公司有顺丰、圆通、中通等。

（二）运输公司

运输公司主要提供货物长途运输服务，包括公路运输、铁路运输、航空运输等。运输公司根据货物的特性和客户需求，选择适宜的运输方式进行货物的搬运和运输。

（三）仓储物流公司

仓储物流公司主要提供仓储和配送服务，包括仓库管理、库存管理、装卸操作、配送运输等。仓储物流公司通过优化仓储和配送环节，提高货物存储和运输的效率。

（四）第三方物流公司

第三方物流公司是独立于货主和运输公司的专业物流服务提供商，以供应链管理为核心，为客户提供全方位的物流解决方案，包括物流规划、物流运输管理、仓储配送、采购物流等。

（五）冷链物流公司

冷链物流公司专门提供冷藏、冷冻货物的物流运输和保鲜服务，确保货物在运输过程中保持适宜的温度和质量。冷链物流公司通常配备冷藏车辆、冷藏仓库和专业的技术人员。

三、物流资源

物流资源是指支撑物流运作和提供物流服务所需要的各种资源。物流资源中最为重要的资源之一是货物。只有源源不断的货物或商品生产，才能保障物流产业的可持续发展。除了货物或商品外，其他资源包括人力资源（物流从业人员、物流管理人才等）、物流设备（运输工具、搬运设备等）和物流资金（物流投资、融资等）。这些资源是支撑物流运作的重要因素，对物流效率和质量有着重要影响。物流资源的合理配置和优化利用可以提高物流效率和降低物流成本，进而提升企业竞争力。以下是常见的物流资源，不同地区和不同规模的物流体系可能会存在差异，需要根据实际情况进行资源的选择和配置。

（一）货物或商品

物流是指在供应链中，为了满足客户需求，将货物或商品从生产地或供应地运送到销售地的全过程管理活动。货物或商品是物流活动的核心内容。通过物流网络和流程，将货物或商品从生产地或供应地运送到销售地，进而实现价值创造。

（二）人力资源

物流人力资源包括物流从业人员、管理人员和技术人员等。他们负责物流规划、操作、管理和技术支持等工作，保障物流流程的顺利进行。

（三）运输工具和设备

运输工具和设备包括货车、火车、船只、飞机等运输工具，以及吊车、叉车、货架、托盘等物流设备。这些运输工具和设备用于货物的搬运、运输和装卸等工作。

（四）信息流、资金流和服务流

物流不仅关注货物的实体流动，也关注信息流、资金流和服务流的协同运作，以实现物流运作的高效性和成本控制。通过物流管理，可以提高货物运输的效率、降低成本，同时满足客户的需求和提供优质的服务。

四、物流信息平台

物流信息平台是指一个集成了各种物流信息和提供物流管理服务的在线平台。它通过收集、整合、处理和分析物流相关的数据，为物流企业和利益相关方提供全面的信息支持和决策依据。物流信息平台包括物流信息系统、物流数据共享平台和物流管理平台等。这些平台通过整合、共享和分析物流信息，提高物流信息的可视性、透明度和准确性，促进物流过程的协调和优化。物流信息平台一般具有以下功能。

（一）货物跟踪

通过物流信息平台，可以实时跟踪货物的位置、状态和运输轨迹。用户可以通过平台查询货物的当前位置，了解货物是否已经送达，以及预计的送达时间等信息。

（二）仓储管理

物流信息平台可以管理仓库的货物进出、库存情况等，并提供实时的库存信息和报表分析。通过平台，用户可以实时了解仓库的货物数量、货物类型和货物存放位置等信息，实现对仓库的有效管理。

（三）订单管理

物流信息平台可以帮助管理订单的生成、分配和执行过程。用户可以通过平台创建订单并查看订单的执行情况，跟踪订单的状态和进展，确保订单能够按时完成。

（四）运输计划与调度

物流信息平台可以制订运输计划并进行运输调度。平台可以根据货物的特性和运输要求，优化路线安排和运输车辆的调度，提高运输效率和降低成本。

（五）数据分析与报告

物流信息平台可以分析和处理物流数据，并生成各种报表和分析图表。用户可以通过平台获得物流数据的统计指标、趋势分析和决策支持，帮助进行优化和改进。

五、物流政策支持

物流政策支持是指政府对物流行业发展提供的各种政策措施和支持，旨在促进物流业的发展，提高物流效率，推动经济增长。以下是一些常见的物流政策支持措施。

（一）优惠税收政策

政府可以减免物流企业的税收负担，例如减免企业所得税、增值税等，在一定时期内给予税收优惠，鼓励物流企业投资和发展。

（二）金融支持政策

政府可以通过设立专项基金、提供贷款担保、给予低息贷款等方式，满足物流企业的融资需求，帮助其更新设备、升级技术和扩大规模等。

（三）基础设施建设

政府可以加大对物流基础设施建设的投入，例如修建、改善港口、铁路、公路、机场等交通运输设施，提高物流网络的连通性和效率。

（四）人才培养政策

政府可以出台相关政策，鼓励培养物流领域的人才，提供科研项目资助、奖学金、专业技术培训等支持，提高物流从业人员的素质和专业水平。

（五）开放政策与国际合作

政府可以鼓励物流企业参与国际合作，推动跨境物流和国际物流的发展，并通过签署自由贸易协定、开放物流市场等方式，创造良好的营商环境。

（六）政策指导与规范

政府可以出台相关指导政策，规范物流市场的经营行为，加大监管和执法力度，提高行业准入门槛，维护市场竞争秩序和公平竞争环境。

这些物流政策支持措施旨在提升物流业的发展水平，促进产业优化升级，推动经济转型和可持续发展。同时，政府在制定物流政策时还需兼顾环境保护、安全管理等方面，实现物流行业的可持续发展。

第三节　县域综合物流体系的建设要求

县域综合物流体系的建设需要从物流产业规划、基础设施、综合服务能力、政策支持与法律法规、信息化建设和人才培养与合作机制等多个方面来考虑，以推动县域物流的发展和提升整体物流效率。以下是县域综合物流体系建设的主要要求，不同的县域根据实际情况可能会存在差异。

一、顶层设计和规划

县域综合物流体系的建设需要有明确的顶层设计和规划，包括制定发展目标、确定发展方向、明确优势产业和重点发展领域等，这样能够有效引导和推动物流体系的建设和发展。县域综合物流体系的顶层设计和规划需要综合考虑县域的经济特点、交通条件、人力资源等因素，并与地方的产业发展战略相衔接，以促进县域经济的发展和提升竞争力。以下是县域综合物流体系顶层设计和规划的要点。

（一）定位和目标

确定县域综合物流体系的定位和发展目标，明确其服务对象、服务范围和服务水平，以及发展重点和优势产业。

（二）基础设施规划

评估现有的交通网络、仓储设施和物流设备等基础设施的情况，确定发展重点和需求，进行合理规划和布局，提高物流设施的数量和质量。

（三）运营模式设计

根据县域的实际情况，设计适合的物流运营模式，包括物流网络、仓储管理、运输组织等方面。可以考虑与物流公司、承运商等建立合作关系，共同开展物流业务。

（四）信息化建设

建立健全物流信息系统和平台，实现物流信息的采集、处理和传递，提高物流效率和可视性。可以应用物联网、云计算、大数据等技术，推进信息化建设。

（五）政策支持和配套措施

制定相关政策和措施，支持县域综合物流体系的发展，包括税收优惠、资金扶持、人才培养等方面。同时，需要配套建设相关的服务体系和管理机制，包括物流企业注册和监管、物流人才培养等方面。

（六）合作与协调机制

加强与上下游物流网络的对接与合作，实现物流的互联互通。同时，加强与相关部门和机构的协调与合作，形成统一规划和管理的机制。

二、健全物流基础设施

物流基础设施是物流体系运作的基础，包括交通基础设施（公路、铁路等）、仓储设施、信息系统等。需要加大投资力度，提升基础设施的质量和效率，满足物流需求。健全物流基础设施需要政府的支持和投入，同时也需要企业和社会各方的合作共建。应重视顶层设计和规划，充分考虑当地经济发展需求和特点，以实现物流基础设施的全面升级和优化。要健全物流基础设施，可以从以下几个方面入手。

（一）交通网络建设

完善道路、铁路、水路、航空等交通网络，提升物流运输的便捷性和效率。修建新的物流枢纽、交通枢纽和物流园区，提供更多的物流节点和服务设施。

（二）仓储设施建设

增加仓储容量，建设现代化、标准化的仓储设施，包括智能仓库、冷链仓库、集装箱堆场等。同时，优化仓储布局，提高货物的集散效率和周转速度。

（三）物流设备更新

引进高效、智能化的物流设备和技术，如自动化搬运设备、无人机、AGV（自动导引车）等，提升物流设备的质量和效益，降低物流成本和风险。

（四）信息化平台建设

建立物流信息系统和平台，实现物流信息的采集、处理和共享。提供物流跟踪查询、订单管理、库存管理等功能，提高物流的可视性和整体管理能力。

（五）环境保护

注重环境保护，在物流基础设施建设中考虑节能减排、资源回收利用等。同时，加强对危险品和污染物的监管，确保物流过程中的安全性和环境友好性。

三、建立高效便捷的物流服务网络

县域综合物流体系需要建立起高效便捷的物流服务网络，包括物流服务企业的布局和组织，以及物流服务覆盖面的扩大和供应链的整合。需要培育和引进一批具备专业化、标准化能力的物流服务企业，提供运输、仓储、配送、包装等多种物流服务。物流服务网络建设需要政府、物流企业和相关部门的共同推进。同时，积极引导和支持社会资本参与物流服务网络建设，鼓励创新和投资，促进物流服务的优化和升级。

（一）建立多式联运网络

通过铁路、公路、水路和航空等多种运输方式的高效衔接，形成互联互通的物流网络，提供一站式的物流服务，减少货物转运环节，提高物流效率。

（二）增加物流节点

在交通枢纽地区设置物流中心，增加物流节点和服务点，方便货物集散和分拨。同时，优化物流节点的布局和功能定位，提高物流的整体效益。

（三）发展物流园区

建设现代化的物流园区，提供全方位的物流服务和支持。物流园区可以集中配备仓储、运输、配送等设施，提供集装箱拼装、包装、商品陈列等增值服务，提高物流的综合能力。

（四）引进智能技术

借助物联网、大数据、人工智能等新兴技术，实现物流信息的实时监控和管理。建立智能化的物流系统，提供追踪查询、预测分析、风险评估等功能，提高物流的可靠性和适应性。

（五）优化运输网络

通过优化线路规划、运输组织和调度等，提高运输的效率和时效性。建立合理的货物配送模式，提供灵活的运输方案和服务选择，满足不同行业和客户的需求。

（六）强化服务品质管理

重视物流服务品质，提高服务水平和用户满意度。建立健全服务评价和监管机制，加强对物流企业和从业人员的培训和管理，提升服务质量和可信度。

四、增强物流协同能力

县域综合物流体系建设需要各个环节的协同配合，实现物流信息的共享和流动，提高物流效率和降低成本。需要建立起物流信息平台、物流数据共享机制和物流管理体系，促进各个企业和组织的协同合作。

（一）建立物流信息平台

通过建立统一的物流信息平台，实现各个环节和参与方之间的信息共享和协同。平台可以包括订单管理、库存管理、运输调度等功能，提供实时的物流信息和数据分析，以便及时做出决策和调整。

（二）加强合作伙伴关系

与供应商、承运商、仓储商等各个环节的合作伙伴进行密切合作，建立长期稳定的合作关系。通过共同制定标准化的操作规程和服务标准，提高协同效率和质量。

（三）实施供应链管理

采用供应链管理的理念和方法，将物流环节纳入整个供应链的规划和管理之中。通过共享信息、实时协调和共同优化，实现物流环节的无缝衔接和协同发展。

（四）制定统一的运作流程

建立统一的运作流程和标准，确保各个环节之间的衔接和协同。流程包括订单处理、货物配送、仓储管理等，通过明确责任，减少沟通成本和误差。

（五）引入物流管理系统

借助物流管理系统，实现对物流过程的全面控制和监管。物流管理系统可以实现实时跟踪和监测，提供数据分析和决策支持，提高物流的协同能力和运作效率。

（六）强化沟通和协调机制

建立定期沟通和协调机制，包括供应链会议、跨部门协调等内容。及时解决物流过程中遇到的问题和矛盾，确保各个环节的协同配合和顺畅运作。

五、健全物流人才培养体系

物流人才是县域综合物流体系建设和发展的重要支撑。需要加强物流人才的培养和引进，提高其专业能力和素质水平，满足物流行业的需求。

（一）设计完善的培训计划

制订针对不同层级和职能的物流人才培养计划，提供基础培训、专业技能培训和管理能力培训等。培训内容应涵盖物流管理知识、操作技能、沟通协调能力等方面。

（二）开发定制化的培训课程

根据不同岗位的职责和需求，开发定制化的培训课程，以提高员工在特定领域的专业能力，如供应链管理、仓储管理、运输管理等领域。

（三）寻求外部合作

与相关高校、培训机构和行业协会合作，共同开展物流人才培养项目。通过与专业教育机构合作，可以利用他们的资源和专业知识，提供更加全面和专业的培训。

（四）提供实践锻炼机会

为物流人才提供实践锻炼的机会，通过参与项目、实习和轮岗等方式，让员工亲身实践物流管理流程和技巧。这样可以提高员工的实际操作能力和解决问题的能力。

（五）建立激励和晋升机制

建立激励和晋升机制，鼓励员工不断学习和提升自身能力。例如，设立岗位晋升的评估标准和评价体系，通过评定员工的物流管理绩效，决定是否给予晋升的机会。

（六）建立知识分享和学习平台

建立内部的知识分享和学习平台，促进员工之间的交流和学习。可以组织内部培训讲座、工作坊和经验分享活动，以便员工相互借鉴和学习。

六、发挥政府作用

县域综合物流体系的建设需要政府的积极参与和推动。政府可以通过出台相关政策和规划，提供资金和土地资源支持，加强对物流企业的扶持和引导，推进物流产业的发展。政府在物流发展中扮演着重要的角色，可以通过政策支持、资源调配和协调来促进县域综合物流体系的建设。

（一）制定政策法规

政府可以制定相应的政策和法规，为县域综合物流体系的建设提供便利和支持。这包括制定有利于物流企业发展的税收政策，给予税收减免优惠；出台促进物流产业发展的产业政策，鼓励企业投资和创新；加强对物流市场的监管，维护公平竞争的市场环境等。

（二）提供基础设施投资和资源支持

政府可以提供必要的投资和资源支持，用于县域综合物流基础设施的建设。这包括修建道路、铁路、航空港等交通基础设施，提升物流运输的效率和质量；建设仓储设施和物流园区，提供物流配套服务；培训物流从业人员，提升人才素质等。

（三）推动物流业务合作与协同

政府可以积极推动物流业务的合作与协同。例如，促进物流企业在物流资源、信息和服务等方面展开合作，提高整体配送效率；推动物流业务与相关产业的融合发展，加强农业、电商等产业与物流的衔接，提供一体化的综合解决方案。

（四）加强监管和协调

政府还可以加强对县域综合物流体系的监管和协调，确保各个环节的顺畅运行。这包括加强对物流市场的规范管理，防止市场乱象和不正当竞争；加强对物流企业的监督和引导，提高服务质量和安全水平；推动信息化技术在物流中的应用，提高物流信息的透明度和可追溯性。

第四节　县域综合物流体系的建设目标

县域综合物流体系的建设目标是提高物流效率，促进经济发展，改善物流环境，提升物流能力，实现资源共享。通过实现这些目标，可以为县域经济的发展和社会的进步提供有力支撑。

一、提高物流效率

通过建设县域综合物流体系，为县域居民、各类生产制造企业提供更加便利化的物流服务，实现物流节点之间的快速连接和信息的顺畅传递，提高物流运作的效率和准确性，降低物流成本。

（一）提高生活性物流服务效率

围绕县域城乡居民的生活物资需求，除了提供传统的快递配送外，引入更灵活的配送方式，如同城配送、智能快递柜等。根据客户的需求和订单的特点，选择最合适的配送方式，提高配送效率。推广自助服务，在社区、商场、村组等场所设置自助服务点，供客户自行寄送和取件。客户可以通过自助终端完成包裹的打包、扫描等工作，无须等待人工处理，节省时间和人力成本。通过对大量的配送数据进行分析，提取规律和趋势，优化物流资源的配置和调度。可以根据不同地区、时间段的需求量，合理调配运力和人力，提高生活性物流服务的响应速度和准确性。

（二）提高生产性物流服务效率

围绕县域各类产业部门的制造生产，加强供应链的协调和协作，减少供应链环节中的时间浪费和资源浪费，提高整体物流效率。引入自动化设备和技术，如自动仓储系统、自动化分拣设备等，减少人力工作量，提高物流操作速度和准确性。通过物联网技术，对生产性物流中的货物进行实时追踪和监控，实时获取货物的位置、状态和运输过程中的异常情况，及时处理并解决问题，避免延误和损失。通过提高货物的运输速度和准确性，缩短整个生产过程中的物流时间，提高生产效率。与物流服务提供商、供应商等建立紧密的合作伙伴关系，共同优化物流服务和流程。

（三）增强公共应急物流服务能力

围绕社会经济发展安全，有效应对突发事件和紧急情况，提高应急物流服务的灵活性和响应速度。建立多元化的物流网络，包括多个仓储和分拣中心，以及多个运输渠道和合作伙伴。建立完善的应急物流预案，并定期进行演练和训练。根据需求和风险评估，合理设置安全库存和备用物资。利用物联网、大数据和人工智能等技术，实现对货物和车辆的实时监控和追踪，及时应对异常情况，并进行有效的调度和资源分配。与政府相关部门、供应商、物流服务提供商等建立良好的合作关系，在突发事件发生时，能够及时获取相关信息并进行资源调配和紧急协助。建立一支专业的应急物流团队，包括物流专家、应急指挥员、驾驶员、仓储员等。他们应具备应急响应能力，能够迅速做出决策和行动。

二、促进经济发展

县域综合物流体系的建设旨在为企业提供高效、安全、可靠的物流服务，提升企业的竞争力，推动经济的发展。县域物流的发展对于经济发展具有重要的促进作用，以下是促进县域经济发展的几个重要方面。

（一）促进产业升级和转型

县域物流能够提供可靠、高效的货物运输和配送服务，为当地企业提供更好的物流支持，帮助企业降低成本、提高效率，推动产业升级和转型。

（二）扩大市场辐射范围

县域物流能够连接不同地区的市场，打破地理限制，使当地产品迅速进入全国甚至国际市场。通过县域物流的发展，可以增加销售渠道，扩大产品的市场辐射范围，促进经济的发展。

（三）提升供应链效率

县域物流能够优化供应链管理，提高供应链的响应速度和效率。通过物流配送的精细化管理，可以减少货物滞留和库存积压，降低企业的运营成本，提高市场反应能力，提升整体供应链的效率。

（四）增加就业机会

县域物流的发展可以创造更多的就业岗位，包括仓储人员、运输司机等。物流业的发展还会带动相关产业的发展，如仓储设施、交通运输等，进一步扩大就业规模，促进经济增长。

（五）促进县域间的合作与互联互通

发展县域物流可以促进不同县域之间的合作与互联互通，形成区域性的物流网络，提高整体区域的物流水平和竞争力。通过物流资源共享和协同配送，可以降低物流成本，提高效率，推动县域经济的协调发展。

三、改善物流环境

通过县域综合物流体系的建设，改善物流环境，提升物流服务的水平和质量，吸引更多的企业和投资进入该区域。改善物流环境是提高物流效率和降低物流成本的关键。以下是改善物流环境的几个重要方面。

（一）提供政策优惠

制定和实施有利于物流发展的政策措施，例如税收减免、优惠融资等，以吸引更多的物流企业投资和发展，并降低物流成本。

（二）简化审批程序

简化物流企业的注册和审批手续，提高办事效率。建立快速审批通道和一站式服务窗口，减少物流企业在办理手续上的时间和成本投入。

（三）优化交通运输基础设施

加大对交通运输基础设施的投资，建设和改善港口、机场等物流节点的设施，提高物流运输的效率和质量。

（四）提供优质服务

建立完善的物流服务体系，包括信息共享平台、物流金融服务、物流保险等方面，提供全方位的物流解决方案和增值服务，提高物流服务水平和客户满意度。

（五）加强监管和执法

加大对物流市场的监管和执法力度，打击物流市场的不正当竞争行为和违规操作，维护公平竞争的市场秩序。

（六）提供人才支持

加强物流人才的培养和引进，推动物流从业人员的专业化和技能提升。建立物流人才培训机制，培养高素质的物流管理和操作人员，提高物流行业的整体素质。

（七）加强区域合作

加强与其他国家和地区的物流合作与交流，推进物流标准和规范的对接和协调，降低跨区（境）物流成本和贸易壁垒，促进区域物流的顺畅运行。

四、提升物流能力

通过县域综合物流体系的建设，提升县域内物流企业的管理水平和服务水平，培养高素质的物流人才，推动物流行业的发展，提高县域的物流能力。

（一）重视物流企业培育

在县域范围内识别和发现一批综合竞争力和创新发展能力较强的物流企业，加大对这些企业的扶持力度，帮助其做大做强，解决其发展中的难点、堵点问题，增强物流企业在区域市场的综合竞争力。

（二）加强试点和示范引领

按照国家和地区物流产业发展政策导向和本县域的经济发展需求，加强物流产业新业态、新模式试点的开展，通过试点总结经验，提炼发展模式，充分发挥试点企业、业态或项目在全县域的示范引领作用。

（三）选择差异化竞争战略

在特定的区域环境中选择差异化的县域物流发展战略，在某个领域、某个环节、某个项目全面增强物流服务能力，始终坚持既定的发展目标和竞争战略，形成区域物流差异化发展优势。

（四）注重县域物流品牌建设

加强县域物流品牌建设和市场推广，提高县域企业、产业的知名度和形象，并通过市场推广和营销活动，开拓更多的市场机会。

（五）适应市场变化

主动适应市场变化，密切关注市场趋势和竞争对手动态，及时调整战略、产品和服务，保持市场敏感度和灵活性。

（六）提升宏观规划纳入能力

加强县域物流项目的前瞻性储备和可行性规划，及时结合国家和地区物流产业发展政策，积极主动上报相关部门和机构，多渠道呼吁本县域的物流产业项目，争取将县域项目更多地纳入到更高层次的区域规划项目或国家规划项目目录中，获得更多的政策支持和资金支持。

（七）构建高效的物流管理体制

积极探索建立一元化物流管理体制或县政府主导的县域物流发展领导机构，统筹规划建设全县域的综合物流体系，协调各政府部门的物流管理职能，全面改善县域物流发展的营商环境、创新环境和竞争环境，培养一支干事创业的物流管理干部队伍和物流企业家队伍。

五、实现资源共享

县域综合物流体系的建设可以促进资源共享和协作。通过物流信息系统的建设和物流服务的整合，实现资源的优化配置和互利共赢。物流资源共享可以通过以下几个方面实现。

（一）建立物流合作伙伴关系

与其他物流企业建立紧密的合作伙伴关系，共享物流资源，包括仓储、运输、配送等环节的资源。通过共享资源，可以实现规模效应，降低成本，提高效率。

（二）构建共享平台

建立物流资源共享的在线平台，吸引不同的物流企业加入，并提供信息共享、资源调度等功能。物流企业可以在平台上发布自己的资源供给信息，也可以通过平台获取其他企业的资源。

（三）建立智能化调度系统

利用物联网、大数据分析等技术，建立智能化调度系统，实现不同物流企业之间的资源调度和协同运作。通过系统的优化调度，可以最大限度地利用物流资源，提高效率。

（四）共同建设物流网络

物流企业可以共同建设物流网络，共用仓库、集散中心等设施。通过共同建设，可以减少资源的浪费，提高协同作业的效率，降低成本。

（五）共享信息和技术

建立信息共享机制，分享物流市场、运输线路、货源信息等，让各个物流企业共享行业资源，提高市场的准入门槛。同时，共享最新的物流技术和管理经验，推动整个行业的进步。

（六）促进政府支持

政府可以通过政策支持和鼓励，推动物流资源的共享。例如，设立专项基金，支持物流企业共享资源；加强行业监管，规范资源共享行为等。

第四章　县域物流发展宏观背景形势

在城镇化、工业化、信息化发展的背景下，县域物流作为县域经济的重要组成部分和第三产业的重要服务行业，大体上面临着几个重大的共性发展形势。但是由于特定县域所处的地理位置、所辖产业体系的建设规模、工业化和城镇化建设程度等有所不同，各县域的物流业发展形势也存在一定的差异。这里讨论一些时代共性的发展形势。一是区域经济发展形势。随着经济全球化和市场化程度的提高，各地区的经济发展日益融合，县域经济也在不断发展壮大。县域物流作为支撑经济发展的重要基础设施，受益于区域经济发展的整体趋势。二是城市化发展形势。随着城市化进程的加速，越来越多的人口涌入城市，对物流服务的需求也在不断增长。县域物流作为城市物流系统的重要组成部分，需要与城市化进程相适应，提供高效、便捷的物流服务。三是电子商务的兴起。随着互联网的普及和电子商务的兴起，县域之间的商贸往来逐渐增多，对物流配送的要求也在不断提高。县域物流发展面临着更为复杂的市场需求和竞争压力，需要不断提升服务水平和运营效率。四是政府政策的支持形势。为了促进县域经济发展和区域均衡发展，政府出台了一系列支持县域物流发展的政策措施，包括优化物流基础设施建设、降低物流成本、提供财政支持等。这些政策为县域物流的发展提供了有力支持。五是绿色可持续发展形势。随着环境保护意识的增强和绿色发展理念的普及，县域物流发展也需要向绿色可持续方向转变。加强物流运输的能源节约和环境保护，推广绿色物流模式和技术，将成为县域物流发展的重要趋势。

第一节　国家或地区产业政策形势

特定国家或地区的产业政策形势随着时代和政策导向的变化而变化，以下是一些可能出现的形势。一是产业升级政策。许多国家或地区面临着产业结构调整的需求，为了提升竞争力和促进经济增长，政府可能推出产业升级政策，鼓励企业进行技术创新、产品升级和市场拓展。二是制造业转型政策。随着全球制造业格局的变化和工业4.0的兴起，国家或地区可能会推出制造业转型政策，鼓励企业采用先进技术和智能制造，提高生产效率和产品质量。三是绿色产业政策。环境保护和可持续发展成为全球关注的议题，许多国家或地区将绿色产业作为战略性产业进行培育，鼓励企业开展清洁能源、节能减排和循环经济等方面的业务。四是数字经济政策。随着数字化和互联网技术的快速发展，国家或地区可能会推出数字经济政策，鼓励数字产业的发展，促进电子商务、人工智能、大数据和物联网等领域的创新与应用。五是区域产业政策。为了实现区域均衡发展，促进区域经济合作，国家或地区可能会出台区域产业政策，针对不同地区的特色产业进行支持和引导，打造具有区域竞争优势的产业集群。需要注意的是，以上仅是一些可能出现的形势，具体情况会受到国家或地区的发展阶段、政策取向和实施效果等多方面因素的影响。

特定国家或地区的物流产业政策形势可能因各国或地区的具体情况而有所不同，以下是一些可能出现的形势。一是促进物流服务提质增效。为了提升物流行业的竞争力，国家或地区可能会推出政策鼓励物流企业提升服务质量和运营效率，包括引入信息技术、改善仓储和运输设施、优化供应链管理等。二是发展跨境（区）电商物流。随着跨境电商的兴起，国家或地区可能会推出政策支持跨境电商物流发展，包括简化报关手续、加快通关速度、建设物流枢纽等，以提供更优质的国际物流服务。三是推动物流与制造业融合。为促进制造业升级和转型，国家或地区可能会鼓励物流与制造业深度融合，推动物流企业与制造企业合作，提供一体化的供应链解决方案。四是加强物流基础设施建设。国家或地区可能会加大对物流基础设施建设的投入，包括港口、机场、公路、铁路、仓储设施等，以提高物流网络的覆盖能力和效率。五是促进绿色物流发展。为了减少物流活动对环境的影响，国家或地区可能会推出政策鼓励绿色物流发展，包括使用低碳交通工具、推广节能技术、优化运输路线等，以实现可持续发展。需要注意的是，以上仅是一些可能出现的形势，具体情况会受到国家或地区的经济发展情况、政府战略取向和市场需求等多方面因素的影响。

一、交通规划形势

特定国家或地区的交通规划会对县域物流产生重要影响。首先，交通规划中的道路网络建设和改善直接关系到县域物流的畅通程度。如果道路网络不完善，交通拥堵严重，将导致物流运输时间延长、成本增加，并影响货物的及时配送。其次，交通规划中的铁路和航空运输发展也会对县域物流产生影响。如果铁路和航空运输网络覆盖不到县域或运力不足，那么县域物流的发展将受到限制，难以实现与其他地区的快速连接。再次，交通规划还包括港口和物流园区的建设规划，这对县域物流的发展起着重要的支撑作用。如果港口和物流园区规划得当，可以吸引更多的物流企业进入县域，提供更好的物流服务。最后，交通规划中的新能源交通推广和交通智能化应用也将对县域物流的发展产生影响。新能源交通的普及将减少物流车辆的尾气排放，减少环境污染；而交通智能化的应用可以提高物流运输的效率和安全性。因此，国家或地区的交通规划对县域物流的发展和运行起着至关重要的作用，需要合理的规划和科学的布局，以促进县域经济的发展和物流行业的繁荣。在这里围绕重大物流交通设施建设，举例介绍我国的重大交通规划形势。

（一）《交通强国建设纲要》

2019年9月，我国发布了《交通强国建设纲要》，要求各地区各部门结合实际认真贯彻落实。《交通强国建设纲要》围绕各地区基础设施布局完善、立体互联提出了明确要求。

1. 建设现代化高质量综合立体交通网络

以国家发展规划为依据，发挥国土空间规划的指导和约束作用，统筹铁路、公路、水运、民航、管道、邮政等基础设施规划建设，以多中心、网络化为主形态，完善多层次网络布局，优化存量资源配置，扩大优质增量供给，实现立体互联，增强系统弹性。强化西部地区补短板，推进东北地区提质改造，推动中部地区大通道大枢纽建设，加速东部地区优化升级，形成区域交通协调发展新格局。

2. 构建便捷顺畅的城市（群）交通网

建设城市群一体化交通网，推进干线铁路、城际铁路、市域（郊）铁路、城市轨道交通融合发展，完善城市群快速公路网络，加强公路与城市道路衔接。

尊重城市发展规律，立足促进城市的整体性、系统性、生长性，统筹安排城市功能和用地布局，科学制定和实施城市综合交通体系规划。推进城市公共交通设施建设，强化城市轨道交通与其他交通方式衔接，完善快速路、主次干路、支路级配和结构合理的城市道路网，打通道路微循环，提高道路通达性，完善城市步行和非机动车交通系统，提升步行、自行车等出行品质，完善无障碍设施。科学规划建设城市停车设施，加强充电、加氢、加气和公交站点等设施建设。全面提升城市交通基础设施智能化水平。

3. 形成广覆盖的农村交通基础设施网

全面推进"四好农村路"建设，加快实施通村组硬化路建设，建立规范化可持续管护机制。促进交通建设与农村地区资源开发、产业发展有机融合，加强特色农产品优势区与旅游资源富集区交通建设。大力推进革命老区、民族地区、边疆地区、贫困地区、垦区林区交通发展，实现以交通便利带动脱贫减贫，深度贫困地区交通建设项目尽量向进村入户倾斜。推动资源丰富和人口相对密集贫困地区开发性铁路建设，在有条件的地区推进具备旅游、农业作业、应急救援等功能的通用机场建设，加强农村邮政等基础设施建设。

4. 构筑多层级、一体化的综合交通枢纽体系

依托京津冀、长三角、粤港澳大湾区等世界级城市群，打造具有全球竞争力的国际海港枢纽、航空枢纽和邮政快递核心枢纽，建设一批全国性、区域性交通枢纽，推进综合交通枢纽一体化规划建设，提高换乘换装水平，完善集疏运体系。大力发展枢纽经济。

（二）《国家综合立体交通网规划纲要》

2021年2月，我国发布了《国家综合立体交通网规划纲要》，要求各地区各部门结合实际认真贯彻落实。《国家综合立体交通网规划纲要》提出了发展目标，即：到2035年，基本建成便捷顺畅、经济高效、绿色集约、智能先进、安全可靠的现代化高质量国家综合立体交通网，实现国际国内互联互通、全国主要城市立体畅达、县级节点有效覆盖，有力支撑"全国123出行交通圈"（都市区1小时通勤、城市群2小时通达、全国主要城市3小时覆盖）和"全球123快货物流圈"（国内1天送达、周边国家2天送达、全球主要城市3天送达）。交通基础设施质量、智能化与绿色化水平居世界前列。交通运输全面适应人民日益增长的美好生活需要，有力保障国家安全，支撑我国基本实现社会主义现

代化。《国家综合立体交通网规划纲要》针对国家综合立体交通网建设提出了明确要求。

1. 构建完善的国家综合立体交通网

国家综合立体交通网连接全国所有县级及以上行政区、边境口岸、国防设施、主要景区等。以统筹融合为导向，着力补短板、重衔接、优网络、提效能，更加注重存量资源优化利用和增量供给质量提升。完善铁路、公路、水运、民航、邮政快递等基础设施网络，构建以铁路为主干，以公路为基础，水运、民航比较优势充分发挥的国家综合立体交通网。

到2035年，国家综合立体交通网实体线网总规模合计70万公里左右（不含国际陆路通道境外段、空中及海上航路、邮路里程）。其中铁路20万公里左右，公路46万公里左右，高等级航道2.5万公里左右。沿海主要港口27个，内河主要港口36个，民用运输机场400个左右，邮政快递枢纽80个左右。

2. 加快建设高效率国家综合立体交通网主骨架

国家综合立体交通网主骨架由国家综合立体交通网中最为关键的线网构成，是我国区域间、城市群间、省际间以及连通国际运输的主动脉，是支撑国土空间开发保护的主轴线，也是各种运输方式资源配置效率最高、运输强度最大的骨干网络。

依据国家区域发展战略和国土空间开发保护格局，结合未来交通运输发展和空间分布特点，将重点区域按照交通运输需求量级划分为3类。京津冀、长三角、粤港澳大湾区和成渝地区双城经济圈4个地区作为极，长江中游、山东半岛、海峡西岸、中原地区、哈长、辽中南、北部湾和关中平原8个地区作为组群，呼包鄂榆、黔中、滇中、山西中部、天山北坡、兰西、宁夏沿黄、拉萨和喀什9个地区作为组团。按照极、组群、组团之间交通联系强度，打造由主轴、走廊、通道组成的国家综合立体交通网主骨架。国家综合立体交通网主骨架实体线网里程29万公里左右，其中国家高速铁路5.6万公里、普速铁路7.1万公里；国家高速公路6.1万公里、普通国道7.2万公里；国家高等级航道2.5万公里。

加快构建6条主轴。加强京津冀、长三角、粤港澳大湾区、成渝地区双城经济圈4极之间联系，建设综合性、多通道、立体化、大容量、快速化的交通主轴。拓展4极辐射空间和交通资源配置能力，打造我国综合立体交通协同发展和国内国际交通衔接转换的关键平台,充分发挥促进全国区域发展南北互动、东西交融的重要作用。

加快构建7条走廊。强化京津冀、长三角、粤港澳大湾区、成渝地区双城经济圈4极的辐射作用,加强极与组群和组团之间联系,建设京哈、京藏、大陆桥、西部陆海、沪昆、成渝昆、广昆等多方式、多通道、便捷化的交通走廊,优化完善多中心、网络化的主骨架结构。

加快构建8条通道。强化主轴与走廊之间的衔接协调,加强组群与组团之间、组团与组团之间联系,加强资源产业集聚地、重要口岸的连接覆盖,建设绥满、京延、沿边、福银、二湛、川藏、湘桂、厦蓉等交通通道,促进内外连通、通边达海,扩大中西部和东北地区交通网络覆盖。

3. 建设多层级一体化国家综合交通枢纽系统

建设综合交通枢纽集群、枢纽城市及枢纽港站"三位一体"的国家综合交通枢纽系统。建设面向世界的京津冀、长三角、粤港澳大湾区、成渝地区双城经济圈4大国际性综合交通枢纽集群。加快建设20个左右国际性综合交通枢纽城市以及80个左右全国性综合交通枢纽城市。推进一批国际性枢纽港站、全国性枢纽港站建设。

4. 完善面向全球的运输网络

围绕陆海内外联动、东西双向互济的开放格局,着力形成功能完备、立体互联、陆海空统筹的运输网络。发展多元化国际运输通道,重点打造新亚欧大陆桥、中蒙俄、中国—中亚—西亚、中国—中南半岛、中巴、中尼印和孟中印缅等7条陆路国际运输通道。发展以中欧班列为重点的国际货运班列,促进国际道路运输便利化。强化国际航运中心辐射能力,完善经日韩跨太平洋至美洲,经东南亚至大洋洲,经东南亚、南亚跨印度洋至欧洲和非洲,跨北冰洋的冰上丝绸之路等4条海上国际运输通道,保障原油、铁矿石、粮食、液化天然气等国家重点物资国际运输,拓展国际海运物流网络,加快发展邮轮经济。依托国际航空枢纽,构建四通八达、覆盖全球的空中客货运输网络。建设覆盖五洲、连通全球、互利共赢、协同高效的国际干线邮路网。

5. 推进综合交通统筹融合发展

(1)推进各种运输方式统筹融合发展。

统筹综合交通通道规划建设。强化国土空间规划对基础设施规划建设的指导约束作用，加强与相关规划的衔接协调。节约集约利用通道线位资源、岸线资源、土地资源、空域资源、水域资源，促进交通通道由单一向综合、由平面向立体发展，减少对空间的分割，提高国土空间利用效率。统筹考虑多种运输方式规划建设协同和新型运输方式探索应用，实现陆水空多种运输方式相互协同、深度融合。用好用足既有交通通道，加强过江、跨海、穿越环境敏感区通道基础设施建设方案论证，推动铁路、公路等线性基础设施的线位统筹和断面空间整合。加强综合交通通道与通信、能源、水利等基础设施统筹，提高通道资源利用效率。

推进综合交通枢纽一体化规划建设。推进综合交通枢纽及邮政快递枢纽统一规划、统一设计、统一建设、协同管理。推动新建综合客运枢纽各种运输方式集中布局，实现空间共享、立体或同台换乘，打造全天候、一体化换乘环境。推动既有综合客运枢纽整合交通设施、共享服务功能空间。加快综合货运枢纽多式联运换装设施与集疏运体系建设，统筹转运、口岸、保税、邮政快递等功能，提升多式联运效率与物流综合服务水平。按照站城一体、产城融合、开放共享原则，做好枢纽发展空间预留、用地功能管控、开发时序协调。

推动城市内外交通有效衔接。推动干线铁路、城际铁路、市域（郊）铁路融合建设，并做好与城市轨道交通衔接协调，构建运营管理和服务"一张网"，实现设施互联、票制互通、安检互认、信息共享、支付兼容。加强城市周边区域公路与城市道路高效对接，系统优化进出城道路网络，推动规划建设统筹和管理协同，减少对城市的分割和干扰。完善城市物流配送系统，加强城际干线运输与城市末端配送有机衔接。加强铁路、公路客运枢纽及机场与城市公交网络系统有机整合，引导城市沿大容量公共交通廊道合理、有序发展。

（2）推进交通基础设施网与运输服务网、信息网、能源网融合发展。

推进交通基础设施网与运输服务网融合发展。推进基础设施、装备、标准、信息与管理的有机衔接，提高交通运输网动态运行管理服务智能化水平，打造以全链条快速化为导向的便捷运输服务网，构建空中、水上、地面与地下融合协同的多式联运网络，完善供应链服务体系。

推进交通基础设施网与信息网融合发展。加强交通基础设施与信息基础设施统筹布局、协同建设，推动车联网部署和应用，强化与新型基础设施建设统筹，加强载运工具、通信、智能交通、交通管理相关标准跨行业协同。

推进交通基础设施网与能源网融合发展。推进交通基础设施与能源设施统筹布局规划建设，充分考虑煤炭、油气、电力等各种能源输送特点，强化交通与能源基础设施共建共享，提高设施利用效率，减少能源资源消耗。促进交通基础设施网与智能电网融合，适应新能源发展要求。

（3）推进区域交通运输协调发展。

推进重点区域交通运输统筹发展。建设"轨道上的京津冀"，加快推进京津冀地区交通一体化，建设世界一流交通体系，高标准、高质量建设雄安新区综合交通运输体系。建设"轨道上的长三角"、辐射全球的航运枢纽，打造交通高质量发展先行区，提升整体竞争力和影响力。粤港澳大湾区实现高水平互联互通，打造西江黄金水道，巩固提升港口群、机场群的国际竞争力和辐射带动力，建成具有全球影响力的交通枢纽集群。成渝地区双城经济圈以提升对外连通水平为导向，强化门户枢纽功能，构建一体化综合交通运输体系。建设东西畅通、南北辐射、有效覆盖、立体互联的长江经济带现代化综合立体交通走廊。支持海南自由贸易港建设，推动西部陆海新通道国际航运枢纽和航空枢纽建设，加快构建现代综合交通运输体系。统筹黄河流域生态环境保护与交通运输高质量发展，优化交通基础设施空间布局。

推进东部、中部、西部和东北地区交通运输协调发展。加速东部地区优化升级，提高人口、经济密集地区交通承载力，强化对外开放国际运输服务功能。推进中部地区大通道大枢纽建设，更好发挥承东启西、连南接北功能。强化西部地区交通基础设施布局，推进西部陆海新通道建设，打造东西双向互济对外开放通道网络。优化枢纽布局，完善枢纽体系，发展通用航空，改善偏远地区居民出行条件。推动东北地区交通运输发展提质增效，强化与京津冀等地区通道能力建设，打造面向东北亚对外开放的交通枢纽。支持革命老区、民族地区、边疆地区交通运输发展，推进沿边沿江沿海交通建设。

推进城市群内部交通运输一体化发展。构建便捷高效的城际交通网，加快城市群轨道交通网络化，完善城市群快速公路网络，加强城市交界地区道路和轨道顺畅连通，基本实现城市群内部2小时交通圈。加强城市群内部重要港口、站场、机场的路网连通性，促进城市群内港口群、机场群统筹资源利用、信息共享、分工协作、互利共赢，提高城市群交通枢纽体系整体效率和国际竞争力。统筹城际网络、运力与运输组织，提高运输服务效率。研究布局综合性通用机场，疏解繁忙机场的通用航空活动，发展城市直升机运输服务，构建城市群内部快速空中交通网络。建立健全城市群内交通运输协同发展体制机制，推动相关政策、法规、标准等一体化。

推进都市圈交通运输一体化发展。建设中心城区连接卫星城、新城的大容量、快速化轨道交通网络，推进公交化运营，加强道路交通衔接，打造1小时"门到门"通勤圈。推动城市道路网结构优化，形成级配合理、接入顺畅的路网系统。有序发展共享交通，加强城市步行和自行车等慢行交通系统建设，合理配置停车设施，开展人行道净化行动，因地制宜建设自行车专用道，鼓励公众绿色出行。深入实施公交优先发展战略，构建以城市轨道交通为骨干、常规公交为主体的城市公共交通系统，推进以公共交通为导向的城市土地开发模式，提高城市绿色交通分担率。超大城市充分利用轨道交通地下空间和建筑，优化客流疏散。

推进城乡交通运输一体化发展。统筹规划地方高速公路网，加强与国道、农村公路以及其他运输方式的衔接协调，构建功能明确、布局合理、规模适当的省道网。加快推动乡村交通基础设施提档升级，全面推进"四好农村路"建设，实现城乡交通基础设施一体化规划、建设、管护。畅通城乡交通运输连接，推进县乡村（户）道路连通、城乡客运一体化，解决好群众出行"最后一公里"问题。提高城乡交通运输公共服务均等化水平，巩固拓展交通运输脱贫攻坚成果同乡村振兴有效衔接。

（4）推进交通与相关产业融合发展。

推进交通与邮政快递融合发展。推动在铁路、机场、城市轨道等交通场站建设邮政快递专用处理场所、运输通道、装卸设施。在重要交通枢纽实现邮件快件集中安检、集中上机（车），发展航空、铁路、水运快递专用运载设施设备。推动不同运输方式之间邮件快件装卸标准、跟踪数据等有效衔接，实现信息共享。发展航空快递、高铁快递，推动邮件快件多式联运，实现跨领域、跨区域和跨运输方式顺畅衔接，推进全程运输透明化。推进乡村邮政快递网点、综合服务站、汽车站等设施资源整合共享。

推进交通与现代物流融合发展。加强现代物流体系建设，优化国家物流大通道和枢纽布局，加强国家物流枢纽应急、冷链、分拣处理等功能区建设，完善与口岸衔接，畅通物流大通道与城市配送网络交通线网连接，提高干支衔接能力和转运分拨效率。加快构建农村物流基础设施骨干网络和末端网络。发展高铁快运，推动双层集装箱铁路运输发展。加快航空物流发展，加强国际航空货运能力建设。培育壮大一批具有国际竞争力的现代物流企业，鼓励企业积极参与全球供应链重构与升级，依托综合交通枢纽城市建设全球供应链服务中心，打造开放、安全、稳定的全球物流供应链体系。

推进交通与旅游融合发展。充分发挥交通促进全域旅游发展的基础性作用，加快国家旅游风景道、旅游交通体系等规划建设，打造具有广泛影响力的自然风景线。强化交通网"快进慢游"功能，加强交通干线与重要旅游景区衔接。完善公路沿线、服务区、客运枢纽、邮轮游轮游艇码头等旅游服务设施功能，支持红色旅游、乡村旅游、度假休闲旅游、自驾游等相关交通基础设施建设，推进通用航空与旅游融合发展。健全重点旅游景区交通集散体系，鼓励发展定制化旅游运输服务，丰富邮轮旅游服务，形成交通带动旅游、旅游促进交通发展的良性互动格局。

推进交通与装备制造等相关产业融合发展。加强交通运输与现代农业、生产制造、商贸金融等跨行业合作，发展交通运输平台经济、枢纽经济、通道经济、低空经济。支持交通装备制造业延伸服务链条，促进现代装备在交通运输领域应用，带动国产航空装备的产业化、商业化应用，强化交通运输与现代装备制造业的相互支撑。推动交通运输与生产制造、流通环节资源整合，鼓励物流组织模式与业态创新。推进智能交通产业化。

二、商贸物流规划形势

特定国家或地区的商贸物流规划对县域物流的影响主要体现在以下几个方面。首先，国家或地区的商贸物流规划会考虑到各县域间的交通基础设施建设，包括道路、铁路、航空等，以提高县域间的互联互通能力，提升物流运输效率。其次，商贸物流规划会确定一些大型物流节点，如物流园区、物流中心等，这些节点通常会选址于交通便利的县域，从而带动当地物流业发展，提升县域的物流服务能力。再次，商贸物流规划也会针对县域推出电子商务支持政策，鼓励县域发展电子商务，提升线上线下融合发展水平。这将促进县域内物流需求的增长，为县域物流业提供更多发展机遇。然后，商贸物流规划会考虑到不同县域的产业特点和优势，进行产业布局优化。例如，在农产品丰收季节，会引导县域发展冷链物流，提升农产品物流运输水平；在制造业集聚区，会引导发展工业物流，提升产业供应链的运转效率。最后，商贸物流规划会提出一系列政策扶持措施，并提供资金支持，如税收优惠、贷款支持、奖励补贴等，鼓励县域发展物流业，提升县域的物流服务能力和竞争力。总之，国家或地区的商贸物流规划对县域物流的影响主要体现在交通基础设施建设、物流节点规划、电子商务支持、产业布局优化以及政策扶持和资金支持等方面。这些规划将有助于提升县域物流的服务能力，促进县域经济的发展。这里用我国的一些宏观物流规划作为案例进行介绍。

（一）《"十四五"现代物流发展规划》

2022年5月，国务院办公厅印发《"十四五"现代物流发展规划》。我国"十四五"现代物流发展规划的指导思想为：以习近平新时代中国特色社会主义思想为指导，坚持稳中求进工作总基调，完整、准确、全面贯彻新发展理念，加快构建新发展格局，全面深化改革开放，坚持创新驱动发展，推动高质量发展，坚持以供给侧结构性改革为主线，统筹疫情防控和经济社会发展，统筹发展和安全，提升产业链供应链韧性和安全水平，推动构建现代物流体系，推进现代物流提质、增效、降本，为建设现代产业体系、形成强大国内市场、推动高水平对外开放提供有力支撑。

其中，精准聚焦现代物流发展重点方向的要求如下。

1. 加快物流枢纽资源整合建设

深入推进国家物流枢纽建设，补齐内陆地区枢纽设施结构和功能短板，加强业务协同、政策协调、运行协作，加快推动枢纽互联成网。加强国家物流枢纽铁路专用线、联运转运设施建设，有效衔接多种运输方式，强化多式联运组织能力，实现枢纽间干线运输密切对接。依托国家物流枢纽整合区域物流设施资源，引导应急储备、分拨配送等功能设施集中集约布局，支持各类物流中心、配送设施、专业市场等与国家物流枢纽功能对接、联动发展，促进物流要素规模集聚和集成运作。

2. 构建国际国内物流大通道

依托国家综合立体交通网和主要城市群、沿海沿边口岸城市等，促进国家物流枢纽协同建设和高效联动，构建国内国际紧密衔接、物流要素高效集聚、运作服务规模化的"四横五纵、两沿十廊"物流大通道。"四横五纵"国内物流大通道建设，要畅通串接东中西部的沿黄、陆桥、长江、广昆等物流通道和联接南北方的京沪、京哈—京港澳（台）、二连浩特至北部湾、西部陆海新通道、进出藏等物流通道，提升相关城市群、陆上口岸城市物流综合服务能力和规模化运行效率。加快"两沿十廊"国际物流大通道建设，对接区域全面经济伙伴关系协定（RCEP）等，强化服务共建"一带一路"的多元化国际物流通道辐射能力。

3. 完善现代物流服务体系

围绕做优服务链条、做强服务功能、做好供应链协同，完善集约高效的现代物流服务体系，支撑现代产业体系升级，推动产业迈向全球价值链中高端。加快运输、仓储、配送、流通加工、包装、装卸等领域数字化改造、智慧化升级和服务创新，补齐农村物流、冷链物流、应急物流、航空物流等专业物流短板，增强专业物流服务能力，推动现代物流向供应链上下游延伸。

4. 延伸物流服务价值链条

把握物流需求多元化趋势，加强现代物流科技赋能和创新驱动，推进现代物流服务领域拓展和业态模式创新。发挥现代物流串接生产消费作用，与先进制造、现代商贸、现代农业融合共创产业链增值新空间。提高物流网络对经济要素高效流动的支持能力，引导产业集群发展和经济合理布局，推动跨区域资源整合、产业链联动和价值协同创造，发展枢纽经济、通道经济新形态，培育区域经济新增长点。

5. 强化现代物流对社会民生的服务保障

围绕更好满足城乡居民生活需要，适应扩大内需、消费升级趋势，优化完善商贸、快递物流网络。完善城市特别是超大特大城市物流设施网络，健全分级配送体系，实现干线、支线物流和末端配送有机衔接、一体化运作，加强重点生活物资保障能力。补齐农村物流设施和服务短板，推动快递服务基本实现直投到建制村，支撑扩大优质消费品供给。加快建立覆盖冷链物流全链条的动态监测和追溯体系，保障食品药品消费安全。鼓励发展物流新业态新模式，创造更多就业岗位，保障就业人员权益，促进灵活就业健康发展。

6. 提升现代物流安全应急能力

统筹发展和安全，强化重大物流基础设施安全和信息安全保护，提升战略物资、应急物流、国际供应链等保障水平，增强经济社会发展韧性。健全大宗商品物流体系。加快构建全球供应链物流服务网络，保持产业链供应链稳定。充分发挥社会物流作用，推动建立以企业为主体的应急物流队伍。

深度挖掘现代物流重点领域潜力的要求如下。

1. 加快国际物流网络化发展

推进国际通道网络建设。强化国家物流枢纽等的国际物流服务设施建设，完善通关等功能，加强国际、国内物流通道衔接，推动国际物流基础设施互联互通。推动商贸物流型境外经贸合作区建设，优化海外布局，扩大辐射范围。巩固提升中欧班列等国际铁路运输组织水平，推动跨境公路运输发展，加快构建高效畅通的多元化国际物流干线通道。积极推进海外仓建设，加快健全标准体系。鼓励大型物流企业开展境外港口、海外仓、分销网络建设合作和协同共享，完善全球物流服务网络。

补齐国际航空物流短板。依托空港型国家物流枢纽，集聚整合国际航空物流货源，完善配套服务体系，打造一体化运作的航空物流服务平台，提供高品质"一站式"国际航空物流服务。加快培育规模化、专业化、网络化的国际航空物流骨干企业，优化国际航空客运航线客机腹舱运力配置，增强全货机定班国际航线和包机组织能力，逐步形成优质高效的国际航空物流服务体系，扩大国际航空物流网络覆盖范围，建设覆盖重点产业布局的国际货运通道。

培育国际航运竞争优势。加密国际海运航线，打造国际航运枢纽港，提升国际航运服务能力，强化国际中转功能，拓展国际金融、国际贸易等综合服务。加快推进长三角世界级港口群一体化治理体系建设。加强港口与内陆物流枢纽等联动，发展海铁联运、江海联运，扩大港口腹地辐射范围。鼓励港航企业与货主企业、贸易企业加强战略合作，延伸境外末端服务网络。

提高国际物流综合服务能力。优化完善中欧班列开行方案统筹协调和动态调整机制，加快建设中欧班列集结中心，完善海外货物集散网络，推动中欧班列双向均衡运输，提高货源集结与班列运行效率。加快国际航运、航空与中欧班列、西部陆海新通道国际海铁联运班列等协同联动，提升国际旅客列车行包运输能力，开行客车化跨境班列，构建多样化国际物流服务体系。提高重点边境铁路口岸换装和通行能力，推动边境水运口岸综合开发和国际航道物流合作，提升边境公路口岸物流能力。推进跨境物流单证规则、检验检疫、认证认可、通关报关等标准衔接和国际互认合作。

2. 补齐农村物流发展短板

完善农村物流节点网络。围绕巩固拓展脱贫攻坚成果与乡村振兴有效衔接，重点补齐中西部地区、经济欠发达地区和偏远山区等农村物流基础设施短板，切实改善农村流通基础条件。统筹城乡物流发展，推动完善以县级物流节点为核心、乡镇服务网点为骨架、村级末端站点为延伸的县乡村三级物流服务设施体系。推动交通运输与邮政快递融合发展，加快农村物流服务品牌宣传推广，促进交通、邮政、快递、商贸、供销、电商等农村物流资源融合和集约利用，打造一批公用型物流基础设施，建设村级寄递物流综合服务站，完善站点服务功能。推进公益性农产品市场和农产品流通骨干网络建设。

提升农村物流服务效能。围绕农村产业发展和居民消费升级，推进物流与农村一二三产业深度融合，深化电商、快递进村工作，发展共同配送，打造经营规范、集约高效的农村物流服务网络，加快工业品下乡、农产品出村双向物流服务通道升级扩容、提质增效。推动物流服务与规模化种养殖、商贸渠道拓展等互促提升，推动农产品品牌打造和标准化流通，创新物流支持农村特色产业品质化、品牌化发展模式，提升农业产业化水平。

3. 促进商贸物流提档升级

完善城乡商贸物流设施。优化以综合物流园区、专业配送中心、末端配送网点为支撑的商贸物流设施网络。完善综合物流园区干线接卸、前置仓储、流通加工等功能。结合老旧小区、老旧厂区、老旧街区和城中村改造以及新城新区建设，新建和改造升级一批集运输、仓储、加工、包装、分拨等功能于一体的公共配送中心，支持大型商超、批发市场、沿街商铺、社区商店等完善临时停靠装卸等配套物流设施，推进智能提货柜、智能快件箱、智能信包箱等设施建设。

提升商贸物流质量效率。鼓励物流企业与商贸企业深化合作，优化业务流程，发展共同配送、集中配送、分时配送、夜间配送等集约化配送模式，优化完善前置仓配送、即时配送、网订店取、自助提货等末端配送模式。深化电商与快递物流融合发展，提升线上线下一体服务能力。

4. 提升冷链物流服务水平

完善冷链物流设施网络。发挥国家物流枢纽、国家骨干冷链物流基地的资源集聚优势，引导商贸流通、农产品加工等企业向枢纽、基地集聚或强化协同衔接。加强产销冷链集配中心建设，提高产地农产品产后集散和商品化处理效率，完善销地城市冷链物流系统。改善机场、港口、铁路场站冷链物流配套条件，健全冷链集疏运网络。加快实施产地保鲜设施建设工程，推进田头小型冷藏保鲜设施等建设，加强产地预冷、仓储保鲜、移动冷库等产地冷链物流设施建设，引导商贸流通企业改善末端冷链设施装备条件，提高城乡冷链设施网络覆盖水平。

提高冷链物流质量效率。大力发展铁路冷链运输和集装箱公铁水联运，对接主要农产品产区和集散地，创新冷链物流干支衔接模式。发展"生鲜电商+产地直发"等冷链物流新业态新模式。推广蓄冷箱、保温箱等单元化冷链载器具和标准化冷藏车，促进冷链物流信息互联互通，提高冷链物流规模化、标准化水平。依托国家骨干冷链物流基地、产销冷链集配中心等大型冷链物流设施，加强生鲜农产品检验检疫、农兽药残留及防腐剂、保鲜剂、添加剂合规使用等质量监管。研究推广应用冷链道路运输电子运单，加强产品溯源和全程温湿度监控，将源头至终端的冷链物流全链条纳入监管范围，提升冷链物流质量保障水平。健全进口冷链食品检验检疫制度，筑牢疫情外防输入防线。

5. 推进铁路（高铁）快运稳步发展

完善铁路（高铁）快运网络。结合电商、邮政快递等货物的主要流向、流量，完善铁路（高铁）快运线路和网络。加快推进铁路场站快运服务设施布局和改造升级，强化快速接卸货、集散、分拣、存储、包装、转运和配送等物流功能，建设专业化铁路（高铁）快运物流基地。鼓励电商、邮政快递等企业参与铁路（高铁）快运设施建设和改造，就近或一体布局建设电商快递分拨中心，完善与铁路（高铁）快运高效衔接的快递物流服务网络。

创新高铁快运服务。适应多样化物流需求，发展多种形式的高铁快运。在具备条件的高铁场站间发展"点对点"高铁快运班列服务。依托现有铁路物流平台，构建业务受理、跟踪查询、结算办理等"一站式"高铁快运服务平台，推动高铁快运与电商、快递物流企业信息对接。

6. 提高专业物流质量效率

完善大宗商品物流体系。优化粮食、能源、矿产等大宗商品物流服务，提升沿海、内河水运通道大宗商品物流能力，扩大铁路货运班列、"点对点"货运列车、大宗货物直达列车开行范围，发展铁路散粮运输、棉花集装箱运输、能源和矿产重载运输。有序推进油气干线管道建设，持续完善支线管道，打通管网瓶颈和堵点，提高干支管网互联互通水平。依托具备条件的国家物流枢纽发展现代化大宗商品物流中心，增强储备、中转、通关等功能，推进大宗商品物流数字化转型，探索发展电子仓单、提单，构建衔接生产流通、串联物流贸易的大宗商品供应链服务平台。

安全有序发展特种物流。提升现代物流对大型装备制造、大型工程项目建设的配套服务能力，加强大件物流跨区域通道线路设计，推动形成多种运输方式协调发展的大件物流综合网络。发展危化品罐箱多式联运，提高安全服务水平，推动危化品物流向专业化定制、高品质服务和全程供应链服务转型升级。推动危化品物流全程监测、线上监管、实时查询，提高异常预警和应急响应处置能力。完善医药物流社会化服务体系，培育壮大第三方医药物流企业。鼓励覆盖生产、流通、消费的医药供应链平台建设，健全全流程监测追溯体系，确保医药产品物流安全。

7. 提升应急物流发展水平

完善应急物流设施布局。整合优化存量应急物资储备、转运设施，推动既有物流设施嵌入应急功能，在重大物流基础设施规划布局、设计建造阶段充分考虑平急两用需要，完善应急物流设施网络。统筹加强抗震、森林草原防灭火、防汛抗旱救灾、医疗救治等各类应急物资储备设施和应急物流设施在布局、功能、运行等方面相互匹配、有机衔接，提高紧急调运能力。

提升应急物流组织水平。统筹应急物流力量建设与管理，建立专业化应急物流企业库和人员队伍，健全平急转换和经济补偿机制。充分利用市场资源，完善应急物流干线运输和区域配送体系，提升跨区域大规模物资调运组织水平，形成应对各类突发事件的应急物流保障能力。

健全物流保通保畅机制。充分发挥区域统筹协调机制作用，鼓励地方建立跨区域、跨部门的应对疫情物流保通保畅工作机制，完善决策报批流程和信息发布机制，不得擅自阻断或关闭高速公路、普通公路、航道船闸等通道，不得擅自关停高速公路服务区、港口码头、铁路车站和航空机场，严禁采取全城24小时禁止货车通行的限制措施，不得层层加码实施"一刀切"管控措施；加快完善物流通道和物流枢纽、冷链基地、物流园区、边境口岸等环节的检验检疫、疫情阻断管理机制和分类分级应对操作规范，在发生重大公共卫生事件时有效阻断疫情扩散、确保物流通道畅通，保障防疫物资、生活物资以及工业原材料、农业生产资料等供应，维护正常生产生活秩序和产业链供应链安全。

（二）《商贸物流高质量发展专项行动计划（2021—2025年）》

2021年8月，我国商务部等9部门印发《商贸物流高质量发展专项行动计划（2021—2025年）》，该行动计划的主要指导思想为：以习近平新时代中国特色社会主义思想为指导，全面贯彻党的十九大和十九届二中、三中、四中、五中全会精神，立足新发展阶段，贯彻新发展理念，深化供给侧结构性改革，注重需求侧管理，加快提升商贸物流网络化、协同化、标准化、数字化、智能化、绿色化和全球化水平，健全现代流通体系，促进商贸物流提质降本增效，便利居民生活消费，推动经济高质量发展，为形成强大国内市场、构建新发展格局提供有力支撑。该行动计划所列的重点建设任务如下。

1. 优化商贸物流网络布局

加强商贸物流网络与国家综合运输大通道及国家物流枢纽衔接，提升全国性、区域性商贸物流节点城市集聚辐射能力。统筹推进城市商业设施、物流设施、交通基础设施规划建设和升级改造，优化综合物流园区、配送（分拨）中心、末端配送网点等空间布局。加强县域商业体系建设，健全农村商贸服务和物流配送网络。（商务部、发展改革委、交通运输部、自然资源部、住房城乡建设部按职责分工负责）

2. 建设城乡高效配送体系

强化综合物流园区、配送（分拨）中心服务城乡商贸的干线接卸、前置仓储、分拣配送能力，促进干线运输与城乡配送高效衔接。鼓励有条件的城市搭建城乡配送公共信息服务平台，推动城乡配送车辆"统一车型、统一标识、统一管理、统一标准"。引导连锁零售企业、电商企业等加快向农村地区下沉渠道和服务，完善县乡村三级物流配送体系，实施"快递进村"工程，促进交通、邮政、商贸、供销、快递等资源开放共享，发展共同配送。（商务部、交通运输部、邮政局、供销合作总社按职责分工负责）

3. 促进区域商贸物流一体化

围绕国家区域重大战略、区域协调发展战略实施，支持京津冀、长三角、粤港澳大湾区、成渝地区双城经济圈等重点区域探索建立商贸物流一体化工作机制，提升区域内城市群、都市圈商贸物流规划、政策、标准和管理协同水平。

优化整合区域商贸物流设施布局，加强功能衔接互补，减少和避免重复建设，提高区域物流资源集中度和商贸物流总体运行效率。（商务部、发展改革委、交通运输部、自然资源部、住房城乡建设部按职责分工负责）

4. 提升商贸物流标准化水平

加快标准托盘（1200 mm×1000 mm）、标准物流周转箱（筐）等物流载具推广应用，支持叉车、货架、月台、运输车辆等上下游物流设备设施标准化改造。应用全球统一编码标识（GS1），拓展标准托盘、周转箱（筐）信息承载功能，推动托盘条码与商品条码、箱码、物流单元代码关联衔接。鼓励发展带板运输，支持货运配送车辆尾板改造。探索构建开放式标准托盘、周转箱（筐）循环共用体系，支持托盘、周转箱（筐）回收网点、清洗中心、维修中心等配套设施建设。积极推荐标准化工作成绩突出的商贸物流企业及个人参与国家标准化工作有关表彰和激励。（商务部、交通运输部、住房城乡建设部、市场监管总局、邮政局按职责分工负责）

5. 推广应用现代信息技术

推动5G、大数据、物联网、人工智能等现代信息技术与商贸物流全场景融合应用，提升商贸物流全流程、全要素资源数字化水平。探索应用标准电子货单。支持传统商贸物流设施数字化、智能化升级改造，推广智能标签、自动导引车（AGV）、自动码垛机、智能分拣、感应货架等系统和装备，加快高端标准仓库、智能立体仓库建设。完善末端智能配送设施，推进自助提货柜、智能生鲜柜、智能快件箱（信包箱）等配送设施进社区。（商务部、交通运输部、住房城乡建设部、邮政局按职责分工负责）

6. 发展商贸物流新业态新模式

鼓励批发、零售、电商、餐饮、进出口等商贸服务企业与物流企业深化合作，优化业务流程和渠道管理，促进自营物流与第三方物流协调发展。推广共同配送、集中配送、统一配送、分时配送、夜间配送等集约化配送模式，完善前置仓配送、门店配送、即时配送、网订店取、自助提货等末端配送模式。支持家电、医药、汽车、大宗商品、再生资源回收等专业化物流发展。（商务部、交通运输部、邮政局按职责分工负责）

7. 提升供应链物流管理水平

鼓励商贸企业、物流企业通过签订中长期合同、股权投资等方式建立长期合作关系，将物流服务深度嵌入供应链体系，提升市场需求响应能力和供应链协同效率。引导传统商贸企业、物流企业拓展供应链一体化服务功能，向供应链服务企业转型。鼓励金融机构与商贸企业、物流企业加强信息共享，规范发展供应链存货、仓单、订单融资。（商务部、发展改革委、人民银行、银保监会按职责分工负责）

8. 加快推进冷链物流发展

加强冷链物流规划，布局建设一批国家骨干冷链物流基地，支持大型农产品批发市场、进出口口岸等建设改造冷冻冷藏仓储设施，推广应用移动冷库、恒温冷藏车、冷藏箱等新型冷链设施设备。改善末端冷链设施装备，提高城乡冷链设施网络覆盖水平。鼓励有条件的企业发展冷链物流智能监控与追溯平台，建立全程冷链配送系统。（发展改革委、商务部、交通运输部、供销合作总社按职责分工负责）

9. 健全绿色物流体系

鼓励使用可循环利用环保包材，减少物流过程中的二次包装，推动货物包装和物流器具绿色化、减量化、可循环。大力推广节能和清洁能源运输工具与物流装备，引导物流配送企业使用新能源车辆或清洁能源车辆。发展绿色仓储，支持节能环保型仓储设施建设。加快构建新型再生资源回收体系，支持建设绿色分拣中心，提高再生资源收集、仓储、分拣、打包、加工能力，提升再生资源回收网络化、专业化、信息化发展水平。（商务部、发展改革委、交通运输部、邮政局按职责分工负责）

10. 保障国际物流畅通

支持优势企业参与国际物流基础设施投资和国际道路运输合作，畅通国际物流通道。推动商贸物流型境外经贸合作区建设，打造国际物流网络支点。引导和支持骨干商贸企业、跨境电商平台、跨境物流企业等高质量推进海外仓、海外物流中心建设，完善全球营销和物流服务网络。积极培育有国际竞争力的航运企业，持续增强航运自主可控能力。（商务部、发展改革委、交通运输部、国资委按职责分工负责）

11. 推进跨境通关便利化

深入推进口岸通关一体化改革，巩固压缩整体通关时间成效。全面推进"两步申报""提前申报"等便利化措施，提高通关效率。推进经认证的经营者

（AEO）国际互认合作，鼓励符合条件的企业向注册地海关申请成为 AEO 企业。（海关总署、商务部、交通运输部按职责分工负责）

12. 培育商贸物流骨干企业

支持和鼓励符合条件的商贸企业、物流企业通过兼并重组、上市融资、联盟合作等方式优化整合资源、扩大业务规模，开展技术创新和商业模式创新。在连锁商超、城乡配送、综合物流、国际货运代理、供应链服务、冷链物流等领域培育一批核心竞争力强、服务水平高、有品牌影响力的商贸物流骨干企业。（商务部、发展改革委、交通运输部、国资委、证监会按职责分工负责）

三、县域物流政策形势

特定国家或地区相关行业管理部门的县域物流发展规划或政策意见也会对县域物流体系的建设产生重要影响，具体包括以下几个方面。首先是政策支持。行业管理部门的物流相关政策为县域物流企业提供了政策支持，如税收减免、贷款支持、土地租金优惠等，促进了县域物流企业的发展和壮大。其次是基础设施建设。行业管理部门的物流相关政策也会对县域物流的基础设施建设产生影响。政府可能加大对县域物流基础设施建设的投入，如修建新的物流园区、改善交通运输网络等，提高县域物流的运作效率和服务水平。再次是服务水平提升。行业管理部门的物流相关政策将促进县域物流企业服务水平的提升。政府可能推动县域物流企业提升配送速度、提高准确度、加强客户服务等，以满足日益增长的物流需求。最后是竞争环境改变。行业管理部门的物流相关政策也会对县域物流的市场竞争环境产生影响。政府可能鼓励更多的物流企业进入县域市场，增加竞争力。这可能会对已有的物流企业造成一定的冲击和压力，其需要提升自身实力以应对竞争。总之，行业管理部门的物流相关政策对县域物流的影响主要体现在政策支持、基础设施建设、服务水平提升和竞争环境改变等方面。这些政策将促进县域物流产业的发展，提高县域物流的运作效率和服务水平，也将给已有的物流企业带来新的挑战和机遇。以下是我国邮政、供销系统关于县域物流的一些政策案例。

（一）《关于深化交通运输与邮政快递融合推进农村物流高质量发展的意见》

2019 年 8 月，我国交通运输部、国家邮政局、中国邮政集团公司发布《关于深化交通运输与邮政快递融合推进农村物流高质量发展的意见》。其中对我国农村物流高质量发展的总体要求为：以习近平新时代中国特色社会主义思想为指导，全面贯彻落实党的十九大和十九届二中、三中全会精神，以深化供给侧结构性改革为主线，以交邮融合、推进农村物流高质量发展为目的，坚持市场主导、政府统筹，多方协同、资源整合，因地制宜、融合创新，通过节点网络共享、运力资源共用、标准规范统一、企业融合发展，加快构建畅通便捷、经济高效、便民利民的县、乡、村三级物流服务体系，促进农产品、农村生产生活物资、邮政快递寄递物品等高效便捷流通，为农村地区脱贫攻坚、乡村振兴提供有力支撑。

其中，推动网络节点共建共享的要求如下。

1. 支持县级公路客货运站拓展建设邮政快递作业设施

在有效保障客运服务和满足安全管理要求的基础上，促进物流资源集聚整合，因地制宜、根据实际需求拓展县级客运站物流服务功能，合理规划客、货分流线路，设立仓储、分拣、泊车等设施，为邮政、快递企业提供邮件快件的中转装卸、运输配送等服务。引导县域内邮政、快递企业入驻县级客运站，共享场站资源和设施。引导县域内快递企业通过联盟、合资等方式，开展县域内快递业务的共同揽收、分拣、运输、派送。充分利用县域内货运场站、邮件快件处理场所、电子商务物流配送中心、农资配送中心等资源，打造功能集约、服务高效、资源整合的县级农村物流节点。

2. 积极拓展乡镇客运站邮政快递中转及收投服务功能

按照《中华人民共和国道路运输条例》《道路旅客运输及客运站管理规定》等相关法规规章要求，在确保安全的前提下，可根据邮政快递等相关物流服务需求，对经营困难、运营效率不高的乡镇客运站进行改造，视情增设邮件快件作业区、电商服务区、货物堆存中转区，拓展邮件快件的中转分拣及收投、电商产品展示及代销代购、农村居民缴费购票等服务，提高乡镇客运站综合利用效率和乡镇快递网点覆盖率。鼓励在交通便利、人员相对集中的区域规划建设集客运、货运、邮政、快递于一体的乡镇运输服务站，引导和支持邮政、快递、电商、供销等企业入驻乡镇运输服务站，实现站场资源集约利用。

3. 依托邮政乡村服务点延伸农村物流服务网络

充分发挥农村地区邮政网点健全、配送网络通达的优势，积极拓展邮政乡镇网点、村邮站的服务功能，以互利互惠为原则，提供邮件快件收投、信息收集发布、电商及农产品代销代购、普惠金融、便民缴费等服务,健全乡到村工业品下行"最后一公里"和农产品上行"最初一公里"的物流服务网络,全面提高农村物流服务村级覆盖率。

(二)《关于开展供销合作社县域流通服务网络建设提升行动的实施意见》

2021年11月,中华全国供销合作总社印发《关于开展供销合作社县域流通服务网络建设提升行动的实施意见》(以下简称《意见》)。

《意见》强调,加强县域流通服务网络建设是供销合作社服务全面推进乡村振兴、构建新发展格局的重要任务,是打造服务农民生产生活综合平台、巩固县及县以下为农服务主阵地的重要措施。要牢牢把握加强县域商业体系建设的重大机遇,充分发挥供销合作社的独特优势,加快构建布局合理、功能完善、运行高效的县域流通服务网络,着力提升工业品下行和农产品上行能力,促进农村消费提质扩容,推动供销合作社高质量发展。要坚持为农服务宗旨,坚持市场经济导向,坚持开放合作理念,坚持因地制宜推进。

《意见》指出,"十四五"时期,通过开展供销合作社县域流通服务网络建设提升行动,建立完善以流通骨干企业为支撑、县城为枢纽、乡镇为节点、村级为终端的三级县域流通服务网络,努力实现县有物流配送中心和连锁超市、乡镇有综合超市、村有综合服务社。"一网多用、双向流通"综合服务功能充分发挥,全系统在农村消费市场的经营规模进一步扩大,农产品流通水平明显提高。到2025年,全系统乡村消费品零售额达到1万亿元,农产品销售额达到3.2万亿元,重点打造200个"供销合作社县域流通服务网络强县"。

《意见》要求,要提升县域流通服务网络建设水平,建设县级物流配送中心,发展乡镇综合超市,改造升级农村综合服务社,做强县域流通服务网络经营主体。要提升农村市场供给能力,优化日用消费品供给,优化农资供应和服务。要增强农产品上行功能,加强农产品市场建设,发展农产品冷链物流网络,拓展产销对接渠道。要创新流通业态模式,发展农村电商,发展农村物流共同配送,开展供应链、数字化赋能。

《意见》指出,要加强组织领导,确保工作有序推进。要加强政策支撑,推动供销合作社县域流通服务网络建设提升行动纳入各地县域商业体系建设工作,争取政策资金和项目支持。要强化人才建设,提高领导班子经营管理水平,加大对基层实用型经营人才培训,广泛吸引各类经营管理和专业技术人才。要及时总结经验，积极示范推广，加大宣传力度，营造良好氛围。

第二节　国家或地区经济发展形势

国家或地区经济发展形势对县域物流的影响很大，主要体现在以下几个方面。一是市场规模和需求。经济发展水平越高，县域内的市场规模和需求就越大。这将促使物流服务需求增加，包括货物运输、仓储、配送等方面的物流业务。二是产业结构。经济发展水平的提高通常会带动县域内的产业升级和结构调整。新兴产业的增加和现有产业的改进将会对物流需求产生影响，特别是在供应链管理和快递配送等领域。三是基础设施建设。经济发展越快，县域内基础设施建设的投资也会越大。基础设施如道路、铁路、机场、港口等的完善，将提高物流运输效率，降低物流成本，促进县域物流业的发展。四是政策环境。国家或地区经济发展形势对县域物流政策环境的影响也很大。政府可能会出台一系列支持物流业发展的政策，包括税收减免、金融支持、专业人才培养等，从而促进县域物流业的健康发展。五是区域合作与交通网络。经济发展形势对区域合作和交通网络的发展也有影响。对于处于县域中心位置的地区来说，随着区域合作的深入以及交通网络的完善，其物流地位将更加重要，从而为物流产业提供更多的机遇和需求。总之，国家或地区经济发展形势的好坏都会直接或间接地影响到县域物流业的发展。因此，在制定和调整县域物流发展战略时，需要充分考虑经济发展形势对县域物流的影响。

一、产业发展形势

国家和地区的产业发展对物流需求有着重要的影响。一是产业结构的影响。不同国家和地区的产业结构各不相同，主导产业的不同会对物流需求造成影响。例如，发达国家更加侧重于高附加值的制造业和服务业，这些行业对物流的要求更高，需要更精细的供应链管理和配送服务。二是外贸需求的影响。国家和地区的外贸需求也会对物流需求产生影响。出口导向型的经济体需要建立完善的物流体系，以保证货物能够及时、安全地运往目的地，而进口导向型的经济体则需要建立高效的物流渠道，以确保原材料和产品能够快速进入本国市场。三是区域经济一体化的影响。随着区域经济一体化的深入发展，不同国家和地区的物流需求也会发生变化。物流行业不仅仅要满足国内市场的需求，还需要适应跨境贸易和区域合作的需要。这会促使物流企业提供更广泛的服务，包括跨国货物运输、通关服务和国际物流配送等。总之，国家和地区的产业发展与物流需求有着紧密的联系。

县域各类产业的发展需求会对县域物流需求产生直接的决定作用。从县域农业的发展需求看，农业物流需要为农产品的采摘和包装提供相应的服务，包括收集、包装农产品并将其运输到市场或加工厂；农业物流需要提供适当的仓储设施，以实现农产品的储存和保鲜，这包括采取冷链设施和其他处理技术，以延长农产品的保质期；农业物流需要为农产品的流通和销售提供支持，包括物流配送和销售渠道管理等。从县域工业的发展需求看，工业物流需要为企业提供原材料的供应链管理服务，包括原材料的采购、运输和库存管理等；工业物流需要为企业提供生产过程管理的支持，包括物料配送、生产线调度和工序管理等；工业物流需要为企业提供产品的仓储和配送服务，确保产品能够按时送达客户。从县域商业的发展需求看，商业物流需要为零售商提供商品的采购和进货服务，包括订单处理、运输和库存管理等；商业物流需要为零售商提供销售配送和补货服务，确保商品能够及时送达零售店，并根据需求进行补货；商业物流需要为零售商提供退货和售后服务的支持，包括商品退回和退款的处理等。总之，农业、工业和商业的发展对县域物流的发展都有重要的影响。

从县域产业发展规模的扩大来看，其对县域物流配送有以下几方面的影响。一是物流配送需求增加。随着县域产业的发展，生产的规模和数量会增加，产品的流通也会增加。这将使得对物流配送服务的需求增加，包括货物运输、仓储管理、配送等。二是物流网络建设需求增加。随着县域产业的发展，物流网络的建设和改善将成为必要，包括道路、铁路、水路的建设，以及仓库、物流园区的建设等。这将促使物流配送网络的扩大和提升。三是推动物流技术应用。随着县域产业的发展，将不断推动物流技术的应用。例如，物流跟踪系统、智能仓储管理系统等的应用，可以提高物流配送效率和准确性。四是物流服务供给优化。随着县域产业的发展，物流服务供应商会提供更多样化的物流服务，以满足不同产业的需求。五是物流成本管理挑战。产业的发展会带来物流配送规模的增加，而这也可能意味着物流成本的增加。县域需要关注如何有效地管理物流成本，提高物流效率，以确保物流配送的可持续性。

二、区域发展战略形势

区域发展战略对县域物流有以下几方面的影响。首先，区域发展战略通常包括对交通运输、物流基础设施的建设和改善。这将促进县域物流基础设施的建设，提升交通运输网络的质量和效率，为物流配送提供更好的条件。其次，区域发展战略可能会对物流产业的布局进行调整。例如，根据区域产业发展的需求，可能会在县域内建设物流园区和仓储设施，吸引物流企业入驻，推动物流产业的发展。再次，区域发展战略的实施可能会引起县域内产业结构和需求的变化。由此，物流配送的对象、规模和特点可能会发生变化，县域需要及时调整物流配送策略，以适应新的需求。然后，区域发展战略通常会关注提升区域内的经济竞争力和发展水平。在这个过程中，物流服务水平的提升是不可或缺的。县域需要加强物流服务，提供更高效、可靠的物流配送服务，以满足区域产业发展的需求。最后，区域发展战略往往伴随着一系列政策的制定和实施，其中包括物流政策。这些政策可能为县域物流的发展提供各种支持，包括资金、土地、人才、技术等方面的支持措施。

县域的综合发展战略也会对县域物流产生重要的现实影响。例如，县域的综合发展战略可能会重点推动基础设施建设，包括交通运输设施、仓储设施等。这将为物流提供更好的条件，提高物流效率和服务水平。县域的综合发展战略可能会引导产业布局调整，吸引更多企业进驻该地区。根据不同产业的需求，可能会在县域内设立物流中心和园区，从而改变物流的区位选择。县域的综合发展战略会注重提升综合竞争力，包括物流服务水平。县域可能会加大对物流企业的支持力度，提供相关政策扶持和优惠条件，促进物流服务水平的提升。县域综合发展战略的实施可能会带来产业结构和需求的变化。新兴产业的快速发展或现有产业的扩大都可能导致物流需求的变化，县域需要适应这些变化，调整物流配送策略。县域的综合发展战略通常会重视人才的培养，包括物流人才。为了满足产业发展的需求，县域可能会加大对物流人才培养的投入，建设相关培训机构和平台，提升物流从业人员的素质和技能。总之，县域的综合发展战略对县域物流有着重要的影响。县域应根据自身的发展定位和目标，制定相应的物流发展策略，加强物流设施建设，提升服务水平，适应产业发展需求的变化，推动物流业的健康发展。

第三节 重大通道建设形势

重大通道建设对县域物流有着重要的影响，主要表现在以下几个方面。一是提升交通便利度。重大通道的建设将改善县域的交通条件，使得物流运输更加便捷、高效。例如，如果有高速公路、铁路或航空港等重要通道通过县域，将大大减少货物运输的时间和成本，提高物流效率。二是降低物流成本。重大通道的建设将缩短运输距离，减少中转环节，从而降低物流成本。同时，通道的建设还会带来竞争，促使物流企业提升服务质量、降低价格，为县域物流用户提供更具竞争力的服务。三是拓展物流网络。重大通道的建设将使县域与周边地区的联系更加紧密，打通区域间的物流网络。这将带来更多的物流需求和商机，吸引更多的物流企业进驻县域，推动物流业的发展。四是带动经济发展。重大通道的建设通常会带动周边地区的经济发展，吸引更多的投资和企业进驻。这将增加县域的产业规模和就业机会，进一步增加物流需求和发展空间。五是促进区域经济合作。重大通道的建设能够促进区域间的经济合作与交流，为县域物流企业提供更广阔的市场和更多的合作机会。通过与周边地区的合作，县域物流企业可以拓展业务范围，提高市场竞争力。总体上讲，重大通道的建设对县域物流有着明显的影响，县域应密切关注重大通道建设的进展，积极参与并适应相关变化，以实现物流业的快速发展。

一、铁路通道建设形势

铁路通道的建设对县域物流的现实影响主要体现在以下几个方面。一是提升运输效率。铁路通道的建设可以大大减少货物运输的时间和成本，特别是对于长距离的货运。相比公路运输，铁路运输具有更快的速度和更大的承载能力，可以实现大批量、长距离的物流运输，提高物流效率。二是降低物流成本。相比公路运输，铁路运输的运输成本相对较低。铁路运输的成本主要包括车辆维护、燃料消耗等成本，不像公路运输需要考虑驾驶员工资、车辆磨损等因素。因此，铁路通道的建设将带来物流成本的明显降低。三是扩大市场覆盖范围。铁路通道连接各个城市和地区，使得县域的物流企业能够更便捷地进入各个市场。通过铁路运输，县域物流企业可以将货物直接运送到市场需求较大的地区，扩大市场覆盖范围，以及物流服务的受益范围。四是促进区域经济发展。铁路通道的建设不仅带来了物流运输的便利，还为县域带来了更多的经济机会。通过铁路通道的建设，县域可以吸引更多的投资和企业进驻，促进产业发展，提高就业率，推动区域经济的增长。五是环境效益显著。相比公路运输，铁路运输的环境污染更少，碳排放也较低。铁路运输可以减少道路拥堵、减少交通事故，对环境和社会造成的负面影响较小，有助于实现可持续发展。总而言之，铁路通道的建设对县域物流有着明显的现实影响。

二、公路通道建设形势

公路通道的建设对县域物流的影响主要体现在以下几个方面。一是提升运输便捷性。公路运输具有灵活性和广泛覆盖性，可以直达乡村、农田等地区，为县域内的物流企业提供了更加便捷的运输方式。通过公路通道，可以将货物快速、直接地送达目的地，大大缩短物流运输的时间。二是保障供应链畅通。公路通道连接各个城市和地区，使得县域的物流企业能够与其他地区的企业进行供应链的对接和合作。通过公路运输，县域物流企业可以将货物及时送达客户，保障供应链的畅通，提高客户满意度。三是降低物流成本。相对于其他运输方式，公路运输的成本较低。公路运输不存在装卸、转运等环节，可以直接从发货地运输到目的地，从而减少了中间环节的成本。此外，公路运输还可以根据需要进行零担运输，降低了运输成本。四是促进经济发展。公路通道的建设不仅带来了物流运输的便利，还为县域带来了更多的经济机会。通过公路通道的建设，县域可以吸引更多的投资和企业进驻，促进产业发展，提高就业率，推动区域经济的增长。五是促进基础设施建设。公路通道的建设需要相应的基础设施配套，如服务区、加油站、货运站等。这些基础设施的建设将带动县域的固定资产投资，促进城市规划的改善。总而言之，公路通道的建设对县域物流有着显著的影响，对提升运输便捷性、保障供应链畅通、降低物流成本、促进经济发展和基础设施建设等方面都有积极的作用。

第四节 流通体系现代化建设形势

流通体系的现代化特征包括以下几个方面。一是信息化。现代流通体系借助先进的信息技术,实现信息的全面共享和高效传递。通过建立电子商务平台、物联网系统等,实现商品的在线购买、追踪和交易过程的透明化,提供个性化的消费体验。二是高效化。现代流通体系注重提高流通效率,将仓储、配送等环节优化整合,缩短商品从生产到消费者手中的时间,降低成本。同时采用智能化设备和自动化技术,提高作业效率,减少人力资源的浪费。三是网络化。现代流通体系强调构建网络化的供应链,打破地域限制,形成全球范围内的流通网络。通过合作伙伴网络的拓展和物流网络的连接,实现快速、准确的供应链协同,提高库存周转率,降低运营风险。四是个性化。现代流通体系注重满足消费者的个性化需求。通过大数据分析和个性化推荐等技术,了解消费者的需求和偏好,为消费者提供定制化的商品和服务。五是绿色可持续。现代流通体系注重环境保护和可持续发展。采用节能环保技术,减少环境污染和资源浪费。推广绿色包装和回收利用,实现资源循环利用,降低对环境的影响。现代流通体系的这些特征可以提升流通效率、满足个性化需求和保护环境,促进经济的发展和社会的进步。

一、信息化形势

信息化对县域物流的影响主要体现在以下几个方面。一是提高物流效率。信息化技术可以实现物流信息的实时传递和共享,使得物流企业能够更加准确地掌握货物的流动情况、仓储库存等信息,提高物流运作的效率。例如,通过使用物流管理软件和物联网技术,可以实现货物追踪、自动化装卸和快速分拨等操作,减少人为错误和时间浪费,提高物流效率。二是降低物流成本。信息化技术可以帮助县域物流企业实现供应链管理的优化,通过合理的配送路径规划和运输模式选择,降低物流成本。同时,随着电子商务平台的发展,物流企业可以在线上与客户进行交互和交易,减少中间环节,降低人力和物力资源消耗,从而降低物流成本。三是提高服务质量。利用信息化技术可以提供更加精确、便捷的物流服务,如在线查询订单状态、快速响应客户需求等。通过实时更新的物流信息,物流企业能够及时为客户提供准确的配送信息,提高客户满意度和忠诚度。四是促进创新发展。信息化技术的应用推动了物流企业的创新发展。通过利用大数据分析、人工智能等技术,物流企业可以实现对市场需求的预测,提供个性化的物流解决方案。同时,信息化技术的应用也促进了物流与其他产业的融合,如电子商务与物流的结合,加速了县域经济的转型升级。

二、新业态形势

物流新业态对县域物流的影响是多方面的,主要体现在以下几个方面。一是电商物流增长。随着电子商务的兴起,县域电商物流需求不断增长。县域物流企业可以承接电子商务平台的配送订单,提供快速、可靠的配送服务,满足消费者的需求。二是冷链物流发展。随着冷链物流需求的增加,特别是农产品冷链配送需求的增加,县域物流企业可以通过建设冷链仓储设施和配送体系,提供高品质的冷链运输服务,促进农产品的流通和销售。三是快递物流网络布局。随着人们对快递便利性的要求不断增加,县域物流企业可以积极与快递公司合作,建设快递网点和配送中心,完善快递物流网络布局,提供更快、更便捷的快递服务。四是跨境电商物流增长。跨境电商的发展为县域物流提供了新的机遇。县域物流企业可以与跨境电商平台合作,提供跨境电商物流服务,促进进出口贸易和经济发展。五是末端配送业务增加。县域物流企业可以与零售商和超市合作,提供末端配送服务。通过建设智能仓储和配送系统,实现快速、准确的末端配送,满足零售业的需求。总的来说,物流新业态为县域物流带来了新的发展机遇和挑战。县域物流企业可以积极适应新业态的需求,通过技术升级和管理改进,提高物流服务水平,促进县域经济的发展。

三、物联网形势

物联网的发展对县域物流产生了深远影响,主要体现在以下几个方面。一是实时监控和数据分析。通过物联网技术,物流企业可以实时监控运输车辆的位置、速度、货物温度等信息,实现物流过程的全程可视化。同时,物联网还可以收集大量的数据,并通过数据分析提供决策支持,帮助企业优化配送路线、提高物流效率。二是自动化和智能化。物联网可将各个环节的物流设备进行连接,实现自动化管理和智能化运营。例如,通过物联网技术,可以实现智能仓储设备的自动化管理和智能调度,提高仓储效率和精度;还可以实现智能物流设备的自动化操作和运维,提高物流运输效率。三是物流信息共享和协同。物联网的发展促进了物流信息的共享和协同。不同的物流企业之间可以通过物联网平台进行信息共享,实现货源共享、车辆共享等,提高资源利用率和整体物流效率。同时，物联网还可以实现物流节点之间的实时信息交流，加强物流链上下游企业的协同合作。四是物流服务个性化和定制化。通过物联网技术，物流企业可以更加准确地了解客户需求，实现物流服务的个性化和定制化。例如，通过物联网设备可以收集客户偏好和消费习惯数据，为客户提供个性化的物流解决方案和增值服务。五是人才需求升级。物联网的发展对县域物流提出了更高的人才需求，需要专业的技术人才进行物联网技术的研发和维护，同时也需要专业人才具备理解和应用物联网技术的能力。

四、人工智能形势

人工智能的发展对县域物流产生了积极的影响，具体表现如下。一是预测和规划优化。人工智能技术可以通过数据分析和机器学习算法对物流需求和供应进行预测和规划优化。通过对历史数据和实时数据的分析，可以准确地预测货物流量、需求峰值等信息，从而优化物流网络规划和仓储布局，提高物流效率和降低成本。二是自动化操作和智能化调度。人工智能技术可以实现物流设备和车辆的自动化操作和智能化调度。例如，无人驾驶技术可以实现物流车辆的自动驾驶，提高运输效率和安全性；智能机器人可以实现自动化的仓储和搬运操作，提高仓储效率和精度。三是智能客服和服务。人工智能技术可以实现智能客服和服务，提升客户体验。通过自然语言处理和语音识别等技术，可以实现由智能客服机器人为客户提供及时准确的物流信息查询和问题解答服务，提高客户满意度。四是数据分析和决策支持。人工智能技术可以对大量的物流数据进行分析和挖掘，从中发现隐藏的规律和趋势，为物流企业提供决策支持。通过数据驱动的决策，可以优化物流运营和资源配置，提高企业竞争力。五是人才需求升级。人工智能的发展对县域物流提出了更高的人才需求，需要专业的技术人才进行人工智能技术的研发和维护，同时还需要人才具备理解和应用人工智能技术的能力。综上所述，人工智能的发展对县域物流产生了积极影响，提高了物流效率和精度，实现了自动化操作和智能化调度，提升了客户的服务体验，并对人才需求提出了更高要求。

五、绿色化形势

绿色化对县域物流的影响主要体现在以下几个方面。一是节能减排要求提升。随着环境保护意识的增强,各国政府对于物流行业的节能减排要求越来越高。县域物流企业需要采取一系列措施来减少能源消耗和环境有害物排放,例如使用节能设备、优化运输路线、推广电动车辆等,以确保在达到环保要求的同时保持物流运转效率。二是纳入碳排放交易体系。一些地区已经建立了碳排放交易体系,物流企业需要计算和申报自身的碳排放量,并购买相应的碳排放配额。因此,县域物流企业需要加强碳排放监测和管理,通过优化运输方式和资源利用来降低碳排放水平。三是绿色供应链管理。绿色化要求物流企业整合供应链中各个环节的绿色要求,包括原材料采购、生产、配送等。县域物流企业需要与供应商和客户密切合作,共同推进绿色供应链的建设,例如选择环保材料、推广使用可再生能源等。四是电子化和数字化转型。推动物流业绿色化的重要手段之一是进行电子化和数字化转型。通过建立数字化平台和应用人工智能技术,可以实现智能调度、准确预测需求、优化资源配置等,从而减少能源消耗和环境污染。五是新能源和可再生能源的应用。县域物流企业可以积极推广使用新能源车辆(如电动货车),并利用可再生能源(如太阳能、风能)来为物流设施、仓库和车辆提供清洁能源,减少对传统能源的依赖。

第五章 县域综合物流体系建设路径

综合物流体系建设是新发展阶段提升县域物流发展水平的主要工作思路或战略性举措之一，也是增强县域物流对县域经济支撑能力的重要政策选择方向之一。只有从综合视角规划和建设县域物流体系，才能有效提升县域物流的服务能力以及对区域经济的基础性支撑作用。一般情况下，县域综合物流体系的建设主体只能是政府部门，只有地方政府部门才具有一定的统筹规划建设能力和行业规范治理能力。因此，在县域综合物流体系建设中，各级政府扮演核心角色。正常情况下，地方政府部门通过科学的规划建设，能够改善特定区域的物流业发展环境，增强县域物流的综合服务能力，能够将物流产业培育成为县域经济体系中一个重要的新兴产业部门。

综合物流体系的建设路径是指为实现高效、便捷、安全的物流运作需要经历的一系列步骤和方法。县域综合物流体系的建设步骤可以包括以下几个方面。一是调研和规划。了解县域物流的现状和需求，分析县域经济的特点和产业布局，制定物流体系建设规划和目标。二是建设物流基础设施。包括建设现代化的交通网络，建设规模适宜、布局合理的物流园区和仓储设施。通过完善县域内的道路、铁路、水运等交通网络，提高货物运输的效率和质量。三是优化物流组织结构。推动物流企业的整合和协作，形成规模化、专业化的物流服务提供商。鼓励企业间形成联合配送、共同采购等物流合作机制，减少重复投入和浪费，提高运输效率。四是推广应用信息化技术。引进先进的物流信息管理系统和仓储管理系统，实现订单跟踪、运输监控、库存管理等功能，提高信息的透明度和准确性，并在前端与后端的物流环节中进行数据共享，实现智能化的物流管理。五是培养物流人才。加强物流人才的引进和培养，提高物流从业人员的专业素质。建立相关的培训体系和职业资格认证制度，吸引更多的人才投身于物流行业，为县域物流体系的建设提供有力支持。六是加强政策支持。出台相关政策和措施，鼓励物流企业的发展和投资。包括降低物流成本、提供物流配套设施建设补贴和物流企业税收优惠等，为县域物流体系的建设提供有力的政策支持。通过以上举措的综合推进，可以打造高效的县域综合物流体系，为县域经济发展和产业升级提供有力支撑。同时，在实施过程中，还需要注重与周边地区的协同合作，形成更大的物流网络，进一步提升整体效益。

第一节　县域经济地理分析

建设县域综合物流体系，首先需要对所研究县域的经济地理进行深入细致的调研，全面掌握县域产业发展的各类数据，全方位了解县域经济社会发展的物流需求等。县域经济地理分析是研究县域经济地理特征和规律的一种方法。通过对一个县域的地理位置、自然环境、资源条件、交通网络、产业结构等方面进行分析，可以揭示出该县域经济的优势和劣势，了解该县域的经济潜力、发展机遇和挑战，为制定发展战略和政策提供依据。在实践中，可以采用定量和定性的研究方法，结合实地调查和数据分析，来进行县域经济地理分析。以下是一些基本的分析内容。

一、地理位置

分析县域与周边地区的关系，与重要城市、交通干线的距离，是否处于沿海或内陆，与国际边境的接触等因素。考察县域的地理位置、交通网络等条件，评估其对经济发展的影响。例如，判断县域是否具备便捷的交通条件和良好的自然资源，是否有利于吸引投资和开展商业活动。县域的地理位置对于物流产业的竞争力和发展潜力具有重要影响。以下是对县域地理位置进行分析的几个方面。

（一）是否靠近交通枢纽

如果一个县域靠近重要的交通枢纽，如高速公路、铁路、港口或机场，将会获得更便利的物流运输条件，缩短物流时间和降低物流成本。

（二）是否邻近经济中心

如果一个县域邻近重要的经济中心或发展较快的城市，将会受益于辐射效应。这样的地理位置可以吸引更多的物流企业和客户，增加物流需求和业务规模。

（三）是否接近资源供给地

一些县域在地理位置上接近资源供给地，如矿区、农产品产区等。在这种情况下，物流可以扮演资源运输和加工的角色，为周边地区的产业链提供支持。

（四）是否毗邻边境或跨境贸易区

一些县域靠近国家边境或贸易园区，具备跨境贸易的优势。这样的地理位置可以促进国际贸易和跨境物流，吸引更多的贸易企业和物流服务供应商。

（五）自然条件是否优越

县域如果拥有良好的自然条件，如气候适宜、水资源丰富等，将会为某些特定产业的发展提供有利条件。物流企业可以依托这些自然条件提供相关的物流服务，如冷链物流或水运物流。

二、自然环境

自然环境包括气候、地形地貌、水资源等，会对农业、工业、旅游业等行业的适宜性和竞争力产生影响。

（一）土地条件

土地是农业、工业等产业的基础，对县域的发展至关重要。通过分析土地的质量、利用率和规模等因素，可以评估土地的开发潜力和适宜的产业布局。

（二）气候条件

气候对农业、能源利用和旅游等产业有着重要影响。通过分析温度、降水量、季节性和年变化等气候特点，可以确定适宜的农作物种植、能源开发和旅游活动等。

（三）水资源

水资源是农业、工业和人类生活的基础。通过分析水资源的丰富程度、可持续利用和保护状况，可以确定农田灌溉、工业用水和生活供应等方面的可行性和限制。

（四）生态环境

生态环境对于县域的可持续发展至关重要。通过分析生态环境的保护状况、生物多样性和环境污染等因素，可以评估县域的可持续发展潜力和居民生活质量。

三、资源条件

资源包括土地资源、水资源、矿产资源、能源资源、人力资源等，其丰富程度和可利用性对产业的发展至关重要。县域需要基于资源条件的实际情况，制定合理的发展规划，促进资源的合理配置和优化利用。县域资源条件分析主要从自然资源和人力资源两方面展开。

（一）自然资源

自然资源是县域发展的基础，包括土地资源、矿产资源、水资源、能源资源等。通过分析这些资源的分布、储量和质量，可以评估县域在农业、工业和能源等方面的发展潜力。土地资源分析，即分析土地的质量、利用率和规模，确定适宜的农作物种植用地、工业用地和建设用地等。矿产资源分析，即分析矿产资源的种类、储量和开采条件，确定矿产资源的开发潜力和利用方向。水资源分析，即分析水资源的丰富程度、可持续利用和保护状况，确定农田灌溉、工业用水和生活供应等方面的可行性和限制。能源资源分析，即分析能源资源的种类、储量和开采条件，确定能源发展的方向和可能性。

（二）人力资源

人力资源是县域发展的核心，包括劳动力、教育水平和专业技能等方面。要研究县域的人口数量、构成和流动情况，了解人口规模和人口结构对经济发展的影响。同时，分析劳动力的素质和技能结构，判断是否满足当地产业发展的需求。通过分析人力资源的数量、素质和流动性，可以评估县域在吸引和培养人才方面的竞争力。劳动力资源分析，即分析劳动力的数量、年龄结构和就业状况，确定产业发展的劳动力供给和人口红利的利用程度。教育水平分析，即分析教育资源的数量和质量，确定技术创新和产业升级的人才储备和支撑能力。专业技能分析，即分析专业技能的培训、认证和需求情况，确定产业发展所需要的专业技能人才的供给和拓展。

综上所述，县域资源条件分析可以为县域的产业发展、经济增长和可持续发展提供重要参考。

四、交通网络

交通网络包括公路、铁路、航空、水运等各类交通设施，对物流和市场开拓的便利程度有重要影响。县域交通网络分析是对县域内的交通基础设施和运输服务进行评估和研究，旨在了解县域的交通连接程度、交通效率和交通流动性，为县域交通规划和发展提供依据。

（一）道路网络分析

分析县域的道路网络覆盖范围、道路密度、道路状况等，以及道路交通流量、拥堵情况等。这可以帮助确定县域各地之间的交通联系程度和便捷程度，为解决道路交通瓶颈问题提供依据。

（二）公共交通分析

分析县域的公共交通设施（如公交车、地铁、轻轨等）的覆盖范围、线路布局、运输能力等。这有助于评估县域的公共交通服务水平和公共交通出行的方便程度，为公共交通改善和提升提供参考。

（三）铁路、航空、水运等交通方式分析

分析县域的铁路、航空、水运等交通设施的覆盖范围、运输能力和服务水平。这可以帮助评估县域与外界的交通联系程度和便捷程度，为发展跨县域交通、促进区域一体化提供参考。

（四）交通需求分析

根据人口规模、产业结构、出行特点等因素，分析县域的交通需求特点和趋势。这可以帮助合理规划县域的交通服务布局，以满足不同的出行需求。

五、产业结构

产业结构是指主导产业和支撑产业的组合，以及各个产业在经济中的比重，会对县域经济的特色和竞争力产生影响。通过统计各个产业部门在地区生产总值中的比重，可以了解该地区产业结构的主要特点和特色。通过分析各个产业部门的年度增长率，可以了解各个产业部门的发展态势。此外，还可以对各个产业的发展趋势和竞争力进行评估，以确定产业布局的合理性和可持续发展的潜力。县域产业结构分析就是研究一个县域内不同产业部门的组成、比重和发展趋势，以及各产业之间的相互关系和协调发展的问题。

（一）产业组成

分析县域内产业部门的组成和特点。常见的产业包括第一产业（农业、林业、渔业等）、第二产业（工业、制造业等）和第三产业（服务业、商贸业等）。

通过了解产业组成,可以评估县域内各行业的发展潜力和竞争优势。

(二)产业比重

分析各个产业在县域经济中的比重和变化趋势。这可以帮助评估县域产业结构调整和转型升级的需求,同时也可以了解县域经济的发展水平和特点。

(三)产业协调发展

分析各个产业之间的关系和互动。产业之间的协调发展可以促进资源的优化配置和经济的循环流动,提高县域经济的整体效益和竞争力。

(四)产业发展趋势

分析各个产业的发展趋势和前景。通过研究宏观经济环境、技术进步和市场需求等因素,可以对县域的产业发展方向和前景进行预测和规划。

六、城镇化水平

考察县域的城市化进程和城市发展的规模和质量,包括城市人口规模、城市功能与布局、城市基础设施等,以及乡村振兴战略下农村发展的情况。县域城镇化水平分析就是研究一个县级行政区域的城镇化进程和水平,以及城镇化的影响因素和发展趋势。

(一)人口迁移

分析县域内人口的迁移情况,包括农村人口向城镇地区的流动和城市人口向乡村地区的流动。人口迁移是城镇化的重要表现之一,可以反映城镇化的速度和规模。

(二)城镇化率

计算县域的城镇化率,即城镇人口在总人口中的比例。城镇化率可以反映县域城镇化的整体水平和变化趋势。

(三)城市化指标

分析城市化的各项指标,如城市建设面积、城市人口密度、城市基础设施建设水平等。这些指标可以衡量县域城市化的程度和质量。

(四)城镇发展规划

分析县域的城镇发展规划和政策措施,了解地方政府对城镇化的战略定位和推进步骤。政府的支持和引导对于城镇化水平的提升具有重要作用。

（五）经济结构

分析县域的经济结构和产业布局，评估城镇化对经济发展的影响。通常情况下，城镇化会推动第二、第三产业的发展，带动就业增加和经济增长。

通过县域城镇化水平分析，可以了解县域城镇化的阶段和特点，为地方政府制定城市规划和发展战略提供参考。同时，也为企业和投资者寻找市场机会和发展方向提供帮助，促进城镇化与经济社会可持续发展的有机结合。

七、区域竞争力

分析县域与周边地区之间的经济联系和竞争关系，判断县域在整个区域发展格局中的位置和竞争优势。通过比较不同县域的经济指标和发展动态，找出影响竞争力的因素，并提出促进竞争力提升的策略和措施。县域竞争力分析就是研究一个县级行政区域的竞争能力和优势，以及竞争力的影响因素和发展趋势。

（一）经济实力

评估县域的经济规模、增长速度和产业结构。经济实力是衡量竞争力的重要指标之一，同样也是吸引投资和人才的关键。

（二）基础设施

分析县域的基础设施建设水平，包括交通、通信、能源等方面的设施。良好的基础设施是提高竞争力和吸引力的重要保障。

（三）人才资源

评估县域的人才储备和人才结构，包括高级专业技术人才和熟练劳动力的数量和素质。优质的人才资源是促进创新和发展的核心动力。

（四）投资环境

分析县域的政府服务水平、法律法规体系和企业发展政策等。良好的投资环境可以吸引更多的资金和项目落地，推动经济的发展。

（五）社会文化

研究县域的文化资源、教育水平和民生福利等。丰富的文化资源和优质的教育环境能提高居民的生活质量，增强县域的竞争力。

（六）资源禀赋

分析县域的自然资源和生态环境，评估其对经济发展的影响和可持续利用的潜力。合理利用和保护资源能提升竞争力和可持续发展能力。

通过县域竞争力分析，可以了解县域的优势和不足之处，为地方政府制定发展战略和政策提供依据。同时，也为企业和投资者寻找市场机会和发展方向提供帮助，促进县域经济的繁荣和可持续发展。

第二节 县域综合物流体系建设现状分析

在了解县域经济地理基本情况的基础上，就可以对县域物流相关重点要素的建设情况进行针对性梳理和分析。以下介绍了县域综合物流体系建设现状的一般分析方法，具体分析时还需结合具体县域的实际情况进行综合研究或评估。

一、县域综合物流基础设施体系建设现状

县域综合物流基础设施体系是县域物流研究的重要基础性内容。县域综合物流基础设施体系建设是指在县域范围内，建设一套完整的物流基础设施网络，包括道路、铁路、航空、水运等交通设施，以及仓储、配送、信息管理等设施，从而提高县域内物流运输的效率和服务质量。

（一）交通网络基础设施

分析县域内的公路、铁路、航空、水运等交通网络的覆盖情况和发展水平。了解主要交通枢纽、交通节点和运输通道的位置和规模，判断其对物流运输便利性和效率的影响。

（二）物流园区

评估县域内物流园区的数量、规模和功能，了解其服务范围和运营状况。分析物流园区的配套设施和服务水平，判断其对物流业发展的支撑作用。

（三）仓储设施

考察县域内仓储设施的数量和质量，包括仓库、存储设备、冷链设施等。评估仓储设施的容量、技术水平和服务能力，判断其是否满足物流需求、能否提供高效的仓储服务。

（四）信息化建设

了解县域内物流信息化建设的情况，包括物流信息平台、电子数据交换等方面。评估物流信息系统的覆盖范围和功能，以及与其他地区和企业的连接情

况，判断信息化建设对物流流程优化和效率提升的贡献。

（五）产业节点

分析县域内各类产业节点的建设情况，包括农业园区、工业产业园区、各类商贸市场、货运场站等。掌握这些产业节点的货物运输规模、交通设施条件等，判断县域自身各类商品生产的规模或货物运输需求等。

二、县域物流市场主体现状

县域物流市场主体的发展水平，一定程度上决定了县域物流的发展水平。物流产业的发展本身是市场行为，其规模的大小完全由市场需求和供给规模决定。特定县域的物流产业是否具有活力，除了生产体系的发展情况之外，就是要看县域各类物流企业群体的发展活力。一般情况下，县域物流市场主体包括以下几类。一是物流运输企业。主要提供货物的运输服务，包括道路运输企业、铁路运输企业、航空运输企业、水路运输企业等。二是仓储物流企业。主要提供货物的仓储和管理服务，包括物流园区、物流仓库等。三是快递物流企业。主要提供快递服务，包括国内外快递公司、快递代理等。四是第三方物流企业。主要提供综合性物流服务，包括物流代理、供应链管理等。五是冷链物流企业。主要提供冷藏、冷冻货物的运输和仓储服务。六是电商物流企业。主要为电商平台提供物流配送服务。七是物流信息技术企业。主要提供物流信息平台、物流软件等相关技术支持和服务。以上是常见的县域物流市场主体，实际上还有一些特殊类型的物流企业，如危险品物流企业、医药物流企业等。根据不同地区和具体需求，县域物流市场主体可能会存在差异。从规模上看，县域物流企业分为大型物流企业（如国有企业、上市公司、股份公司、企业集团等）、中型物流企业、小型物流企业、个体运输户等。对县域物流市场主体进行分析可以从以下几个方面入手。

（一）主体数量和规模

分析县域物流市场中各类主体的数量和规模，包括国有物流企业、民营物流企业、合作社物流企业等。通过了解各类主体的数量和规模，可以衡量县域物流市场的竞争力和发展潜力。

（二）服务范围和能力

分析县域物流市场主体的服务范围和能力，包括运输能力、仓储能力、配送网络等方面。通过比较各类主体的服务范围和能力，可以评估其在市场竞争中的优势和劣势。

（三）行业专业化程度

分析县域物流市场主体的行业专业化程度，包括是否专注于某一领域的物流服务，如冷链物流、危险品运输等。通过了解行业专业化程度，可以评估县域物流市场是否满足特定行业的需求，并预测未来的发展趋势。

（四）技术水平和创新能力

分析县域物流市场主体的技术水平和创新能力，包括物流信息技术的应用、智能化设备的使用等方面。通过了解技术水平和创新能力，可以确定县域物流市场的发展方向，以及主体在市场竞争中的优势和劣势。

三、县域物流需求现状

县域物流的需求主要是由国民经济各产业部门的物流运输需求决定的。国民经济产业部门主要包括农业部门、工业部门、建筑业部门、商业贸易部门、旅游部门等。特定县域内的所有生产活动、消费活动将决定县域物流的需求。因此，产业或生产规模越大，县域物流运输规模就越大。一般情况下，县域物流需求主要包括以下几个方面。一是生产物流需求。包括原材料的采购、生产过程中的物料运输、生产设备的运输安装等。二是仓储物流需求。主要指企业对仓储、配送中心和物流园区的需求，包括货物的存储、分拣、打包、标签等操作。三是配送物流需求。包括商品从生产地到销售地的物流配送，涉及多种运输方式，如公路运输、航空运输、铁路运输等。四是农产品物流需求。农产品的生产、收购、加工、销售等环节都需要物流服务，包括农产品的保鲜、储存、运输等。五是电商物流需求。随着电子商务的快速发展，县域内的电商企业和个体经营者对物流配送服务有着较大的需求，包括商品的采购、仓储、配送、退货处理等。六是跨境物流需求。一些县域可能处于跨境贸易的重要节点位置，需要提供跨境物流服务，包括国际货物运输、清关手续办理、跨境电商物流等。七是服务型物流需求。随着服务业的发展，县域内的服务行业（如医疗、教育、旅游等）也会对物流服务有一定的需求，包括文件、样品、设备的运输，医药品的配送等。

县域物流需求具有共性特点，但是根据各个县域的主导产业或特色产业的发展水平，也有众多不同之处。分析县域物流需求时，需要根据具体县域的特点和经济发展情况进行分析，以确定具体的物流需求。县域物流需求现状的分析可以从以下几个方面进行。

（一）产业结构和经济发展水平

县域的产业结构和经济发展水平是物流需求的重要影响因素。如果县域的工业、农业、商业等各个产业都相对发达，那么物流需求就可能较大。例如，工业产品的原材料供应、生产过程中的配送、成品的出货等都需要物流服务；农产品的运输、储存、销售等也涉及物流需求。

（二）地理位置和交通便利程度

县域的地理位置和交通便利程度也会影响物流需求。如果县域位于交通枢纽或具有便捷的交通条件，那么物流需求就可能较大。交通便利能够使货物的运输更加顺畅，降低物流成本，从而吸引更多物流企业进入县域。

（三）电商和快递业务的发展

随着电子商务的兴起和快递业务的发展，县域的电商物流需求也在增长。县域内的电商企业和个体经营者需要物流配送服务，而快递企业和第三方物流企业则可以提供这方面的服务。

（四）特色产业和农产品

县域的特色产业和农产品会带来物流需求。一些县域以农产品种植、畜牧养殖等为主导产业，需要物流企业提供专业的农产品收购、储存、运输和销售等物流服务。

四、县域物流产业运行现状及特点

分析县域物流产业运行现状，主要看县域物流的产值规模、货运量结构、货物流向等情况。一般情况下，或者没有专门物流产业统计体系的情况下，可以将县域交通、仓储、邮政业发展的产值等作为物流产业产值的衡量指标加以分析研究。

（一）产值情况

物流产业产值是指物流产业在一定时间内创造的货物和服务的总价值。它包括了物流企业的销售收入、从事物流活动所支付的费用、物流设备和仓储设施的销售和租赁收入等。

物流产业的产值通常可以通过物流企业的财务报表、统计数据、市场研究以及相关行业协会发布的数据来计算。这样的数据可以反映物流产业的规模、增长速度，以及其在整体经济中的贡献程度。

同时，物流产业的产值反映了以下几个方面的情况或成效。

1. 经济活动水平

物流产业是国民经济中一个重要的组成部分，其产值反映了各个行业之间货物和服务的流通情况。较高的物流产业产值意味着经济活动相对充分，货物流通频繁。

2. 物流需求和消费水平

物流产业的产值还可以反映出物流服务的需求和消费水平。当物流产业产值增加时，说明物流服务的需求增加，可能是因为经济发展、消费增长、贸易活动增多等。

3. 供应链效率和竞争力

物流产业的产值也对供应链的效率和竞争力有所反映。高产值可能意味着供应链的运作效率高，能够满足市场需求，并且具备一定的竞争优势。

4. 就业机会和社会贡献

物流产业的产值增长不仅刺激了经济增长，还提供了就业机会。物流产业的发展可以带动相关产业的发展，促进经济持续增长，同时为社会创造更多的就业岗位并增加税收。

（二）货运量结构情况

货运量结构分析是对货物运输量的组成进行分析，以了解不同类型货物的运输需求和特点。以下是货运量结构分析的一些常见方法和内容。

1. 运输方式分类

将货物根据不同的运输方式进行分类，如公路运输、铁路运输、航空运输和水路运输等。通过分析不同运输方式的货运量比例，可以了解各种运输方式在物流运输中的份额和发展趋势。

2. 货物分类

将货物按照种类进行分类，例如原材料、半成品、成品、消费品等，又如大宗货物、普通货物等。通过分析不同类型货物的运输量比例，可以了解各种货物在物流活动中的重要性和需求。

3. 行业分类

根据不同的行业对货物进行分类，如农产品、电子产品、化工产品、医药产品等。这可以了解不同行业的货物运输需求，帮助物流服务提供方制定相应的策略和服务模式。

4. 地区分布

将货物按照地理区域进行分类，以显示不同地区的货物运输量分布情况。这有助于了解不同地区货物运输需求的差异性和地区特点，为物流规划和网络优化提供参考。

5. 季节性分析

根据不同的季节或时间段对货物运输量进行比较和分析，以了解季节性变化和需求波动。这有助于调整物流资源和服务能力，提高运输效率和满足季节性需求。

通过货运量结构分析，政府和企业可以更好地了解货物的运输需求和特点，优化物流网络和资源配置，提高运输效率和降低成本，以促进物流行业的可持续发展。

（三）货物流向情况

货物流向是指货物的运输方向或运输路径，即货物从起始地点到达目的地的路径。它描述了货物在供应链中的流动情况，包括货物的起始地、中转地以及最终的目的地。货物流向也反映了特定县域与外围区域的经济贸易联系规模以及产业互补性等问题，比如，通过货物流向规模可以了解特定县域与其他区域之间的经济关联度、产品结构的联系等，也可以看到哪些货物在进入县域、本县域又有哪些货物流向哪些地区等信息。货物流向可以通过以下几个层面来描述。

1. 地理方向

货物流向可以描述为从一个地理位置流向另一个地理位置。例如，从生产厂商所在地运往市场。

2. 产业链方向

货物流向还可以根据产业链的不同环节来描述。例如，原材料从供应商处运往生产厂商，再从生产厂商运往分销商、零售商和最终消费者等。

3. 国际贸易方向

在国际贸易中，货物流向通常涉及货物从一个国家流向另一个国家。这涉及进口和出口的方向，以及主要贸易伙伴之间的货物流动。

货物流向分析对于物流企业和供应链管理非常重要。它提供了关于货物的供需情况、市场需求和物流网络优化的有用信息。通过了解和分析货物的流向，企业可以制定合理的物流方案，优化运输网络，提高物流效率和服务质量。政府可以根据货物流向信息制定相关政策，促进地区间货物流动的平衡和发展。

（四）物流产业发展亮点

一般情况下，由于各地的县域经济所处的发展阶段不同，其物流产业的发展亮点也有所不同。县域物流的发展亮点可能体现在以下几个方面。

1. 市场潜力

县域拥有巨大的市场潜力，随着农村经济的快速发展和居民消费水平的提高，县域市场需求日益增长。同时，县域物流可以满足农产品、工业品等在本地市场的供应需求，促进本地经济的发展。

2. 物流基础设施建设

一些县域正在积极建设和改善物流基础设施，包括交通网络、物流园区、仓储设施等。这些基础设施的建设为县域物流提供了必要的条件，提高了物流效率和服务质量。

3. 农产品电商发展

随着电子商务的普及和发展，县域农产品电商逐渐崛起。通过农产品电商平台，县域可以将农产品直接销售给消费者，缩短了供应链，提高了农产品的附加值和竞争力。

4. 农村电商物流

县域物流还可以支持农村电商的发展。通过建设农村物流配送中心和农村快递网点，提供物流服务和配送支持，帮助农民将产品送达市场，促进农村经济的发展。

5. 特色产业物流

一些县域拥有特色产业，例如农副产品加工、手工艺品制造等。通过发展特色产业物流，可以促进特色产品的流通和销售，增加产品附加值，提高县域经济的竞争力。

6. 政策支持

为了鼓励县域物流发展，政府会出台一系列扶持政策，包括资金支持、税收优惠和减少行政审批等。这些政策为县域物流发展提供了有力的支持和保障。

物流产业的发展亮点更多体现特定县域物流的发展成效或者与周边县市在物流竞争中的特定优势。因此，也可以从县域物流发展成效的视角进行分析。以下是县域物流发展成效分析可能的几个视角。

1. 促进地方经济发展

县域物流的发展可以提升地方企业的运输效率和物流服务质量，降低物流成本，从而提升企业竞争力，促进地方产业发展。

2. 拓展市场辐射范围

县域物流的发展可以加强乡村与城市、县域与周边地区之间的联系，拓展市场辐射范围，促进产品销售和供应链的畅通。

3. 创造就业机会

县域物流的发展需要大量的从业人员，包括物流管理人员、运输司机、仓储人员等，可以为当地提供就业机会，提高居民收入水平。

4. 优化资源配置

通过县域物流的协调和优化，可以实现资源的高效配置和整合，提高资源利用率，减少浪费，推动经济可持续发展。

5. 改善生活品质

县域物流的发展可以提供更为便捷的物流服务，为居民提供更多选择和更快速的物流配送，改善生活品质。

6. 促进城乡融合发展

县域物流的发展可以促进城乡融合发展，缩小城乡物流服务差距，提升农产品流通效率和农村物流设施建设水平。

（五）物流产业存在的问题或瓶颈

县域物流在发展过程中既存在共性问题，也存在个性问题。可以从以下几个视角分析县域物流发展中可能存在的问题或瓶颈。

1. 基础设施视角

县域物流发展可能面临基础设施不完善、交通网络不畅通等问题，从而限制了物流效率和服务质量的提升。

2. 人才视角

物流人才短缺是县域物流发展面临的一个问题。缺乏专业的物流人员和管理人才，将影响物流业务的操作和管理水平。

3. 技术视角

县域物流发展可能缺乏先进物流技术和信息系统的支持，导致物流业务流程不够高效、信息不够透明等问题。

4. 合作与协同视角

物流发展需要各个环节之间的紧密配合和协同，包括企业、政府、供应商、客户等。如果合作不紧密、信息不共享，会影响物流业务的顺畅进行。

5. 管理体制视角

物流业受到相关管理体制、工作机制的影响以及法律法规的约束。县域物流发展可能面临行业管理体制机制不健全、法律法规不完善、执行不到位等问题，从而限制了物流业务的发展。

6. 资金视角

物流基础设施建设、技术引进和人才培养等都需要大量的投资，县域物流发展可能会面临资金短缺和融资难题。

7. 环境保护视角

物流业对环境有一定的影响，如能源消耗、废弃物处理等问题。县域物流发展需要考虑如何减少对环境的负面影响。

这些视角可以帮助分析县域物流发展中存在的问题或瓶颈，并根据这些问题探讨相应的解决方案和改进措施等。对于县域综合物流体系的建设而言，目前比较突出的问题之一是现代物流体系的统筹规划问题。这一点与特定县域的主要领导对物流产业的重要性的认识、关注程度以及物流行业管理部门的工作主动性、积极性有很大关系。在县域物流"综合化"背景下，需要从更加宏观和长远的角度，前瞻性地统筹谋划县域综合物流基础设施的建设问题、营商环境的打造问题，为县域经济社会高质量发展提供更加高效的物流服务环境。同时，要全面关心和帮助解决一些重要物流企业的发展问题。对此，需要县域政府层面的关注和指导。从总体上看，县域物流的发展中存在一些普遍性的问题，可能表现为以下几个方面。

1. 规模经济不足

县域物流由于市场规模较小，无法实现大规模的物流运作，从而影响了物流成本的降低和效率的提高。

2. 物流网络不完善

一些县域的物流网络建设滞后，交通运输线路不畅通，缺乏现代化的物流设施，导致物流运输效率低下。

3. 信息不对称

由于信息不透明，物流企业和服务用户之间存在信息不对称的问题。这使得物流服务提供者无法准确了解需求，导致物流供需匹配度不高。

4. 人才短缺

县域物流发展缺乏专业化的物流人才，特别是缺乏具备物流管理、运营、技术等方面知识和技能的人才。

5. 缺乏标准和认证体系

县域物流缺乏统一的物流标准和认证体系，使得物流服务质量难以保证，客户难以选择合适的物流服务供应商。

6. 包装和仓储条件不佳

一些县域的包装和仓储条件相对落后，不能满足物流需求，尤其是对冷链物流等特殊需求的处理能力有限。

7. 面临融资难题

由于县域的经济相对较弱，物流企业往往面临融资困难，难以获得充足的资金支持，从而限制了其发展能力。

第三节　县域综合物流体系建设面临的形势分析

县域物流发展面临的形势分为宏观政策形势、宏观经济形势、周边地区物流产业竞争形势、县域经济发展形势和物流业自身发展形势等诸多方面。

一、宏观政策形势

县域物流作为地方经济发展的重要支撑，受到宏观政策的积极引导和支持。以下是县域物流面临的宏观政策形势的一些主要方面。

（一）支持政策

国家和地方政府出台了一系列支持县域物流发展的政策，包括优化金融支持、减免税费、降低物流成本、提供人才培训和技术支持等措施，以加快县域物流发展，推动地方经济的繁荣。

（二）交通基础设施建设

政府大力推动交通基础设施的建设，包括公路、铁路、航空港等，以提升县域物流的运输能力和效率。此外，加快拓展县域物流网络，打通物流"最后一公里"也是政策关注的重点。

（三）融合发展

县域物流发展被纳入国家"城乡融合发展战略"的框架。政府加强县域物流与农村经济的融合，通过建设农村物流中心、推动农产品流通等措施，促进农村产业的发展和农民收入的增加。

（四）信息化支持

政府加大对县域物流信息化建设的支持力度，推动物流信息平台建设、大数据应用等技术创新，提升物流服务的智能化水平，提高物流效率和服务质量。

（五）环保要求

政府对县域物流发展提出了严格的环境保护要求，鼓励企业采用清洁能源、低碳技术，减少污染排放，推动绿色物流发展。

二、宏观经济形势

县域物流面临的国家或地区经济形势体现在以下方面。

（一）GDP 增长情况

县域物流的繁荣程度通常与所在国家或地区的经济增长情况相关。较高的 GDP 增长率意味着更多的经济活动，从而为县域物流发展提供更多的机会。

（二）区域发展战略

国家或地区的区域发展战略对县域物流产业的发展具有重要影响。政府的政策支持和资源投入可以促进县域物流的发展，提高其服务能力和市场竞争力。

（三）市场需求

县域物流的发展受到市场需求的影响。需求量的增加可以带动县域物流业务的增长，例如电子商务的兴起给县域物流带来了新的发展机遇。

（四）城乡发展差距

城乡发展差距的存在也会对县域物流产生影响。城市地区通常拥有更多的物流需求和配套设施，而农村地区的物流发展相对滞后。

（五）政策环境

政策环境对县域物流的发展起着重要作用。优惠的税收政策、资金支持和行业准入规定等都会对县域物流的发展产生影响。

（六）政府财政状况

政府的财政状况反映了国家或地区的收入和支出情况。财政状况良好有助于支持经济增长和社会福利改善，也反映了政府的重大基础设施投资能力、对县域物流项目的支持能力等。

（七）商业环境

商业环境包括国家或地区的法律、政策、市场竞争等因素。良好的商业环境能够吸引投资和促进创新，推动经济发展。

（八）国际贸易环境

国际贸易的形势和政策变化也会对县域物流产生影响。国际贸易的增长可以带动县域的出口业务，而贸易壁垒和贸易冲突可能对县域物流造成压力。

以上因素共同决定了县域物流面临的国家或地区经济形势，也是制定县域物流发展战略时需要考虑的重要因素。同时，以上指标并非绝对，其相对重要性和影响因国家或地区的特定情况而异。从宏观经济形势的角度来看，这些指标综合反映了一个国家或地区的整体经济状况和走势。

三、周边地区物流产业竞争形势

在一定的发展阶段，特定县域与周边县市的经济存在竞争和合作关系。一般情况下，特定县域物流加快发展的同时，周边县市的物流也会处在加快发展的过程中。在一些县域集群区域，更是有货运场站、物流园区、大型商贸市场、产业园区的落地建设等方面的项目竞争或招商引资竞争，往往会出现重复建设或同质化竞争等问题。分析县域物流发展形势时，也需要全方位考虑周边县市的物流基础设施建设或者产业项目建设动态，从而在相关规划建设思路上留有余地或选择差异化竞争战略。县域周边地区物流产业竞争形势体现在以下几个方面。

（一）地理位置竞争

县域周边地区的物流产业竞争主要受地理位置的影响。如果一个县域的物流基地靠近交通枢纽、物流中心或者重要的经济区域，将会具有更好的竞争优势。

（二）基础设施竞争

现代物流需要依赖先进的基础设施，包括道路网络、铁路、航运等。周边地区的基础设施建设水平将直接影响物流产业的发展和竞争力。

（三）人力资源竞争

物流产业对高素质、技能型的人才需求大。周边地区的教育水平、人才培养机制和就业环境将决定物流企业的人力资源优势。

（四）政策环境竞争

各地政府对物流产业的支持政策也会影响竞争形势。税收优惠、土地供给、行政审批等一系列政策措施将直接影响企业在某一地区的选择和发展。

（五）产业链配套竞争

物流产业往往与其他相关产业形成产业链，如制造业、电子商务等。周边地区的产业链配套程度将影响物流企业的客户资源和合作伙伴选择。

四、县域经济发展形势

物流产业是县域经济产业体系中的一个服务产业部门。一般情况下，县域经济发展与物流产业发展之间存在正相关关系。县域经济的综合发展能力，一定程度上也反映未来物流产业的发展能力和规模。县域经济的规模和增长率直接影响物流市场的规模和潜力。经济规模越大、增长率越高，物流需求就越大，会对物流产业的发展提供更多的机会。县域的产业结构对物流产业的发展也有很大影响。如果县域内有发展较为集中的产业，如制造业、农业等，将会带动更多的物流需求，促进物流产业的发展。

一般情况下，所有县市都有特定的经济发展战略，比如区域发展战略、产业发展战略、五年规划、对外开放战略、产业带建设战略等。这些战略将直接或间接地影响物流业在县域中的发展。只要是涉及经济社会发展的相关战略，都会对县域物流的发展方向和趋势产生重要影响。县域发展战略对物流业的影响是多方面的，可能体现在以下方面。

（一）产业结构调整

县域发展战略可能会引导和推动产业结构的调整，如发展服务业、高新技术产业等。这将直接或间接地影响物流业的需求和发展方向。

（二）基础设施建设

县域发展战略通常伴随着基础设施建设的推进，例如道路、桥梁、港口、机场等基础设施。这将提升物流的运输效率和网络覆盖率，并为物流企业提供更好的发展环境。

（三）政策和资金支持

县域发展战略可能会涉及一系列政策措施，以鼓励和扶持物流企业发展。例如，提供土地、税收、财政等方面的优惠政策，为物流企业提供创业孵化、融资等支持。

（四）人才培养和引进

县域发展战略也会关注人才培养和引进，以满足物流业的人才需求。通过建设职业教育机构、培训机构等，提高物流从业人员的素质和技能水平。

（五）区域合作与开放

县域发展战略可能促进区域间的合作与开放，如建立物流园区、开展科技创新合作等。这将为物流业提供更多的合作机会和更大的市场空间。

五、物流业自身发展形势

物流产业转型升级是指在新的经济环境下，物流企业通过改变经营模式、创新技术和优化管理等手段，提升自身竞争力和降低成本，实现可持续发展的过程。以下是对物流产业转型升级形势的分析。

（一）电商快速发展

随着电子商务的兴起，线上零售市场迅猛增长，促使物流产业向电商配送转型。物流企业需要加强电商仓储、配送及逆向物流等方面的能力，满足电商行业的需求。

（二）科技驱动

物流科技在物流产业转型升级中起到重要作用。物联网、大数据分析、人工智能等技术的应用，可以提高物流企业的效率、准确性和可视化程度，打造更好的用户体验。

（三）绿色物流发展

环境保护和可持续发展的要求推动物流产业向绿色发展转型。物流企业需要采用清洁能源、节能减排技术，优化运输路线和配送方式，减少对环境的影响。

（四）跨境电商发展

跨境电商市场的快速增长为物流产业带来了新的挑战和机遇。物流企业需要拓展跨境物流网络，提供全球化的仓储、运输和跨境配送服务。

（五）供应链整合优化

物流产业转型升级还需要对供应链进行整体规划和优化。通过整合供应链上下游的各个环节，优化流程、减少成本、提升效率，实现供应链的可持续发展。

（六）人力资源优化

随着物流产业转型升级，物流企业需要从传统的人力密集型模式转向技术和人才密集型模式。通过招聘和培养高素质人才，提高管理水平和运营效率。

第四节　县域综合物流体系建设目标与愿景确定

一、确定县域综合物流体系建设目标的考虑因素

确定县域综合物流体系建设的目标需要综合考虑以下几个因素。

（一）基础设施现状和需求

分析县域的道路、铁路、水路等基础设施的现状和发展需求，确定提升物流运输网络的目标和重点改造项目。考虑县域的交通、仓储、物流园区等基础设施的建设情况和规划，确定需要发展的物流设施和配套设施，制定相应的目标。

（二）经济发展需求

首先需要考虑县域的经济发展需求和产业结构调整的方向。然后根据县域的主导产业和发展方向，确定物流体系建设的目标，以支撑产业发展，促进经济增长。

（三）市场需求和竞争环境

了解县域内外的市场需求和竞争环境，确定提供哪些物流服务、满足哪些客户需求，进而确定建设目标。

（四）政策导向和规划要求

参考国家、省级以及地方政府的相关政策导向和规划要求，确定物流体系

建设的目标和方向。

(五) 可行性和可持续性

综合评估物流体系建设的可行性和可持续性，考虑投资回报率、社会效益等因素，确定目标的可行性和优先级。

对以上因素的综合分析和权衡可以帮助确定县域综合物流体系建设的目标，使之符合县域实际情况，适应经济发展需求，并能够提高物流效率、促进经济增长。

二、确定县域综合物流体系建设愿景的考虑因素

确定县域综合物流体系建设的愿景通常需要综合考虑以下几个因素。

(一) 市场需求

了解当前和未来县域内物流市场的需求情况，包括物流服务类型、服务范围、运输量等。通过市场调研和分析，确定县域综合物流体系所应该满足的市场需求。

(二) 政策环境

考虑县域政府的发展战略和政策支持，了解相关政策对物流业的影响，并根据政策导向确定县域综合物流体系的发展方向。

(三) 资源优势

评估县域内的资源条件，包括交通设施、仓储设施、人力资源等，确定能够发挥优势的物流领域和服务领域，从而确定县域综合物流体系的主要发展方向。

(四) 合作机会

考虑与周边城市和县域的合作机会，寻找互补和合作的可能性，并确定县域综合物流体系与周边地区物流体系之间协同发展的方向。

(五) 长远规划

考虑县域综合物流体系的长期发展目标，确定在未来几年或几十年内要实现的发展目标，并制定相应的措施和策略。

在确定县域综合物流体系建设的愿景时，需要综合考虑以上因素，并进行系统分析和决策，以确保愿景具有可行性和可实施性。此外，建议与利益相关方、专家、行业协会等进行广泛沟通和合作，获取更多的意见和建议，进一步

完善县域综合物流体系建设的愿景。

第五节　县域综合物流体系建设重点任务讨论

县域综合物流体系建设的重点任务可以从以下几个方面进行讨论。一是建设交通网络。确定县域内道路、铁路、水路等交通基础设施建设的重点，包括新建或改扩建道路、铁路线路，完善港口和物流园区的配套设施等。重点任务是构建高效便捷的交通网络，提高货物运输的效率和降低成本。二是建设物流园区。确定物流园区的建设地点和规划布局，提供仓储、配送、加工等一体化的物流服务。重点任务是吸引物流企业入驻，培育物流产业集群，提供全链条的物流服务，促进县域经济发展。三是加强信息化建设。推动物流信息系统的建设和应用，实现物流信息的共享。重点任务是提高信息流的透明度和效率，实现物流业务的数字化管理和智能化运作。四是培育物流人才。开展物流人才培训和引进，提高物流从业人员的专业素质和技术能力。重点任务是满足物流业对高素质人才的需求，培养一支专业化、高效的物流人才队伍，推动物流业的可持续发展。五是推进绿色物流。制定环境友好型的物流政策和措施，推广低碳运输、节能减排的物流模式。重点任务是提高能源利用效率，减少物流运输对环境的负面影响，实现经济发展与环境保护的协调。六是拓展国际物流合作。积极参与国际物流合作，拓展跨境贸易和国际物流渠道。重点任务是促进县域企业的国际化发展，提升物流服务水平，增强外贸产业的竞争力。以上是对县域综合物流体系建设重点任务的一般性讨论，不同的县域因自身情况和发展需求的不同可能会存在差异，具体应根据实际情况进行调整和补充。

一、基础设施建设

建设完善的交通运输网络和物流基础设施，包括铁路、公路、航空等交通网络，以及仓储设施、货运场站等物流设施。具体包括以下几个方面。

（一）交通运输网络建设

建设和改善公路、铁路、水路、航空等交通运输网络，例如修建新的公路和铁路线路，扩建港口和机场等，从而提高交通运输能力和效率。具体来说，要扩大铁路货运线路的覆盖范围，提高货运速度和运力；提升公路网络的连通性和通行能力；发展航空货运，提供快速的跨区域物流服务。

（二）仓储设施建设

建设现代化的仓储设施，包括智能化仓库、冷链设施、保税仓库等，提供多样化的仓储服务。通过优化仓储布局和提高仓储管理水平，提高物流效率和降低物流成本。

（三）货运场站建设

建设货运场站，包括物流园区、物流中心等，提供集散、装卸、分拨等服务。优化货运场站的布局和功能，提高货物运输的效率和便利度。

（四）通关设施建设

建设口岸、海关、检验检疫等通关设施，提供快速、便捷的通关服务，促进跨境贸易和国际物流的发展。

（五）城市配送设施建设

建设城市配送中心、物流配送车辆等城市配送设施，优化城市配送网络和交通流动，提高城市物流效率和环境友好性。

（六）智能化技术应用

推动智能化技术在物流设施建设中的应用，包括物流信息系统、自动化设备、无人机等。提高物流设施的运作效率和信息化程度，实现物流的智能化管理和监控。

（七）绿色环保建设

在基础设施建设中注重环境保护和节能减排。采用清洁能源和绿色技术，减少污染排放，降低对环境的影响。

基础设施建设是县域综合物流体系建设的基础，通过完善交通运输网络、仓储设施和货运场站等，提高物流效率和服务水平，为产业链协同发展和综合物流体系的建设奠定坚实基础。

二、信息化建设

建设县域物流信息平台，实现信息共享和流通。通过建立统一的数据标准和电子化操作系统，提高物流信息的流通效率，降低物流成本。物流信息化建设具体包括以下几个方面。

（一）物流信息系统建设

建设物流管理信息系统，包括订单管理系统、仓储管理系统、运输管理系统等，通过系统化地管理和整合物流信息，实现物流业务的全过程跟踪和监控。

（二）电子商务平台建设

建设电子商务平台，实现供应链的电子化、网络化和智能化，促进供需双方的在线交互、交易和结算，提高物流效率和服务质量。

（三）物流跟踪系统建设

通过使用GPS、RFID等技术，建立物流车辆和货物的实时监控和追踪系统，提供实时的位置信息和运输状态，精确计划物流路线和配送时间。

（四）数据集成与共享

打破信息孤岛，建立物流信息的统一标准和接口，实现不同环节和企业之间的数据交换和共享，提高物流的协同运作效率。

（五）大数据和人工智能的应用

通过运用大数据分析、人工智能技术，实现物流规划、优化和预测，提供决策支持和业务优化的智能化解决方案。

物流信息化建设的目标是提高物流的可视化程度、准确性和灵活性，实现物流运作的精细化和智能化，促进物流业的协同发展和创新进步。它可以提高物流效率，降低成本，提升服务品质，推动物流行业的发展。

三、服务体系建设

建立健全物流服务体系，包括物流企业、物流园区、物流配送中心等各类机构的发展和规范化管理。同时，培育和引进专业的物流服务企业，提供多样化的物流服务，满足不同需求。物流服务体系建设具体包括以下几个方面。

（一）物流服务网络建设

建立完善的物流服务网络，包括仓储、运输、配送等环节，实现覆盖区域广泛、服务范围全面。通过建设布局合理的物流中心和节点，实现物流运作的高效和快速。

（二）服务质量管理体系建设

建立健全物流服务质量管理体系，制定相应的服务标准和指标，进行服务质量评估和监督。通过加强对物流服务过程的控制和管理，提高服务的可靠性、及时性和准确性。

（三）客户服务体系建设

建立完善的客户服务体系，包括客户需求的调研和分析、产品定位和服务定位、客户投诉处理以及售后服务等内容。通过积极主动地与客户沟通和合作，提供个性化、有竞争力的物流解决方案。

（四）信息化支持

将物流信息化建设与服务体系建设相结合，使用先进的信息技术，建立物流信息系统，实现物流信息的共享和传递，提高物流服务的透明度和效率。

物流服务体系建设的目标是提供高质量、高效率的物流服务，满足客户需求，提升企业竞争力。通过优化物流运作过程和提升服务水平，不仅能够为企业节约成本、增加收益，还能够推动整个物流行业的发展和进步。

四、产业链协同发展

推动县域内各个产业环节的协同发展，建立产业链上下游之间的合作关系。通过优化供应链和物流配送体系，提高整体效益，降低物流成本。物流产业链协同发展是指在物流服务体系中，各个环节的企业、机构和个体之间通过合作和协同，共同提高整个物流产业的效益和竞争力。它强调各个环节之间的紧密衔接和相互依赖，通过优化资源配置和信息流动，实现整体效益最大化。具体的协同发展措施如下。

（一）供应商协同

物流产业链的起点是供应商，供应商与物流服务提供商之间的紧密合作可以减少库存和运输成本，提高供应链的响应速度和准确性。

（二）运输、仓储和配送环节的协同

物流过程中的运输、仓储和配送等环节需要紧密协调，避免信息断层和物料滞留。要通过建立合理的物流网络和运输计划，实现运输效率的提升和货物流转速度的加快。

（三）物流信息系统的协同

通过共享物流信息系统，实现物流信息的即时传递和共享，提高信息的准确性和可靠性。物流信息系统可以为各个环节提供必要的数据支持，从而实现整个物流产业链的优化和协同发展。

(四）服务供应商和客户的协同

服务供应商和客户之间的协同合作可以提高物流服务的个性化、差异化和定制化水平。要通过与客户紧密合作，了解其需求和要求，为其提供精准的物流解决方案，从而增加客户满意度和忠诚度。

(五）政府支持和政策引导

政府部门应该积极推动物流产业链的协同发展，通过出台相关政策和鼓励措施，促进物流企业之间的合作和协调。政府还可以提供基础设施建设、标准制定和市场监管等方面的支持，为物流产业链的协同发展创造良好的环境。

通过物流产业链的协同发展，可以提高物流效率，降低成本，实现整体竞争力的提升。同时，还可以促进物流行业的协同创新和技术进步，推动整个经济社会的可持续发展。

五、政策支持

制定相关政策和措施，促进县域综合物流体系的建设。鼓励各类物流企业发展，提供税收优惠和金融支持等，吸引投资和人才。以下是一些常见的政策支持方式。

（一）建设物流基础设施

政府可以通过投资建设物流园区、港口、机场、铁路等基础设施，提供便捷、高效的物流服务环境。

（二）优化物流配套服务

政府可以出台政策，鼓励物流企业提供全方位、多元化的物流配套服务，如仓储、配送、加工等，以满足市场的多元化需求。

（三）出台物流标准和规范

政府可以制定物流行业的标准和规范，推动物流企业提升管理水平，提高服务质量和安全性。

（四）支持物流技术创新和应用

政府可以出台鼓励政策，促进物流技术创新和应用，推动物流行业的数字化、智能化发展，提高物流效率和降低成本。

（五）提供金融支持和补贴

政府可以为物流企业提供贷款、信贷担保等金融支持，降低物流企业的融资成本。同时，政府还可以给予物流企业一定的税收优惠和补贴。

（六）加强政府监管和市场准入

政府可以加强对物流市场的监管，保证公平竞争和秩序规范。同时，政府还可以简化物流行业的市场准入手续，促进竞争，推动行业发展。

通过这些政策支持，可以提高物流行业的整体水平，促进物流产业链的协同发展，推动经济和社会的可持续发展。

六、人才培养

加强县域综合物流体系相关人才的培养和引进工作。建立职业教育体系，培养专业化的物流人才，提高物流管理水平。物流人才培养是保障物流行业发展的重要环节。以下是一些常见的物流人才培养措施。

（一）推动产学研结合

政府可以鼓励物流企业与高校、科研机构合作，建立产学研结合的模式，提供实习、实训和研究项目，培养学生的实践能力和创新意识。

（二）开展职业培训和技能认证

政府可以支持开展物流职业培训，提供相关的培训课程和技能认证，提升从业人员的专业素养和技能水平。

（三）建立实习就业平台

政府可以建立物流实习就业平台，促进物流企业与学生的对接，提供实习和就业机会，帮助毕业生顺利就业。

（四）鼓励创业和就业

政府可以出台鼓励政策，支持物流专业毕业生创业或就业，并提供创业资金和就业补贴等支持。

（五）推动物流交流和合作

政府可以根据发展需求，促进物流专业人才在区域、国内、国际等层次的交流和合作，派遣学生和从业人员参加各层次物流活动和培训，扩大他们的区域视野，提升其竞争力。

通过以上措施，可以培养出高素质、专业化的物流人才，为物流行业的发展提供源源不断的人才支持。

实践案例篇

第六章　若羌县经济地理概述

若羌县是全国辖区面积最大的县，地处新疆维吾尔自治区巴音郭楞蒙古自治州（下文简称巴州）东南部，塔克拉玛干沙漠东南缘，西接且末县，北邻尉犁县及鄯善县和哈密市，东与甘肃省、青海省交界，南与西藏自治区接壤，行政面积20.23万平方千米。

从全国的经济地理格局看，若羌县地处新疆、西藏、甘肃、青海四省区交会处，具有天然的区位优势，是丝绸之路上南北贯通、东西交会的重要交通枢纽，也是我国古代西部对外开放最繁华的商城和东西方文明的交汇集中处之一。若羌县作为出疆通道的重要枢纽，对于加强新疆南疆地区和内地的文化交往、商贸往来有至关重要的作用。

从丝绸之路经济带国内段三条大通道的空间格局看，南通道起于珠三角经济圈，自广东经湖南、重庆、四川、青海，由若羌进入新疆，再经和田、喀什，南下至印度洋沿岸的瓜德尔港，是一条极具战略意义的新通道。从丝绸之路经济带核心区的战略布局看，若羌位于新甘青藏的交界点，处于南北疆和进出疆的交会点，是新疆的东南大门，是疆内疆外循环的必经节点，也是构建面向中亚、西亚、南亚和欧洲的国际物流大通道的重要节点，被自治区定位为综合交通枢纽和商贸物流节点城市。基于战略、政策和发展机遇，可将若羌建设成为丝绸之路经济带南通道的重要支点和丝绸之路经济带核心区的战略支点之一。

第一节　若羌县区位环境条件

若羌县城位于距青海西宁1555千米、距喀什1508千米、距州府库尔勒444千米处。若羌县自古以来就是内地通往中亚和新疆通往内地的第二条战略通道，也曾是古丝绸之路的必经要道，地理优势极为突出，战略地位十分重要。若羌县是315国道进入新疆的门户，218、315国道在县城交会。218国道向北接南疆重镇库尔勒，经伊宁到达霍尔果斯口岸；315 国道向西经且末到达喀什，向东经青海、四川到达广西出海。随着库尔勒—若羌、依吞布拉克—若羌—和田高速公路和哈密—若羌、库尔勒—若羌—格尔木和若羌—且末—和田铁路及楼兰飞机场的相继规划建设，若羌县物流商贸中心、交通枢纽重镇的区位优势和作用将日渐凸显。若羌县的交通建设缩短了我国内地与新疆南疆地区之间的运输距离，为南疆的发展、丝绸之路经济带沿线经济的建设贡献了重要力量。

若羌县境内高山、盆地相间，地形多样。若羌县共有山地5.92 万平方千米，平原8.75 万平方千米，沙漠5.56 万平方千米。北部有塔里木盆地及东天山的北山部分，东南部和南部为昆仑山阿尔金山山地，阿尔金山巍峨雄伟，气势磅礴，山势陡峻，昆仑山是青藏高原的一部分。若羌县域内有世界第二大流动沙漠塔克拉玛干沙漠、拥有世界上独一无二羽毛状沙丘的库姆塔格沙漠和拥有世界上海拔最高沙丘的库木库里沙漠，是中国县域中唯一拥有三大沙漠的县。若羌县冬季寒冷，夏季酷热少雨，风大尘多，日温差悬殊，属典型的大陆温带干旱、半干旱气候。

若羌县地势南高北低，由西南向东北倾斜，海拔768~6900 米。南部为山区，属高原东北部，海拔1500~4500 米，国家以此圈划了阿尔金山自然保护区，是县内的主要牧业基地；中部为冲积扇绿洲平原，海拔880~1500 米，为农业种植区和主要人口居住区；北部为平原沙漠区，海拔763~1000 米，由四个部分组成：西面为塔克拉玛干沙漠的东部，东南面为库姆塔格沙漠，东北面为库鲁克塔格山部分山体和南麓山前冲积扇戈壁沙滩地，中部为罗布泊干涸湖床和湖滨盐碱地。

若羌县属暖温带大陆性荒漠干旱气候，年平均温度11.8℃，极端最高温度43.6℃，极端最低温度–27.2℃，1 月平均气温–9.4℃，7 月平均气温27.4℃；无霜期189~193 天；年平均降水量28.5 毫米，年极端最大降水量118.0 毫米，年最小降水量3.3 毫米，年平均蒸发量2920.2 毫米，最大蒸发量3368.1 毫米；最多风向为东北风、东风，年平均风速2.7 米/秒，极端最大风速≥40 米/秒；年平均日照时数3103.2 小时，最大为3338.8 小时，最小为2940.0 小时；最大冻土深度96 厘米。[1]

---

[1] 若羌县人民政府：《若羌概况：地貌气候》，若羌县人民政府网。

截至 2022 年底，若羌县下辖 5 个镇、3 个乡，即若羌镇、依吞布拉克镇、罗布泊镇、瓦石峡镇、铁干里克镇、吾塔木乡、铁木里克乡、祁曼塔格乡。

第二节　若羌县资源环境条件

若羌县位于新疆中南部，塔里木盆地东部，属于西部内陆典型的绿洲经济区域。从总体资源环境情况看，若羌县拥有相对丰富的光热资源、水土资源和人文旅游资源条件。

一、光热资源

若羌县地处欧亚大陆腹地，属典型的暖温带荒漠干旱气候，是世界同纬度最干旱的地区之一，冬季寒冷少雪，夏季酷热少雨，风大尘多，日温差悬殊。若羌县是开发高档特色林果产品的理想之地，若羌红枣、甜瓜享誉全国。

二、水资源

若羌县的主要河流有若羌河、瓦石峡河、塔什萨依河、米兰河、塔特勒克布拉克河、车尔臣河、塔里木河、孔雀河等。县域内还有一部分河流，如玉苏普阿勒克河、阿提阿特坎河、依协克帕提河、色斯克亚河、阿其克库勒河、喀夏克勒克河，均属于内陆型河流。年总径流量 11.76 亿立方米。塔里木河是中国第一大内陆河，全长 2179 千米，由阿克苏河、叶尔羌河、和田河汇流而成，流域面积 102 万平方千米，最后流入若羌县境内的台特玛湖。[①]

三、土地资源

若羌县是中国行政面积最大的县，行政区划面积 20.23 万平方千米，相当于 2 个浙江省或 2 个江苏省的面积。若羌县罗布泊镇位于若羌县东北部，面积 5.2 万平方千米，人口 7000 多人，是集工业和旅游业于一体的新型现代化城镇，也是国内行政面积最大的镇。若羌县祁曼塔格乡距离若羌县城 560 千米，是中

---

① 若羌县人民政府：《若羌概况：地貌气候》，若羌县人民政府网。

国距离县城最远的乡。

四、矿产资源

若羌县矿产资源丰富，被誉为新疆的"聚宝盆"。截至 2022 年底，已发现矿产 51 种，以钾盐、黄金、石棉、玉石、花岗岩等最为著名。有 50 个疆内外地勘队伍从事地质工作，勘查项目 856 项，面积 2 万余平方千米。若羌县是我国少有矿产资源相对丰富的区域之一，也是国家"358"项目重点实施区域，正逐步成为区内外矿山企业竞相争抢的"淘金"热土。若羌县已具备成为世界级钾盐生产基地的资源潜力，坡北镍矿资源储量在新疆乃至全国所处的地位都十分突出。

（一）金属矿产资源

若羌县境内已发现的金属矿产有铁、铬、铜、铅、锌、镍、钨、钼、金、银十个矿种，矿产地 99 处，其中金、铁、铜三个矿种可视为有远景的矿产。金矿是若羌县的重要矿产，主要分布在阿尔金山和罗布泊地区。在阿尔金山、昆仑山地带河流的中上游，库木布彦山自西到东长约 50 千米的范围内，均有砂金分布，且多在近水系源头，品位高，一般砂金品位为 1.3 克/立方米，富者每立方米数十克、近百克，产地 23 处，开发潜力巨大。县境内岩金资源也存在着一定的优势，在罗布泊红十井区域岩金资源相当丰富。罗布泊红十井岩金产于断裂地带 15~35 米的中基性火山岩地层中，品位为 1.35~46.88 克/吨，向深部品位有变富趋势。红十井区域共发现岩金矿床 60 余处，共有 9 个矿体。若羌县铁矿资源有一定的工业储量和远景资源量，主要分布于北山、阿尔金山东部和昆仑山北部地区，具有点多面广、贫富不均、成型矿床少、矿体规模小、类型较全、成矿地质条件较好的基本特征，已知铁矿点 14 个，总资源量为 4677.96 万吨。铜矿资源虽然已知产地少，但也有一定的资源量，主要分布在阿尔金山东部喀拉大湾上游，拉配泉以及昆仑山北部库木库里南，艾勒马勒克等地，具有点多面窄、分布零星、成型矿少的特点，总资源量为 6624 吨。[①]

（二）非金属矿产资源

非金属矿是现代化建设的主要物质基础，它们在国民经济中的地位日益上

---

① 若羌县自然资源局：《若羌县矿产资源》，若羌县人民政府网，2014 年 12 月 20 日。

升。若羌县已知的非金属矿种有18个，其中规模大，具有良好经济效益的首推石棉矿。建筑材料非金属矿有花岗岩、大理岩、石灰岩、石英岩、辉绿岩、玄武岩、石膏等。化工原料非金属矿有自然硫、黄铁矿、钾盐、盐、硼、芒硝等。其中资源潜力较大的是盐类，其他的硼、硫、黄铁矿等规模较小，质量较差，目前尚不能利用。其他非金属矿种有白云母、水晶、冰洲石、萤石、石墨等。其中，白云母矿有三个具工业资源量，可供利用；水晶、冰洲石矿规模较小，质量一般较差；石墨、萤石目前尚无利用价值。若羌县是中国最大的石棉成矿带，累计探明资源量2555.21万吨，具有资源量大、质量优的特点。钾盐是我国的紧缺矿种之一，罗布泊是一个超大型以钾盐为主的综合性矿床，经地质专家初步调查发现，其钾盐远景资源量超过5亿吨，潜在经济价值超过5000亿元，将成为中国钾盐工业新的基地。①

（三）成矿带资源分布

若羌县矿产地近200处，其中大中型矿床29处，小型矿床32处，远景矿床29处。若羌县成矿带资源分布如下。一是南天山东段—北山成矿带。主要以钾盐、铁、金、铜、镍矿为主，已发现的成型矿床有大青山金矿、红十井金矿和中坡山铜镍矿。2003年起新疆地矿局对中坡山进行地质勘查，圈定坡北十号岩体，发现长约1000米、宽约30~70米的铜镍矿化带，以铜镍为主，预测资源量镍67.4万吨，伴生组分铜16.6万吨，钴2.56万吨，为一大型矿床。罗布泊钾盐矿位于该区域，已探明氯化钾储量1.86亿吨，有望建成我国乃至世界最大的硫酸钾基地。在对大青山进行勘探的过程中，发现地表出露有三条铜矿体，最长达3千米左右，并在深部90米处发现多条铜矿带，平均品位0.8%~1%。二是阿尔金山红柳沟—拉配泉成矿带。该矿带长680千米，宽20~110千米，面积4.4万平方千米，主要以金、铅、锌、铜、铁、玉石为主，已发现大平沟金矿、祥云金矿、喀腊大湾铁矿、喀腊大湾铅锌多金属矿、喀腊大坂铜金属矿、阿带铅锌矿、阿北银铅矿、拉配泉铜矿、索尔库里北山铜矿、玉勒山金铜矿、更新沟铅锌矿、英格布拉克铁矿（白尖山）等矿床。三是依吞布拉克—古尔嘎成矿带。该矿带长约600千米，宽约50千米，面积约3万平方千米，主要有石棉、煤、铜、镍、金、钨锡矿，已发现依吞布拉克石棉矿、艾西煤矿、清水

---

① 若羌县自然资源局：《若羌县矿产资源》，若羌县人民政府网，2014年12月20日。

泉铜金矿、嘎斯铜矿、苏巴里克铁矿等矿床。四是祁曼塔格成矿带。该矿带长440千米，均宽80千米，面积约3.5万平方千米，是以金、铜、钨、锡、铁、铅锌为主的多金属成矿带，已发现库木布彦山一带金矿、白干湖钨锡矿、白干湖煤矿、维宝铅锌矿、蟠龙峰铁矿等矿床。[①]

五、农业资源

若羌县农业以种植业为主，农作物品种较多，粮食作物主要有小麦、玉米，油料作物有大麻、油葵、红花、油菜等，经济作物主要有红枣、棉花、黄豆、水果、蔬菜等。饲养的牲畜主要有牛、马、羊、骆驼、驴、猪、兔、鸡等。土特产有干果、皮毛、毡毯、粗布、民族手工艺品等。若羌县有"若羌红枣""三海甜瓜""米兰蟠桃"等特色品牌农产品。

（一）若羌红枣

若羌县光热资源丰富、无霜期长、昼夜温差大，从而造就了"若羌红枣"的上乘品质。由于独特的水土光热资源，若羌出产的红枣个大美观、口感甘甜、营养丰富，远销全国各省份及韩国和东南亚地区，若羌也成为驰名中外的"红枣之乡"。若羌枣花蜜性甘平偏温，维生素C含量较高，营养丰富，甜香可口，具有润肺肠、补脾益肾、改善睡眠、解毒保肝、抗衰强身的功效，深受消费者青睐。"若羌红枣"先后通过国家"地理产品证明商标""地理标志产品保护"，以及"中国驰名商标""新疆著名商标"认证，荣登2022中国果品区域公用品牌声誉榜第2位、2023中国地理标志农产品区域公用品牌品牌声誉百强榜第30位。若羌县成功入选中国特色农产品优势区和全国绿色食品原料标准化生产基地。

若羌县不断加大红枣产业扶持力度，通过"以奖代补"鼓励农户开展疏密改造、进行绿色防控、增施有机肥、购买新型农机具等，极大地提升了枣农的积极性，红枣品质和产量有了较大的提升。2017年起，若羌县实施红枣提质增效战略工程，县财政每年投入奖励资金800万~1000万元，以助力若羌县不断提高枣园管理科学化、机械化水平。随着枣园疏密工作的推进，红枣产量年年升高，枣园管理机械开始快速推广，目前电动修枝剪、旋耕机、施肥机、弥雾

[①] 若羌县国土资源局：《若羌县的五个主要成矿区》，若羌县人民政府网，2014年12月20日。

机等的综合推广率超过 80%，枣园管理效率明显提高，生产成本显著降低。当地农民每年的红枣收入能占到总收入的 50% 以上。2023 年，全县红枣面积达 23.38 万亩，产量 7.46 万吨。

此外，若羌县还积极引进红枣深加工项目，延长产业链条，提高红枣附加值。2022 年，若羌羌鑫农业发展有限公司启动红枣深加工项目，投入 800 万元引进了一条日产 30 吨以上的全自动标准化红枣醋、红枣饮料加工生产线。其中红枣醋经过选枣、蒸煮、发酵、淋醋等 19 道生产工序，枣香浓郁，酸甜可口，上市后得到消费者的认可。企业的发展，也带动了当地的红枣销售和村民就业。

"若羌红枣"已经成为传播若羌文化的良好载体、展示生态文明建设的重要窗口、推动民众增收致富的富民产业，有力促进了乡村振兴。若羌县委县政府坚持走"保品质、重品牌"的红枣产业发展之路，不断提升红枣品质，扩大影响力。例如，通过组织参加经贸展会、举办红枣节和文化节等促销措施，提升了若羌红枣的知名度和市场竞争力，吸引了大批果商云集若羌争相抢购当地红枣。随着若羌红枣品质和知名度的提升，枣花蜜、红枣酒等附属产品的价值也日益凸显。

（二）三海甜瓜

尽管若羌位置偏远，但这里的气候、地理条件却最符合优质甜瓜的苛刻生长要求。若羌位于甜瓜最好的生长地带——北纬 35~45 度之间。这里气候干旱少雨，满足甜瓜生长期间对炎热天气的需求，特别是结果期日照需要超过 10 小时，温差需要超过 20℃，湿度不可大于 30%，而所有这些天气要求在若羌的三海瓜园都能得到最充分的满足。三海瓜园地处县内塔克拉玛干沙漠边缘，拥有适宜甜瓜生长的富钾沙质土壤，死亡之海般的沙漠隔绝了病虫的侵袭；且方圆数千公里无工厂，少了污染的困扰。在甜瓜的生长中需要限制用水，三海瓜园地下 3 米方能见水，符合甜瓜生长中对根系控水的要求。

被称为甜瓜极品的"三海甜瓜"甜度均匀、甜味纯正、瓜形整齐，具有鲜艳剔透之色、醇厚悠远之香、甜爽脆口之味，不及成熟，就被高档酒店、国际航空公司等订购。三海甜瓜由于在特殊的地理环境中生长，含有很高的天然维生素 C 和矿物质钾，常食用有保护心血管和润肤的作用。为了保证每个甜瓜的质量，三海瓜园实行工厂流水线模式，从前期的制种、播种，到后期的采摘、精选、搬运、清洗，直到上市都要进行质检，并根据甜瓜的尺寸，果实的形状、颜色、果肉的成分含量等指标进行分等级包装，保证每一批甜瓜的质量。

（三）米兰蟠桃

米兰蟠桃产自若羌县境内的 36 团（隶属新疆生产建设兵团第二师，又名米兰）。米兰是传说中女儿国的所在地，又是《西游记》中子母河流经的地方，在这里有许多美丽的传说。36 团在米兰成立后，开始在这里大面积种植蟠桃。在长期的种植过程中，该团积累了一整套先进的蟠桃种植、管理经验，再加上子母河水的浇灌以及受独特的气候、地理条件影响，种植的蟠桃个大色艳，皮薄肉厚，味甜汁多，被誉为"人间仙果"，远销新疆各地及青海、甘肃，成为人们的馈赠佳品。为了让米兰蟠桃有更广阔的销售渠道，该团以蟠桃节、文艺晚会等形式搭建活动平台，营造宣传氛围。

六、旅游资源

若羌县具有悠久的历史和深厚的文化底蕴，旅游资源类型较为多样，个别资源特色突出，品位较高，人文景观与自然风景资源相得益彰，具有文化景观遗产的价值。若羌地区自然景观和文化遗产的个性与特色，是若羌县发展旅游的基础。截至 2022 年底，若羌县有国家级文物保护单位 4 处，自治区级文物保护单位 6 处，分布着楼兰古城遗址、米兰古城遗址、小河墓地、神秘的罗布泊、阿尔金山自然保护区、罗布泊野骆驼自然保护区。总体而言，若羌是探险爱好者的天堂，堪称"中国探险旅游第一县"。

若羌县奇异的自然景观数不胜数，风光旖旎、变幻莫测的魔鬼谷，中外罕见的高山阴阳湖泊——鲸鱼湖，三泉一线的高原沙子泉，千姿百态的岩溶地貌，海拔超过 4000 米的库木库里沙漠，举世闻名的罗布泊，扑朔迷离的雅丹地貌等，既是极好的旅游资源，又有极大的科研价值；横亘荒漠、绵延百余公里的天然绿色走廊，被誉为动植物王国的阿尔金山国家级自然保护区，中国最早成立的野骆驼自然保护区——罗布泊野骆驼国家级自然保护区等自然景观和旅游资源，成为人们的向往之地。

若羌县深入贯彻落实"旅游兴疆"战略，加快丝绸之路南道旅游集散服务节点建设，促进文化旅游深度融合，深度挖掘整合旅游资源。在文化旅游资源方面，若羌县各族人民能歌善舞，民间文学比较丰富。在遥远的古代，《十二木卡姆》和《阳关三叠》的最早形式《摩诃兜勒》与《阳关曲》便在境内广为流传。若羌的"麦西来甫"，男女成双成对翩翩起舞，独具特色。"若羌赛乃姆""艾莱姆赛乃姆"有着比较广泛的群众基础。此外，手鼓舞、碗碟舞、民族器乐演奏也很流行。这些对于外来游客有着强烈的吸引力。

若羌县境内的阿尔金山国家级自然保护区与青海和西藏相毗邻，面积4.5万平方千米，平均海拔高度4600米以上。阿尔金山自然保护区四周高山环绕，最高的慕士塔格峰海拔6973米。保护区内有现代冰川、高原湖泊和高原沙漠，以及种类繁多的藏野驴、藏羚羊、野牦牛、野骆驼和黑颈鹤、藏雪鸡、白肩雕、玉带海雕等珍禽异兽，还有241种野生植物，可谓高原奇观。

罗布泊野骆驼国家级自然保护区面积7.8万平方千米，是典型的极旱荒漠类型保护区，也是世界极度濒危物种——野骆驼的模式产地。罗布泊野骆驼自然保护区地处温带、暖温带荒漠地带，气候干旱，植被稀疏，自然条件十分严酷。在恶劣的自然环境中，仍有多种独特的珍稀荒漠动植物物种分布，这些生物不仅具有特殊的基因类型，而且是罗布泊地区脆弱的生态系统的重要组成部分。除了野骆驼之外，还有塔里木兔、野马、天鹅、丛林猫生存。

第三节　若羌县产业发展概述

若羌县借助便利的交通区位条件，发挥矿产、农产品的资源优势，利用招商引资、惠农利民等政策，实现了经济总量的稳步增长和经济结构的持续优化。在自治州党委、自治州政府的坚强领导下，若羌县委县政府牢固树立和落实科学发展观，紧抓中央、自治区、自治州关于加强新疆发展稳定的各种有利机遇，解放思想，更新思路，深入推进实施"枣业富民、矿业强县、生态立县、文化塑县"发展战略，促进了经济社会又好又快发展。2022年全县地区生产总值（GDP）871686万元，同比增长7.0%。其中，第一产业增加值142579万元，同比增长3.3%；第二产业增加值594904万元，同比增长11.8%；第三产业增加值134203万元，同比下降1.4%。[①]

第一产业稳步发展。红枣产业是若羌县的传统优势行业，若羌县不断将红

---

① 若羌县人民政府：《若羌县2022年国民经济和社会发展统计公报》，若羌县人民政府网，2023年5月9日。

枣产业做大做强，加强全产业链加工能力，用好《促进塔东综合园区产业集聚、培育红枣加工产业发展若干措施（试行）》，培育红枣加工投资成本洼地，吸引疆内外红枣企业入驻园区，打造新疆（南疆）红枣（干果）加工交易集散中心。采矿业、制造业以及能源产业是若羌县第二产业的支柱。县域辖区内拥有充足的矿产和自然资源，这在县级行政区中具有明显优势。若羌县加速建设了一大批第二产业全流程配套产业，并在交通、水利、电力方面充分给予产业支持。第三产业中旅游业也在加速发展。若羌县全力推进旅游产业提质，深度挖掘历史文化、自然风光、红枣生态等特色资源，加快全域旅游示范区创建。若羌县建设了集景区宣传推介、信息发布和文创产品展销于一体的游客服务中心，创建了2个A级景区，力争实现旅游质量和接待人数双提高。旅游业有望成为若羌县"十四五"期间新的经济增长点。

一、农业

2022年实现农业总产值206963万元，同比增长13.7%，其中：实现种植业产值144948万元，同比增长10.2%；实现林业产值5303万元，同比下降9.7%；实现牧业产值46389万元，同比增长24.8%；实现渔业产值46.5万元，同比增长19.4%；实现农林牧渔服务业产值10276万元，同比增长49.6%。

（一）种植业和养殖业基本情况

2022年全年农作物种植面积16.47万亩，同比增长9.2%，其中：粮食作物面积5.34万亩，同比增长0.1%（小麦2.34万亩，同比增长4.3%；玉米2.98万亩，同比下降2.1%；豆类0.01万亩，同比下降1.4%；薯类0.01万亩，同比下降79.3%）；经济作物面积11.14万亩，同比增长14.2%［棉花6.25万亩，同比增长12.1%；中草药2.8万亩，同比增长1倍；蔬菜0.32万亩，同比增长27.6%；瓜果0.29万亩，同比下降28.5%；油料（花生）0.15万亩，同比增长80倍；其他作物1.32万亩，同比下降37.8%］。

全年红枣种植面积23.38万亩，与上年持平。

全年粮食产量24382吨（薯类折纯后），同比增长16.0%，其中：小麦7791吨，同比增长49.4%；玉米16568吨，同比增长5.4%；豆类14.83吨，同比增长124.9%；薯类（折纯后）9.27吨，同比下降88.8%。棉花7835吨，同比增长15.2%；瓜果类产量4535吨，比上年减少853吨，下降15.8%；蔬菜产量5892

吨，比上年增加 1583 吨，增长 36.7%；红枣产量 101100 吨，比上年增加 8557 吨，增长 9.3%。

全年年末牲畜存栏 26.19 万头，同比增长 8.8%，其中：牛 0.38 万头，同比增长 24.8%；生猪 13.04 万头，同比增长 28.1%；羊 12.41 万只，同比下降 6.5%；骆驼 0.25 万头，同比增长 1.1 倍；其他牲畜 0.11 万头，同比增长 23.6%。活家禽存栏 6.84 万只（羽），同比下降 18.0%。期内牲畜出栏 22.95 万头，同比增长 31.2%，其中：牛 0.10 万头，同比增长 3.0%；生猪 16.73 万头，同比增长 55.3%；羊 6.07 万只，同比下降 7.0%；骆驼 0.01 万头，同比增长 27.4%；其他牲畜 0.03 万头，同比下降 5.7%。家禽出栏 6.33 万只（羽），同比增长 4.9%。全县肉类总产量 14119 吨，同比增长 41.5%。

红枣产业提质增效战略成效显著，若羌县入选中国特色农产品优势区。若羌县以红枣提质增效为核心的现代农业加快发展，全疆 14 家红枣期货交割库落地若羌 2 家，仓单注册量位居全国前列。"若羌红枣"荣获"国家驰名商标"、"一带一路"农产品商标品牌建设特殊贡献奖。若羌县引进新疆果业集团、米掌柜等企业投资建厂，加快实施神犇肉牛养殖、羌都林牧科技生猪养殖项目。加强农产品质量安全监测，主要农作物病虫害绿色防控覆盖率超过 95%。"国家农村一二三产业融合发展示范园"建设进展顺利，探索、创新、试点多种融合模式取得新成效。

（二）"十四五"时期提升农业质量效益的工作思路

按照"稳粮饲、兴枣业、促畜牧、扩蔬果、强特色"的发展思路，以市场需求为导向，深入推进农业供给侧结构性改革，积极创建国家现代农业产业园，打造新疆重要的农副产品加工基地。加快构建"粮经饲统筹、种养加销一体、一二三产业融合发展"的现代产业体系。

1. 稳粮饲

调整优化粮食布局结构，推动粮食生产稳中提质；加快高标准农田建设，以塔什萨依区域为中心，建设粮食高产田，保障区域粮食安全。以瓦石峡东开发区、铁干里克镇东开发区为中心，连片规划饲草料基地，建成西北地区饲草料加工基地。立足封闭的农业空间，整合农区周边土地资源，实施良种工程，积极引导农民及种植大户、企业，推进国家级区域性棉花、蔬菜、小麦、杂交玉米、特色作物良种繁育基地建设。

2. 兴枣业

坚定不移地推进红枣产业发展不动摇，促进红枣产业提质增效，打造中国最优红枣基地。坚持把"品质提升、市场开拓、群众受益"作为主攻方向，重点实施优质红枣标准化工程、绿色红枣示范工程，持续推进红枣"五统一"管护模式，适度调整红枣品种结构，稳定红枣面积和产量，推动由扩大规模向提高品质转变，全力创建国家农业绿色发展先行示范区。提升红枣产业经济效益，大力发展订单农业，拓宽若羌红枣等特色高端农副产品销售渠道，加强招商团队与内地商超的对接合作，建立健全农副产品从田间地头直供商超的销售机制，减少中间环节，促进农副产品畅销稳收。加强"若羌红枣"品牌保护力度，打造"楼兰红枣""楼兰村尚""颐养若羌"等品牌。推进若羌红枣国家特色农产品优势区创建，形成基地化布局、标准化生产、产业化经营的特色枣业发展新格局，打造科技支撑能力强、市场竞争能力强、产业化带动能力强的全国最优红枣种植基地。

3. 促畜牧

加快畜牧业转型升级，全力打造外向型生猪、牛、羊、家禽特色养殖基地，坚持上规模增效益，加速现代畜牧业发展步伐。实施"兴猪、扩羊、增牛"战略，促进山区畜牧与农区畜牧优势互补，打造高标准现代畜牧业示范区。以品种良种化、生产标准化、经营规模化、粪污处理无害化为引领，积极探索"公司＋基地＋农户"的畜牧产业体系，加快使农民参与到产业链的各个环节，实现增收多元化。重点支持羌都林牧科技生猪繁育基地建设，打造"全国生猪养殖大县强县"。抓好牲畜疫情防控体系建设，支持以合作社为主体的标准化养殖小区发展，鼓励养殖专业合作社、养殖大户优化品种结构、扩大养殖规模，带动群众开展家庭养殖。全面提升饲草供给能力，提高饲草利用率，积极开展地方传统优势品种选育和提纯复壮，培育特色优势品种。到2025年，加快构建现代畜禽养殖、动物防疫和加工流通体系，畜禽产品供应安全保障能力全面提升，培育形成2个产值10亿元以上、1个产值5亿元以上的畜牧产业集群；全县生猪出栏350万头、肉羊出栏30万只、肉牛出栏2万头、家禽出栏40万羽，打造国家级生猪养殖大县。

4. 扩蔬果

优化设施蔬菜区域布局，坚持龙头企业建基地、基地连农户，集中先进技

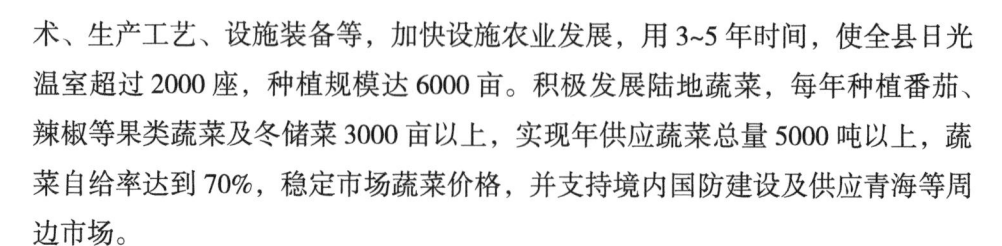

术、生产工艺、设施装备等，加快设施农业发展，用3~5年时间，使全县日光温室超过2000座，种植规模达6000亩。积极发展陆地蔬菜，每年种植番茄、辣椒等果类蔬菜及冬储菜3000亩以上，实现年供应蔬菜总量5000吨以上，蔬菜自给率达到70%，稳定市场蔬菜价格，并支持境内国防建设及供应青海等周边市场。

5. 强特色

依托若羌县丰富的光热水土资源，进一步优化特色农产品生产布局，做优甜瓜、桃子等特色农产品产业，适度发展恰玛古、中草药、骆驼、驴等特色农畜产品，促进"高端、小众"特色农业发展。加快推进蜂产业发展，打造"红枣+蜂蜜"全产业链，提升蜂产品市场竞争力。到2025年，全县特色农业呈现出规模化、良种化、市场化发展态势，更好地满足市场对多元化特色产品的消费需求。

6. 建设现代农业产业园

统筹布局生产、加工、研发、示范、服务等功能，以红枣和特色农产品为重点，加快特色农产品优势区和农副产品加工基地建设，完成国家现代农业产业园创建工作。围绕红枣产业、设施农业、农区畜牧业、乡村旅游业等特色产业，打造"一村一品"示范村。围绕农区三个乡镇积极创建国家级农业产业强镇，持续推进塔什萨依国家级一二三产业融合发展示范园建设，加快乡村产业转型升级，鼓励和支持龙头企业种、养、加、销一体化发展，打造现代产业体系。提升农业生产组织化程度，提升农业市场主体的合作化、规模化、产业化水平，鼓励和支持农牧业经营主体增资扩股，建立联合体。到2025年，基本形成产业链条完整、功能多样、业态丰富、利益联结紧密的农业农村产业发展新格局。

7. 积极打造劳动密集型产业

围绕乡镇，立足产业特色，全面提升劳动密集型产业发展水平，促进有劳动能力的农村富余劳动力实现高质量的就地、就近稳定就业。推进家庭作坊、扶贫车间建设，合理布局卫星工厂，积极引进恰玛古、蜂蜜、奶枣等小众高端农副产品加工企业，支持物流配送等服务业发展，因地制宜促进手工制作、农业机械组装等产业发展，拓宽就业渠道，促进农牧民持续增收，保障足额订单和确保长期运行。到"十四五"期末，力争每户农牧民家庭中至少有一名产业工人，每户家庭收入来源的20%以上来自务工收入。扶持合作社发展保鲜、储藏、分级、包装等延时类初加工，发展粮变粉、枣变汁、肉变肠、菇变酱等食品类初加工。推进种养加、产供销、贸工农有机结合，做优做强馕、葡萄酒、枣粉枣醋、香菇酱等三次融合产业，推动就地加工转化增值。做强肉制品精深加工，以集中屠宰、品牌经营、冷链流通、冷鲜上市为主攻方向，开发绿色、有机冷鲜肉和分割肉。

8. 大力发展庭院经济

依托若羌县水土、光热和农牧业特色资源，鼓励农牧民大力发展庭院经济，发展大棚水果、蔬菜种植和家禽养殖，发展林下经济。鼓励建设田园综合体，结合旅游开发，积极建设农家乐、采摘园，种植观赏花卉，发展观光农业，多渠道增加农民收入，提高农业综合效益。

二、工业

2022年规模以上工业企业实现总产值840925万元，同比增长59.1%。按行业分：采矿业实现总产值26773万元，同比增长100.6%；制造业实现总产值797741万元，同比增长58.5%；电力、热力、燃气及水的生产供应业实现总产值16411万元，同比增长29.7%。

（一）工业基本情况

2022年全年规模以上工业企业实现销售产值744372万元，同比增长42.2%。按行业分：采矿业实现销售产值17074万元，同比增长22.8%；制造业实现销售产值711375万元，同比增长43.1%；电力、热力、燃气及水的生产供应业实现销售产值15923万元，同比增长25.8%。

全年规模以上工业企业实现增加值584862万元，同比增长23.4%。按行业分：采矿业实现增加值12548万元，制造业实现增加值563010万元，电力、热力、燃气及水的生产供应业实现增加值9304万元。

全年主要（规上）工业品：硫酸钾1001155吨（折纯后），水泥339550吨，混凝土288294立方米，水泥电杆14573根，煤炭568166吨，硅锰合金4132吨，干制红枣4951吨，建筑用石29982立方米，砂石料200042立方米，发电43896万千瓦时。

工业经济健康发展，增长潜力蓄势待发。罗布泊盐化工园、若羌工业园建设步伐加快，园区基础设施不断完善，园区铁路专用线项目前期工作稳步推进。

产业转型升级取得实效，初步形成了以盐化工、新能源、煤炭、水泥制品及建材、农副产品加工为重点的工业产业体系。能源建设持续加力，总装机规模达到40万千瓦；阳光煤矿扩能改造项目加快建设，千万千瓦级新能源基地前期工作全面启动。矿产资源勘探步伐加快，萤石、石英石、锂铍等资源优势凸显。

（二）"若羌工业新城"建设目标与路径

2022年8月9日，新疆维吾尔自治区党委做出建设"若羌工业新城"的重要决策。同年9月初，自治区党委提出建设绿色矿业、新能源新材料战略性新兴产业等八大产业集群，并明确了加大阿尔金稀有金属矿产资源勘查力度、新开工建设若羌千万千瓦级新能源集聚区等发展定位。

若羌县聚焦自治区党委对若羌的发展定位，高水平、高起点推进"若羌工业新城"规划编制，从科学性、战略性、全局性、系统性方面统筹考虑交通区位优势、资源富集优势，积极培育新动能、新产业、新业态，加快构建符合实际、特色鲜明的现代产业体系。

若羌县积极抢抓自治区规划建设八大产业集群的有利时机，科学谋划布局新材料产业园、现代工贸物流园、罗布泊盐化工园"一区三园"产业集聚平台，以打造高新技术产业园区、循环经济产业园区、零碳产业园区、智慧（数字）园区、化工园区为目标，不断优化建强产业发展载体，切实为产业集群化发展提供坚实的平台支撑。

若羌县依托县域优势矿产资源，加快推进钾盐、石英、锂铍、萤石、铅锌、钙锡、铁等矿产资源勘探开发，推动实现矿山开发规模化、集约化、科学化，积极打造八大绿色矿山产业集群；瞄准硅基、锂基、氟基等主导产业，大力发展绿色低碳循环经济，科学谋划建设一批采、选、冶、加工、制造一体化产业，积极打造千亿产值新材料产业集群；进一步释放钾盐的资源潜力，大力发展盐化工循环经济产业，推进罗布泊盐化工园区产业提档升级，积极打造盐化工产业集群；抢抓"疆电东送"第四通道疆内起点落地若羌的建设机遇，充分发挥县域风光、空间资源优势，加快推进"风光水火储"一体化项目建设，进一步扩大新能源装机规模，加快引进落地新能源装备制造企业，积极打造南疆首个千万千瓦级新能源基地和新能源装备制造产业集群。

坚持以"一区三园"为产业集群发展平台，聚焦绿色矿山产业集群、千亿产值新材料产业集群、罗布泊盐化工产业集群、千万千瓦级新能源基地、新能源装备制造产业集群五条主要发展路径，启动实施丝绸之路经济带核心区的"新楼兰工程"，奋力将若羌建设成为全疆经济高质量发展的重要增长极，特别是南疆昆仑山北麓现代化工业示范引领区，以及全疆城乡共同富裕的试验区。

（三）"十四五"时期加快实施矿业强县战略

1. 推动矿业经济高质量发展

坚持把矿产资源开发利用作为推进新型工业化的突破口，瞄准绿色矿山发展方向，构建"一龙头、四园区、五基地、五体系"的矿业经济新格局。巩固钾盐非金属矿产的矿业龙头地位，建设拉配泉铁铅锌、白干湖钨锡铁、吐格曼锂铍、英格里克萤石和托盖里克石英石五大选矿基地，依托萤石、石英石、钒钛、铁铅锌、锂铍等资源，加快构建结构科学、特色鲜明、核心竞争力强的矿业产业体系。

2. 打造新材料加工制造基地

坚持绿色开发、规模开发、科学开发，建设绿色矿山，实现可持续发展。根据国家战略方向，规范矿权设置和矿权交易，加大可控区域矿产资源勘探，促进优势资源有序逐步转化。加快设立氟硅锂新材料产业园，围绕氯化钠、萤石、锂辉石、石英石、煤炭等优势矿产资源，瞄准氟基新材料、硅基新材料、锂电、盐化工、煤化工五大主导产业，加快推进矿产资源下游产业建链工程。重点推进硅基新材料产业链一体化项目，构建源网荷储一体化、新材料新能源一体化、硅基绿色全链低碳循环一体化"三位一体"的产业格局，积极培育全国最大的"石英矿－高纯硅－多晶硅－硅基新材料－光伏新能源"一体化产业示范基地。抢抓自治区政策窗口期，实施年产30万吨萤石精粉和10万吨氢氟酸项目，发展聚四氟乙烯、六氟磷酸锂等高附加值产品，完成国投罗钾水溶肥项目建设，启动汉青国际年处理2000万吨钒钛磁铁项目，推动苏吾士杰、黄土泉铁矿铁精粉、20万吨球团生产线项目，推进阳光煤矿年产90万吨煤、50万吨焦煤项目和90万吨洗煤厂建设项目，加快推进5000吨氢氧化锂、2万吨碳酸锂项目。紧盯装备制造产业链，引进落地装备制造、机械电子组装、建筑建材加工、农业机械装配、废弃资源循环再利用、石油化工仓储等产业板块。力争到2025年，矿业年产值达到80亿元。

3. 推进罗布泊盐化工产业高效循环发展

按照"减量化、再循环、再利用"的原则，综合开发利用罗布泊盐湖资源，提升智能制造水平。以市场需求为导向，加快新型肥料研发，推动科技成果产业化。积极调整产品结构，延伸上下游产业链，以硫酸钾产品为主，提高全水溶产品比例，开发精品肥、专用肥、功能肥、钾镁特种肥等新型高效肥料。积极拓展产品市场，全力拓展水溶肥及特种肥市场，进一步拓展硫酸钾在烟草、果蔬、花卉种植中的市场需求，扩大硫酸钾出口市场。积极推动产品和品牌"走出去"，加强国际技术合作。加大科技研发投入，积极开展罗布泊卤水资源深度开采研究、硫酸钾浮选尾盐钾资源回收研究、罗布泊卤水提锂技术研究和以氯化钠为主的尾矿资源综合开发利用研究，加强产学研结合，建设绿色矿山。"十四五"期末，巩固和提升国内重要的硫酸钾生产基地的地位。

三、服务业

2022年规模以上服务企业2家，其中：交通运输、仓储和邮政业1家，租赁和商务服务业1家，实现营业收入3515万元，同比下降41.6%。其中：交通运输、仓储和邮政业实现营业收入2466万元，同比下降49.1%；租赁和商务服务业实现营业收入1049万元，同比下降11.1%。

（一）服务业基本情况

2022年全年航空运输旅客吞吐量3.09万人次，货邮吞吐量3.75吨，飞机起降架次955次。铁路旅客发送量3.44万人次，同比下降29.8%；旅客下车3.27万人次，同比下降27.8%。

全年邮政业务总量4.55万件，邮政业务收入211.2万元。全年电信业务收入5090万元，其中：固定电话业务收入60万元，移动电话业务收入3261万元，互联网业务收入1180万元，集团互联网业务收入318万元，增值类服务收入56万元。

全年实现社会消费品零售总额35590万元，其中：限额以上社会消费品零售总额4347万元，限额以下社会消费品零售总额31243万元。

第三产业提质加速，助推经济持续发展。科学规划现代物流产业园布局，确定"一园、三个产业集群、十大产业板块"的功能定位；靖祥新丝路物流园二期工程启动实施，国家级电子商务试点县成果持续巩固提升；新增标准化厂房200万平方米、冷链物流仓储设施50万平方米；召开"一带一路"与楼兰文化座谈会，举办4届"楼兰文化·红枣节"，罗布泊与阿尔金山环境与古文明院士专家工作站挂牌成立,楼兰博物馆成功创建 3A 级景区,建成楼兰文化公园,米兰古城遗址旅游基础设施建设项目(一期)加快建设,国道沿线自驾车营地等旅游项目加快推进。旅游接待能力不断提升,"十三五"时期累计接待游客 272.2 万人次,实现综合收入 2.77 亿元,较"十二五"时期分别增加 97.2%、84.2%。"十四五"期间,若羌县在服务业发展层面力求重点打造国家级商贸物流产业基地和全域旅游基地等。

(二)打造国家级商贸物流产业基地

1. 打造区域性物流枢纽

立足交通区位,面向周边,科学规划物流布局,形成结构合理、层次分明、运转有序的现代物流网络体系。加快融入连接疆内外的物流网络,打造集货物集散、存储、分拨、转运等多种功能于一体,辐射区域更广、集聚效应更强、服务功能更优、运行效率更高的综合性区域物流枢纽。坚持"物流+产业+基地"发展模式,围绕"一园、三个产业集群、十大产业板块",完善园区基础设施、配套设施,加快推进现代物流产业园建设和装备制造项目的落地,加快实现物流和产业的相互支撑、高度融合。深入推进自治区物流节点(枢纽)城市建设,支持靖祥新丝路物流园、中衢物流港、新疆能源基地公路港建设,加快吸引河北省物流企业、安徽省产业园进驻。到 2025 年,基本形成以若羌现代物流园区为支点,实现"三港"连通的"一主一副、两轴三港"物流产业发展格局,利用若羌地理区位及综合交通运输优势,建成以塔东南枢纽为核心的现代化物流运行体系,打造国家级商贸物流产业基地。

2. 发展多式联运

稳步推进航空港、铁路港、公路港和现代物流园建设,促进多式联运、互联互通,建设进出疆货运集散中心及"铁公机"配套联运物流基地。发挥公铁联运优势,将若羌现代物流产业园建设成为辐射东南沿海各大港口,西达新疆各大口岸的重要国际转运中心。借助哈罗铁路,将罗布泊物流园区建设成为以服务工贸为主,沟通南北疆,保障若羌矿产资源在疆内市场有效流通的公铁联运中心。利用依吞布拉克铁路专用线,大力发展公铁联运,将依吞布拉克铁路物流中心打造成连接疆内外的公铁联运中心和大宗物资中转站。

3. 发挥物流的支撑带动作用

促进物流业与现代产业体系深度融合,提升高质量物流服务实体经济的能力。发挥区位优势，制定系统化的扶持政策，引导内地企业建设面向新疆、中亚、西亚市场的前置仓，加快建设100万立方米冷藏库、肉制品低温处理中心、农副产品储备库，建成南疆活畜交易市场，打造新疆最大的外向型肉制品加工集散区，建设粮油、棉花等国家储备基地，大型战略应急物资储备基地，国家猪肉、羊肉等畜产品应急储备基地。围绕装修装饰、家居等用品，打造"一站式"建材家居交易中心。吸引史丹利、心连心等国内知名农资企业入驻，落地农机设备经销企业，打造区域性农资农机交易中心。支持京东、顺丰、德邦等企业在若羌分仓转运，建设南疆地区及跨境电商智能分拨中心。

4. 培育协同高效的运营主体

吸引国内外大型第三方物流企业进驻若羌，组建陆港集团，利用先进的服务手段和管理理念，快速提高若羌物流业整体水平。鼓励个体、私营运输户组建民营物流企业，培育具有竞争力的大型物流企业。积极引导企业与第三方物流合作，为第三方物流企业提供发展的机遇。加快推进区域物流信息平台建设，建立物流信息采集、处理和服务共享机制，实现物流企业之间、企业和客户之间以及政府部门之间的信息交换与共享。重点建设货运交易系统、应用系统和区域交通信息共享系统，完善供需信息交易与服务平台。

（三）打造全域旅游基地

深入实施文旅兴县战略，打响"丝路楼兰·秘境若羌"旅游品牌，将若羌建成进疆旅游第一站、南疆旅游集散地和新疆高端特种旅游目的地，力争年接待游客量突破300万人次。搭建文化旅游平台，实施"引客入疆、送客出疆"工程，加强旅游对外宣传，构建覆盖全媒体、多渠道的旅游推广营销网络。加强景点景区建设，建成楼兰文化公园、米兰古城文化园，建设游客集散中心、汽车营地、高品质民宿，建成五星级酒店2个、四星级酒店8个，支持铁木里克村等5个村创建"乡村旅游重点村"。坚持在保护中开发、在开发中保护，完成米兰古城遗址公园、阿尔金山国家公园建设，有序开发阿尔金山、祁曼塔格山、罗布泊、康拉克等独特资源，创建5A级景区1个、4A级景区2个、3A级景区5个。推进"旅游+"，促进旅游业与农业、工业、文化、体育、健康等产业融合发展，健全以特种旅游为龙头，探险旅游、自驾旅游、低空旅游、乡村旅游、沙漠旅游、生态旅游、文化旅游为亮点的多元化旅游产品体系。推进智慧旅游，搭建智慧旅游云服务、云监测平台和旅游大数据中心，健全"吃住行游购娱"一体化的智慧旅游服务体系。开设特色旅游纪念品、玉石、民族乐器等购物专区，打造"若羌吉祥物""楼兰礼物"50个。推进小河墓地、海头古城保护研究，加快楼兰相关商标注册工作，依法授权使用楼兰文化元素，扩大《楼兰千古恋》《梦回楼兰》等巡演范围，持续提升楼兰文化影响力。围绕楼兰、米兰等文化品牌，持续办好楼兰文化节、楼兰音乐节、楼兰美食节、若羌红枣节、枣花节等活动，积极承办各级各类会展、赛事、节庆、论坛、科研、学术交流等活动，举办旅游产业发展大会、楼兰学术研讨会、楼兰文化艺术原创作品大赛等系列活动。

第七章 若羌县综合物流体系建设现状

若羌县自古以来就是内地通往中亚和新疆通往内地的第二条战略通道，也曾是古丝绸之路的必经要道，位于中国最大的沙漠、世界第十大沙漠、世界第二大流动沙漠塔克拉玛干沙漠边缘，素有"中国红枣产业龙头县""新疆矿产资源的'聚宝盆'""沙漠里的智慧小城"等美称。随着西部大开发的推进、中巴经济走廊和丝绸之路经济带等的建设，若羌成为丝绸之路经济带南线大通道上的重要交通枢纽和战略支点。同时，若羌东与甘肃省、青海省交界，南与西藏自治区接壤，在若羌楼兰机场国内民用支线快速通道工程、格尔木至库尔勒铁路、和田至若羌铁路、青海至若羌高速公路、若羌至民丰公路等项目的相继开工或建设背景下，其凸显的区位优势将促使其成为新疆的"南大门"，将对推动区域城镇化、工业化进程，全面提升区域综合竞争力，进一步促进区域战略格局调整发挥重要作用。

物流产业是融合运输业、仓储业、货代业、快递业和信息业等的复合型服务产业，是国民经济的重要组成部分，涉及领域广，吸纳就业人数多，促进生产、拉动消费作用大，在促进产业结构调整、转变经济发展方式和增强国民经济竞争力等方面发挥着重要作用。

综合物流体系从物流运输组织方式层面看包括公路物流、铁路物流、航空物流等；从行业体系层面看包括工业物流、农业物流、商贸物流、邮政快递物流、回收物流、保税物流和应急物流等；从空间结构层面看包括特定区域的城乡物流活动以及主要片区组团的物流活动等。

随着楼兰机场通航，格库铁路、依吞布拉克—若羌高速公路加快建设，塔东物流园区等基础设施建设，若羌县形成铁路、公路、航空为一体的综合立体交通网络，建设新疆南部大通道物流枢纽的条件日趋成熟。

第一节　若羌县综合物流基础设施建设现状

物流基础设施是区域物流系统运行的必要条件和平台，包括线状设施和点状设施等。其中，线状设施主要是指公路、铁路、远洋航线等交通运输通道，这些线路具有方向性、有限性、多样性、连通性、选择性、层次性等特性；点状设施是在物流运作过程中供物资储存、停留，以进行相关后续作业的场所，也称为节点，主要是指各种类型的货运场站、配送中心、物流中心、物流园区、仓库等。

一、综合物流体系设施现状

（一）物流通道构建现状

在自治区层级，将若羌县确定为"区域级综合交通枢纽"，加强其对综合运输大通道和全国性综合交通枢纽的支撑作用。强化与国际和国家物流枢纽的集疏运系统的协调，提升枢纽货物仓储与区域分拨能力。加强生产性物流与区域产业的融合，完善金融、结算、供应链管理等物流增值服务功能，促进商流、物流、信息流、资金流等无缝衔接和高效流动。加强城市生活性物流分拨与终端配送服务，发展仓配一体化服务和快递联收联投，提高电商与快递协同效率。

该枢纽以若羌为核心节点，依托丝绸之路经济带南通道和老爷庙若羌发展轴线的建设，若羌的交通枢纽地位显著提高，要从区域性路网完善的角度，前瞻性谋划若羌区域级综合交通枢纽的发展，形成中转型货物处理中心。在自治区重点打造的交通布局中，若羌县占有重要地位，处在丝绸之路经济带南通道与南北疆畅起来的老爷庙—若羌通道的重要枢纽节点上，这对于若羌县的综合交通发展具有重要意义。在《新疆维吾尔自治区综合立体交通网规划（2021—2050年）》中，若羌县地处自治区综合立体交通网主骨架"四横三纵十五联三环"中的"四横"中的"横三"、"三纵"中的"纵三"以及"三环"中的"环三"。

1. 横三：丝绸之路经济带南通道

丝绸之路经济带南通道起于珠三角经济圈，自广东经湖南、重庆、四川、青海，由依吞布拉克进入新疆，再经若羌、和田、喀什，南下至印度洋沿岸的瓜德尔港，是一条极具战略意义的新通道。其中，若羌县是南通道进入新疆的第一站，具有明显的地理、区位及交通优势，需紧紧抓住国家战略的机遇，充分利用国内、国际两个市场、两种资源，加速推动自身的经济发展，更好地服务于丝绸之路经济带建设。

丝绸之路经济带南通道是中国—中亚—西亚经济走廊的主动脉，主要由铁路、公路、管道、民航四种运输方式组成，形成我国长三角经济圈、粤港澳大湾区和海峡西岸经济区与中亚、西亚、南亚之间重要的国际物流通道。其中格库铁路以及35团至若羌、依吞布拉克至若羌、若羌至民丰高速公路等是该通道的重要组成部分。

2. 纵三：老爷庙—若羌通道

老爷庙—若羌通道是新亚欧大陆桥经济走廊、中国—中亚—西亚经济走廊、中巴经济走廊等三大经济走廊间便捷联系的发展轴线，也是新疆南北疆直达联系的第三条综合运输通道，主要由铁路、公路、民航三种运输方式组成。该通道起自老爷庙，经哈密、罗中，至若羌等地，是中蒙两国资源能源合作发展的交通通道。

3. 环三：环塔里木盆地综合运输通道

在"疆内环起来"综合运输通道中，库尔勒—阿克苏—喀什—和田—若羌—库尔勒构成环塔里木盆地的综合运输通道，形成新疆兵地军民和产业融合发展的核心通道，主要服务天山和昆仑山之间的塔里木盆地区域城镇布局及产业发展。

4. 巴州："三横四纵"骨干公路网通道

若羌县为巴音郭楞蒙古自治州副中心城市，与州首府库尔勒市协同发展，打造天山南麓和昆仑山北麓绿洲城镇组群。若羌县"十四五"道路网规划融入巴音郭楞蒙古自治州"十四五"综合交通规划中"三横四纵"骨干公路网建设。在"三横四纵"骨干公路网中，若羌县包括以下通道布局。

三横：G0612依吞布拉克至且末至民丰国家高速公路，全长803千米，巴州境内703千米；

一纵：S19罗中（长白山）至若羌地方高速公路，全长589千米，巴州境内300千米；

二纵：G0711 乌鲁木齐至库尔勒至若羌国家高速公路，全长 683.5 千米，巴州境内 602.86 千米；

同时，若羌县按照州党委提出的构建"两环一线一轴一圈"高品质旅游公路体系的思路，围绕"借助国省高速实现快进，依托旅游公路实现漫游"的目标，加快实施高品质旅游公路建设项目，高品质旅游公路网基本建成，为旅游业的发展提供了强有力的支撑。

随着 G0711 乌鲁木齐至若羌、G0612 依吞布拉克至民丰高速公路以及格尔木至库尔勒、和田至若羌、若羌至哈密铁路的相继建设，若羌县加快实施资源路建设，为巴州"十四五"时期矿业的兴起奠定基础。实施若羌依吞布拉克镇至吐拉牧场至苏堂资源路建设，打通"阿尔金山至昆仑山资源大通道"，全长 425 千米，等级为二级。

（二）综合交通运输设施现状

若羌县基本形成了以 G218 线、G315 线为主骨架，以格尔木至库尔勒铁路、和田至若羌铁路为重要干线，以新建楼兰机场为重要支撑的多种运输方式协调发展的综合立体交通运输体系。两条铁路、两条国道贯通全疆，东出青海，若羌成为一个连接疆内外的交通枢纽。若羌县域对外公路联系主要通过 G218 线和 G315 线，两条国道在若羌县域内构成侧"Y"字形结构，形成若羌县域道路交通的主要框架。县域内部各乡镇和重要聚集点通过县道连接起来，并与国道框架道路相结合，呈网络状结构。截至 2022 年底，若羌县公路总里程 2456 千米，其中，国道 601 千米（境内 G218 线里程 198 千米，G315 线里程 403 千米），S235 省道（哈若线）境内里程 304 千米，农村公路 1551.63 千米（等级公路 970.88 千米，等外公路 580.75 千米）。35 团至若羌、依吞布拉克至若羌、若羌至民丰高速公路通车，巴什库尔干至阿克塞高速公路加快推进。库尔勒—若羌—格尔木铁路、若羌—和田铁路建设完成，若羌—哈密铁路进入前期工作阶段，和若铁路全线铺轨，罗若铁路开工建设。白干湖钨锡、吐格曼锂铍、英格里克硅石等优势资源聚集区资源路加快建设。楼兰机场（4C 等级）建成，已开辟通往乌鲁木齐、库尔勒、阿克苏、和田等地的 4 条航线。若羌县形成以公路为骨干、铁路为骨架、民航相配合的现代运输网络，内联南疆各地州市和哈密市，外联青海、甘肃、四川等省份，向西连接周边国家口岸，在新疆社会经济发展中发挥着十分重要的基础性作用。

1. 公路设施建设

若羌县是 G315 国道进入新疆的门户，G218、G315 国道[①]在若羌县城交会，同时，可以通过省道哈若线与哈密相连。G218 国道向北接南疆重镇库尔勒，经伊宁可以到达霍尔果斯口岸。G315 国道向西经且末到达喀什，向东经青海、四川可以到达广西出海。截至 2022 年底，县域辖区内重要的国省道有 G315（若羌境内 403 千米）、G218（若羌境内 198 千米）、S235（若羌境内 304 千米）。G218 和 G315 两条国道目前已全线贯通，全部为柏油路面。《国家公路网规划（2013—2030 年）》将 G218 国道（霍尔果斯—若羌）列入了普通国道南北纵线规划路网，这是一条贯穿南疆的交通要道。除国道外，西宁—若羌—和田高速公路建设加快推进。公路网的强化对于提升出疆通道的运输能力、建设中巴经济走廊、带动南疆地区投资及发展、促进南疆地区社会经济发展和民生改善、实现新疆社会稳定和长治久安具有重要的推动作用。

截至 2022 年底，若羌县城内农村公路达到 200 多条，总长 1800 多千米，遍布若羌各乡镇。农村公路规划遵循上层路网相协调、区域协调平衡、节点全覆盖、节点连接唯一性、资源节约、近远期结合和规模适度等原则，全县 5 镇 3 乡道路通畅率达 100%，行政村、社区道路通畅率达 100%。农村公路运输场站有 7 个，其中县级站 1 个、乡镇级站 6 个，乡镇客运站覆盖率达到 75%。若羌县基本形成以国省干线为骨架、农村公路为辅助的"井"字形公路网，四通八达的公路交通网络极大地改善了县内各族群众的出行条件，为县域经济社会健康快速发展奠定了坚实基础。

随着人流的增加，若羌—依吞布拉克—敦煌、若羌—格尔木—西宁—兰州、若羌—罗布泊—哈密三条对外客运班线建设开通，将使若羌形成以高速公路、国省干线公路为骨架，以县乡镇公路为基础的快速高效的公路运输网络。G218 伊宁至若羌国道、G315 西宁至喀什国道、G0711 乌鲁木齐至若羌高速公路、G0612 西宁至和田高速公路贯穿全境。S235 哈密至若羌省道开工建设。G571 甘肃肃北至若羌巴什库尔干国道正在开展前期工作，有望在"十四五"期间开工建设。S339 麦盖提至若羌省道正在开展前期可研、规划。

[①] 218 国道（或国道 218 线、G218 线）起点为新疆伊宁，终点为新疆若羌，全程 1067 千米。315 国道（或国道 315 线、G315 线）起点为青海西宁，终点为新疆喀什，全程 3063 千米。

若羌县 G315 线岔口（巴什考贡）至甘肃阿克塞的拉配泉村道路启动前期规划，届时若羌至阿克塞高速将成为巴州地区直通甘肃省境内的第一条道路，可直达著名旅游城市敦煌。同时，相较于 G315 国道，若羌—阿克塞高速经由青海省至敦煌市，可节省里程 350 千米。该公路向北延伸可连通 G30 连霍高速和 G7 京新高速，进而形成一条由内地进入南疆地区最便捷的通道。随着公路的修建，新疆与甘肃之间的运输距离将得到极大的缩减，同时实现新疆与甘肃的双向对接，形成产业梯次加工、转化通道经济的新优势。

2. 铁路设施建设

截至 2022 年底，哈密—罗布泊铁路、库尔勒—若羌—格尔木铁路、若羌—且末—和田铁路已建成，若羌—罗中铁路正在建设之中，后续将规划建设库尔勒—罗布泊—敦煌铁路同格尔木—库尔勒铁路连接线项目，建设运营塔东工业园铁路专线，从而建成贯通南北、连接东西的铁路运输网。铁路网的加密对加快若羌经济发展、促进民族团结、巩固国防等具有十分重要的战略意义，也将为南疆带来新的动力。

格尔木至库尔勒铁路于 2014 年底动工建设，全长 1213.7 千米，其中新疆段 708.15 千米，于 2020 年投入运营。格库铁路建成后，成为新疆第三条出疆铁路大通道。格库铁路对完善西部铁路网结构，进一步推动丝绸之路经济带建设，促进沿线地区经贸往来和资源开发，带动西部旅游业快速发展具有重要意义。

和田至若羌铁路先期工程于 2018 年底开工，于 2022 年竣工投入运营。和田—若羌段铁路全长 878 千米，从喀和铁路和田站接轨，途经和田和巴音郭楞蒙古自治州的 7 个县市，与库尔勒—若羌—格尔木铁路相连，将形成环塔里木铁路。和田群众出疆可通过若羌经青海直通内地城市，不必再绕道乌鲁木齐，出疆路程将缩短 1000 多千米。

依托库尔勒至格尔木出疆铁路、和田—若羌等重要南疆铁路干线、哈罗铁路，若羌县将实现与兰新铁路、京包兰铁路等国家铁路网的联通，成为京津冀—西北通道、长三角—西北通道、"一带一路"国际通道等铁路网的重要一环，极大地改善若羌县的物流运输环境，形成连接南北疆、沟通疆内外的铁路物流大通道。

若羌的铁路通道体系如表 7-1 所示。

表 7-1 若羌的铁路通道体系

主要铁路线	战略意义
若羌—格尔木—成都	新疆东南出疆铁路，缩短了南疆地区出疆路程，并延伸到大西南，也缓解了兰新线的压力。同时，促进了若羌和塔里木河垦区经济的发展
喀什—和田—且末—若羌	与现有的铁路和新建的青新铁路形成塔里木盆地环线铁路，带动南疆三地州经济发展，特别是对加强中亚、西亚和南亚的区域合作有重要作用
库尔勒—若羌	依托库尔勒作为区域中心城市的地位，与石油石化产业链接，成为重要的周转节点
哈密—罗布泊—若羌	化肥及旅游专用线

3. 航空设施建设

作为新疆维吾尔自治区的第 20 个民用机场，若羌楼兰机场已于 2018 年 3 月 29 日实现若羌—库尔勒—乌鲁木齐定期往返航线的首航，并正式通航。若羌楼兰机场是新疆民航"十二五"重点建设项目，若羌机场的建设落成、机场航线的陆续开通，能够完善地区民用航空结构，进一步改善若羌的交通条件，促进阿尔金、罗布泊等自然保护区的建设和若羌县旅游业的发展，有利于推动特色果业发展，促进农民持续快速增收。同时，有助于以航空、新零售等物流新业态为主的保税物流园区等特色物流园区的完善布局，促进若羌县特色、优势产业的发展，推动若羌撤县设楼兰市的进程。

若羌县是丝绸之路经济带的重要节点城市，但长期以来，交通基础设施薄弱、运输网络单一，各族群众及客商来往若羌非常不便。而楼兰机场的通航，将彻底改变以往从若羌到库尔勒单一的公路出行方式，为往来经商、旅游或工作的旅客提供便利。机场的通航将进一步改善若羌的投资环境，增强区域竞争力，加快区域经济、文化的交流和合作步伐，对当地旅游产业发展及商贸合作将起到重要的推动作用。楼兰机场已通航乌鲁木齐、库尔勒、且末三个疆内城市和河南省新郑市，中期将开通去往西安、成都等地的航线，远期规划去往北京、广州的航线及国际航线。

若羌楼兰机场定位为国内小型民用支线机场，主要承担支线航空运输和通用航空飞行任务。若羌县周边分布的民用机场主要有乌鲁木齐地窝堡机场、库尔勒机场、吐鲁番机场、阿克苏机场、且末机场、和田机场以及甘肃敦煌机场、青海花土沟机场等，楼兰机场与上述机场的空中直线距离均超过 150 千米，空域条件良好。根据机场规划文件，若羌楼兰机场的近、远期主要航线规划如表 7-2 所示。

表 7-2　若羌楼兰机场的航线规划

时期	主要航线	平均每周航班 / 班
近期	若羌—乌鲁木齐	4
	若羌—库尔勒	7
	若羌—和田	1
	若羌—阿克苏	1
	若羌—格尔木	1
	若羌—敦煌	1
	总计	15
远期	增加若羌至西安、成都、西宁、兰州等地的航线	

资料来源：中国民航机场建设集团有限公司（2018 年）。

4. "十四五"时期综合交通设施建设思路

若羌县紧抓丝绸之路经济带核心区、中巴经济走廊加快建设的有利时机，发挥若羌县外连青海、甘肃、西藏三省区，内接南疆喀什、和田、克州三地州的交通区位优势，加快交通运输基础设施建设，建成功能完善、结构合理、衔接顺畅、服务优质的立体化综合交通运输体系。

（1）加快推进铁路交通枢纽和网络建设。做好和若铁路建设服务保障，推进若羌工业园、依吞布拉克矿业加工园铁路专用线规划建设，配合做好罗若铁路规划建设，实现同若羌站接轨，建成贯通南北、连接西东的铁路大动脉，把若羌铁路枢纽建成粤港澳—西北通道、长三角—西北通道、成渝—西北通道和"一带一路"国际通道等铁路网的重要环节。把握塔东南铁路大动脉全线贯通的有利时机，主动对接、超前谋划中欧班列南疆新线路的开通运行，构建服务国内大循环、国内国际双循环的跨国经济廊道。围绕若羌、瓦石峡、依吞布拉克火车站完善配套附属设施建设，加快产业、仓储、物流等落地，到"十四五"期末，把若羌站建设成为中巴经济走廊、丝绸之路经济带上的重要综合枢纽站。

（2）加快推进航空运输体系建设。以打造南疆枢纽机场为目标，启动楼兰机场以增加停机坪、廊桥为主的改扩建工程，逐步增加航运线路、加密航班，提升航空运输快速互通互达能力。规划依吞布拉克、瓦石峡、祁曼塔格等通用机场以及阿亚克库木湖、康拉克湖、楼兰、拉配泉、白干湖等直升机停机坪建设，为矿业开发、直升机低空观光游及应急救援做好保障。

（3）加快公路网建设。以高速公路、国省道干线为骨架，以农村公路为支撑，重点加快公路交通网络体系建设。加大高速公路、国省道干线、资源路建设力度，构筑连通南疆、通达内地、覆盖资源富集区的公路网。支持和配合35团—若羌—依吞布拉克、若羌—民丰高速公路项目建设；加快推进境内G315线、G218线、S235省道改造步伐；争取巴什考贡—拉配泉—甘肃阿克塞高速公路、S339省道、罗布泊—敦煌等重大交通骨干工程列入国家"十四五"交通综合规划，实现开工目标；通过PPP等融资模式，加快推动G315线岔口（瓦石峡镇）—白干湖村公路、依吞布拉克镇—白干湖村—干沟泉村—且末县交界公路、G315线岔口（巴西买里村）—英格里克公路、白干湖村—苏吾其村—英格里克公路、塔什萨依—康拉克公路等一批交通项目建设，优化提升公路网络体系。

（三）商贸节点、产业节点、物流节点建设现状

1. 商贸节点

若羌县各乡镇场都加快商品交易市场、物流园区及物流中心等基础设施建设，已建成一批综合物流园区和日用消费品、家居建材、机电、农产品、钢材、石材等综合型物流中心。若羌县的主要商贸节点如表7-3所示。

表7-3 若羌县的主要商贸节点

序号	名称	主营业务	入驻商户	年交易额/万元	规模/亩
1	嘉美超市	百货零售	1	150	1.5
2	旺客隆超市	百货零售	1	130	1.3
3	若羌商业街	百货零售、餐饮	22	237	3.4
4	玉源坊	玉石、百货	17	400	15
5	新苑市场	农副产品、干果零售批发	31	370	20
6	铁干里克镇农贸市场	农副产品零售	12	200	7
7	吾塔木乡巴扎	农副产品零售	—	80	1.5

续表

序号	名称	主营业务	入驻商户	年交易额/万元	规模/亩
8	瓦石峡镇农贸市场	农副产品零售	9	100	3
9	依吞布拉克镇农贸市场	农副产品零售	5	70	3
10	罗布泊镇农贸市场	农副产品零售	3	60	2.5
11	帝豪建材市场	建材零售批发	35	2000	50
12	楼兰果蔬交易市场	干果零售批发	5	500	20

资料来源：《新疆南大门综合物流体系建设战略研究》课题，2022年11月。

若羌县多数商贸物流节点以本县各乡镇场作为服务范围，其中年交易额200万元及以上的商贸节点有6家，占地10亩以上的商贸节点有4家。

各乡镇商贸流通体系建设日趋完善。铁干里克镇农贸市场、瓦石峡镇农贸市场、楼兰商贸城建成投用，玉都、帝豪建材等综合专业性市场运营平稳，珠宝玉器、建材商户纷纷入驻，禹龙山庄、北园春、帝豪酒店、徽州人家等一批住宿餐饮企业相继建成营业，成雨购物、旺客隆等大中型超市开业运营，基本形成了定位明晰、功能集中、管理规范的城市商业经营模式。

电子商务发展迅速。若羌县2016年被确定为第三批国家电子商务进农村综合示范县，荣获2017—2018年国家级电子商务进农村综合示范百强县，建成县级电子商务公共服务中心、县级快递分拨中心各1个，乡（镇）级电子商务服务站5个，村（社区）级电子商务服务点17个，全县乡镇级电子商务服务站覆盖率100%，村级服务点覆盖率达74%。

红枣期货交割库成功落地若羌。红枣期货在郑州商品交易所敲钟上市，红枣期货指定交割仓库共有14家企业，仅若羌就占2家，分别为新疆羌都枣业股份有限公司、若羌靖祥新丝路物流有限公司。

2. 产业节点

（1）若羌新材料产业园。若羌新材料产业园位于若羌县东南侧、若羌河东岸，距G315线8千米，距若羌县火车站15千米。新材料产业园起步区面积14平方千米，规划区面积100平方千米。新材料产业园充分发挥若羌的资源优势，坚持"资源换产业"的发展理念，突出科技引领作用，规划建设硅锂氟新材料、金属冶炼、金属铸造加工、新型建材四个产业板块，打造以硅基、锂基、氟基等新材料为支柱，金属冶炼加工制造、新型建材为重点，智慧物流、能源动力为配套的现代产业体系，形成特色鲜明的千亿产值新材料产业集群。

（2）罗布泊盐化工工业园。罗布泊盐化工工业园位于若羌县东北部的罗布泊地区，距离县城320千米。罗布泊盐化工工业园规划总面积65.18平方千米，截至2022年底，已建设11.3平方千米，批复矿区面积1967平方千米，现可生产盐田面积178平方千米。罗布泊盐化工工业园建成150万吨硫酸钾、10万吨硫酸钾镁肥、5万吨水溶肥、5万吨速溶肥生产装置，是世界最大的单体硫酸钾生产基地。同时，为促进产业转型升级、提升竞争力，开工建设年产5000吨碳酸锂、3000吨溴化钠等产业项目，形成以钾盐开发为龙头，以次生盐类资源综合开发利用为核心的循环工业园区。同时，依托哈罗铁路的交通优势，将罗布泊盐化工工业园打造成一个集矿产勘探开发、旅游、新能源开发及三产服务于一体的循环工业园区。

（3）若羌县现代工贸物流园。若羌县现代工贸物流园位于若羌县城东的火车站区域，规划面积45平方千米，规划建设装备制造、建材、物资储备交易、综合服务四个产业发展区。其中，装备制造产业发展区围绕新能源发展塔筒、机舱、轮毂、叶片、支架、逆变器等装备制造产业，围绕新材料金属冶炼等发展机械设备制造组装产业，围绕军民融合发展无人机测试组装产业等，形成服务新能源、新材料等的产业发展格局。

（4）依吞布拉克矿业加工园。依吞布拉克矿业加工园在新疆与青海的交界处，距离若羌县城310千米，并位于整个阿尔金山矿产资源成矿带的中心。该区域成矿地质条件优越，是全疆少有矿产资源相对丰富的地区之一。依吞布拉克矿业加工园是以生产铁精粉为主，涵盖有色金属加工，管理、商业服务等设施配套，节能环保的矿业加工型工业园区，重点发展黑金属（铁）、有色金属（铜、钨锡、铅锌）等矿产的初加工。

（5）农副产品加工园。农副产品加工园位于若羌县城G315线以南，若羌河鱼嘴北1千米处，东起若羌河东分支，西至若羌河西分支，规划总面积3.83平方千米。农副产品加工园的产业定位是发展以红枣加工为龙头的食品工业、农副产品加工业及能源、商贸物流产业。截至2021年底，该园已落户企业20家，从业人员1200人（含季节性工人）。

3. 物流节点

（1）若羌公铁联运物流园。若羌公铁联运物流园公路港位于若羌县城以东约 8 千米处，在 G315 国道北侧，高速公路匝道南侧。项目总建筑面积 7.2 万平方米，估算投资 3.3 亿元以上。内部规划建设能源矿产交易中心、特色产品交易市场、冷链交易库、汽车维修中心、能源补给站及配套堆场等附属设施。项目建成后，将整合客、货、邮资源，成为区域内物流快递中转和分拣中心，有效汇聚南疆地区的物流，提升区域流通效率，大幅度降低成本，在陆海铁多式联运、多种货物甩挂运输节能降耗、绿色运输方面发挥示范带动作用，为地方工贸企业提供坚实的基础服务。

（2）塔东综合物流园。塔东综合物流园距若羌县城 8 千米，规划面积 10 平方千米（占地 15000 亩），铁路客货运站位于园内。塔东综合物流园是以塔东工业园为依托，立足若羌撤县建市，为塔东工业园、农林业、商贸流通业以及城区居民提供个性化、专业化、多样化的物流服务，配套齐全、运作高效、环境良好的生产服务型物流园区。

截至 2022 年底，塔东综合物流园已建成集农产品物流功能、多式联运功能、商贸物流功能和保税物流功能于一体的综合服务型物流园区。同时，已形成红枣、干果、粮棉及其他农产品仓储、集散和展示交易能力与农产品电子交易能力，成为南疆地区重要的红枣、干鲜果品交易中心。

（3）靖祥新丝路公路物流港。靖祥新丝路物流中心项目是经若羌县政府招商，由若羌靖祥新丝路物流有限公司负责建设的项目，旨在打造一个现代综合智能商贸物流园。该项目计划投资 3.2 亿元，规划总用地 990.6 亩（其中，园区用地 401.56 亩，二期用地 589.04 亩），总建筑面积 168575.59 平方米，新筑道路 4 千米，停车泊位 2731 个，绿地面积 61978.12 平方米。项目定位为南疆地区物流仓储、中转集散中心，负责积极嵌入商贸链，整合物流链、信息链和服务链，形成集仓储配送、中转分拨、流通加工、信息处理、综合服务于一体的"十七项"功能体系，主要包括金融中心、业务中心、调度中心、电商基地、智慧大仓、分拨中心、快运专线、EDI 数据中心、信息中心、加油加气站、重型设备汽贸服务中心、农产品展示中心、检测中心、预包装车间、冷链仓库、铁路装卸中心、地方特色资源展示交易中心等。该项目将立足于区位优势，紧密围绕新疆在丝绸之路经济带建设中的区域引领作用和面临的投融资机遇，建设面向欧亚、服务疆内外的产业平台，使新疆更好地发挥独特的区位优势和向西开放的重要窗口作用，形成丝绸之路经济带上重要的交通枢纽、商贸物流中心。同时，随着若羌县农副产品和矿产资源开发力度的不断加大，县域经济发展速度的不断加快，以及公路、航空、铁路（格尔木至库尔勒、若羌至和田、若羌至罗布泊）设施的有效衔接，现有物流资源得以合理整合，基础设施及其技术装备的运作水平将得到较大的提高。该项目将以物流助力若羌"经济版图"扩张，并力争将物流产业打造成为若羌县的主导产业之一，最终形成立足若羌、服务南北疆、面向西北、联接"一带一路"的综合型现代化物流园，使若羌成为全国最大的红枣交易市场、全疆具有一定规模的农副产品交易集散地和进出疆物资的分拨集散中心。

二、信息化设施建设现状

信息网络技术的普及应用，为若羌县物流产业的发展提供了强大的技术支持。截至 2022 年底，全县邮路总长 800 千米，邮政所 9 个。电信业务用户 67867 户，其中：固定电话用户 2548 户，移动电话用户 44037 户，互联网用户 20842 户，专线用户 440 户。村邮站实现全覆盖，光纤入户率达 98%。快递业务直达村（社区），投放智能化稳步推进。

若羌县紧紧围绕"一组、一会、两区、一中心"（电子商务工作领导小组、电子商务协会、电子商务产业园区和电子商务创业孵化园区、电子商务运营中心），深入推进电子商务进农村工作。在宽带网络实现"村村通"的基础上，实施"有线光纤宽带进乡村"工程，率先在西北五省区实现城乡公共场所 Wi-Fi 全覆盖、全免费。免费 Wi-Fi 覆盖到自然村，行政村光缆通达率达 100%。陆续在全县行政村中开通 12 个村级电子商务服务点，开展网上代购、快件收发、代缴话费等服务。

第二节　若羌县物流产业运行现状及特点

"十三五"期间，若羌县物流业总体保持快速增长态势，基础设施不断完善，发展环境逐步优化，发展水平不断提高，为"十四五"期间加快发展和转型升级奠定了良好基础。

一、物流市场主体发展现状

2022年，若羌县规模以上工业企业19家，规模以下工业企业197家。全县培育国家级、自治区级农业产业化龙头企业共3家，国家级示范社1家、自治区级示范社14家。在全县的商贸流通企业中，限额以上批零贸易企业和住宿餐饮企业27家，大型和中型的商贸流通企业3家。

若羌县有中小微企业402户、个体工商户1705户。其中，注册资金在500万元以上的物流企业1家。若羌县有寄递物流企业20家，全县尚无2A级以上的物流企业。全县有各类普通货物运输企业20家（含个体）、危化品运输企业2家（全部为公司制企业），有各类托运部5家。

在货运物流辅助性行业部门发展层面，若羌县工商系统注册的货运信息企业有5家、各类维修企业有6家、各类机动车驾驶培训企业有1家，另外有电商协会1家。快递行业迅速发展，累计投放10组智能快递柜，格口数近1000个，覆盖若羌县城区内各小区。邮政快递已在县域内各乡镇设立服务点，同时，韵达、圆通、中通、申通、天天快递、兄弟物流、德邦物流等20余家物流快递品牌落户若羌县，并在部分乡镇设立服务点。

二、物流产业发展特征

近年来，若羌县物流业总体规模快速增长，服务水平显著提高，发展环境和条件不断改善。2022年，若羌县实现社会消费品零售总额3.5亿元，形成了城乡消费相互融合的商贸发展体系，各类商贸业态稳定发展。城镇商贸物流业进一步加快发展，拉动区域商业贸易的作用进一步显现。总体来看，全县商贸物流业保持快速健康增长的态势，区域发展格局进一步优化，产值规模进一步扩大，对经济发展的贡献率稳步提升，在经济社会发展中的基础性和战略性地位也逐步凸显。

三、货运量及货物结构特征

以2021年前三季度为例，G315线依吞布拉克出入口通行车辆合计87.8万辆次，同比增长52.6%，较2019年同期增长49.3%，两年平均增长22.2%，占三大公路进出疆通道合计交通量的21.0%。公路进出疆通道出入口累计交通量近两年保持快速增长的趋势，表明新疆与西北地区其他省区、华北地区、东北地区之间的公路交通联系、经济社会联系明显增强。同时表明，随着全区稳定红利、政策红利、疫情防控红利持续释放，新疆经济高质量发展正在向纵深推进，新疆与内地各省、自治区、直辖市之间的双向交通联系、经济社会联系正在持续加密、加深、加强，新疆社会稳定、长治久安与高质量发展正在得到内地各省、自治区、直辖市及中央更加有力的支持，新疆也正在为支撑和融入双循环格局、促进国家高质量发展做出更大的贡献。

此外，根据若羌县相关部门提供的 2017 年 8 月 1 日至 8 月 15 日间国道进出疆车辆通行记录数据，全年 G218 线与 G315 线合计货运量推算约为 815.94 万吨，其中：G218 线进疆货运量约为 95.02 万吨，G218 线出疆货运量约为 158.46 万吨；G315 线进疆货运量约为 313.41 万吨，G315 线出疆货运量约为 249.05 万吨（见表 7–4）。

G218 线、G315 线车流量年均达到 252361 辆。其中：G218 线进疆车流量为 30149 辆，G218 线出疆车流量为 48229 辆；G315 线进疆车流量为 98136 辆，G315 线出疆车流量为 75847 辆（见表 7–4）。

表 7–4　若羌县 2017 年 G218 线和 G315 线推算货运量及车流量

项目	货运量 / 吨	车流量 / 辆
218 国道进疆	950199.63	30149
218 国道出疆	1584637.04	48229
315 国道进疆	3134072.50	98136
315 国道出疆	2490468.00	75847
合计	8159377.17	252361

分析相关部门提供的车辆通行记录可知，通过 G218 线和 G315 线进出疆的车辆的货物来源区域包括青海、江苏、山东、山西、河南等省份，货物去向区域包括库尔勒、伊犁、阿拉尔、阿克苏、拜城、莎车、和田、霍尔果斯、叶城、巴楚、泽普、图木舒克、格尔木、花土沟等（见表 7–5）。

表 7-5　若羌县跨域货物来源与去向区域

货物来源区域	货物去向区域
青海格尔木、江苏、山东、山西、河南郑州、河南焦作、河北、安徽、浙江、广东广州、陕西、甘肃天水、宁夏银川、四川成都、北京、天津、内蒙古等	库尔勒、伊犁、阿拉尔、阿克苏、拜城、莎车、拉萨、阿瓦提、西宁、库车、和静、喀什、新源、轮台、焉耆、乌鲁木齐、和田、霍尔果斯、和田、于田、且末、昌吉、民丰、伽师、叶城、巴楚、泽普、图木舒克、格尔木、花土沟等

进出疆货物结构分布如表 7-6 所示。G218 线、G315 线两条线路进出疆货源广泛，随着若羌县铁路、机场、公路的不断完善，若羌县的货运量将会大幅度提高，若羌县作为新疆南大门的战略地位将会更加凸显。

表 7-6　进出疆货物结构分布

出疆货物	进疆货物
香梨、棉花、棉纱、棉粕、棉籽颗粒、工业辣椒、番茄酱、煤炭、红枣、钢材、大理石和一些畜产品等	油田建设设备、农机、日用百货、家具、服装、果蔬、矿产设备等

四、物流产业的发展布局

若羌县积极融入丝绸之路经济带核心区和中巴经济走廊综合承载区建设，结合自治州"东联西出、北向挺进"发展布局，认真谋划做好"东联"文章，加快连通甘肃、青海及西南各省份大通道建设，抢抓南疆通道铁路中转中心建设机遇，构建"一主一副、两轴三港"物流产业发展格局。其中，"一主"是指若羌县现代物流发展主中心；"一副"是指依吞布拉克镇现代物流发展副核心；"两轴"是指沿 G218、青新铁路和沿 G315、和田铁路的现代物流产业发展轴；"三港"是指航空港、铁路港和公路港三大物流枢纽。

第三节　若羌县物流产业发展亮点

一系列重大交通通道设施的变化，全面提升了若羌县物流产业的发展地位。若羌县委县政府敏锐地认识到若羌县交通枢纽地位的变化以及通道经济给县域经济带来的发展机遇，积极谋划物流产业的发展布局，在通道沿线规划建设了一批物流基础设施，以满足通道经济和县域经济的发展需求。

一、构建了西部区域性交通枢纽城市

若羌县辖区内现有218国道、315国道在此交会，规划建设了乌鲁木齐—库尔勒—若羌、若羌—和田、若羌—青海等高速公路，已建成哈密—罗布泊铁路、库尔勒—若羌—格尔木铁路，规划建设格尔木—成都、罗布泊—若羌—和田铁路，已建成若羌楼兰机场，并积极推进祁曼塔格、罗布泊等通用机场的前期工作，这为若羌县形成铁路、公路、航空一体的综合立体交通网络奠定了基础，若羌县具备了建成新疆南疆东部交通枢纽中心和新疆东联西出大通道，承接内地产业转移的条件。

（一）若羌逐步成为丝绸之路经济带南通道重要节点城市

丝绸之路经济带国内段的空间格局主要是北中南三条大通道，分别以我国东部经济最发达的三个经济圈为起点，依托国内现有交通干线，自东向西贯穿沿线重要节点城市，经新疆通向中亚、西亚、南亚和俄罗斯等。[1] 其中，丝绸之路经济带南通道建设，对于"一带一路"建设和疆内各市县发展，以及珠三角沿海地区与西部联动具有重要的战略和经济意义。该通道主要由铁路、公路和航空三种运输方式组成。通道内铁路主要由格尔木至库尔勒、和田至若羌、喀什至和田、中吉乌铁路等组成；公路主要由G0612依吞布拉克至和田、G3012喀什至和田、G3013喀什至伊尔克什坦（吐尔尕特）高速公路及国道315线等组成；航空主要由经喀什至西亚、南亚等地区的国际航线及喀什、和田与内地的国内航线网络组成。从地缘上看，若羌连接三省四地，东与甘肃、青海两省交界，南依昆仑山脉与西藏接壤，西与且末县毗邻，北与尉犁县及吐鲁番、哈密地区相连，不论是在古丝绸之路还是在当前建设的丝绸之路经济带中都占据重要位置。从交通区位上看，若羌是丝绸之路经济带南通道上的重要节点。南通道地处亚欧大陆中心，从战略安全角度看具有重大意义；从经济角度分析，

---

[1] 北中南三大通道：北通道起于环渤海经济圈，自京津唐经山西、内蒙古，从明水（甘新界）进入新疆，再经伊吾、北屯、吉木乃西出哈萨克斯坦至俄罗斯；中通道起于长三角经济圈，自上海沿第二座亚欧大陆桥横穿我国中原、西北诸省区，由星星峡进入新疆，再经哈密、吐鲁番、乌鲁木齐、精河，分别从阿拉山口和霍尔果斯出境直通中亚至欧洲；南通道起于珠三角经济圈，自广东经湖南、重庆、四川、青海，由依吞布拉克进入新疆，再经若羌、和田、喀什，南下至印度洋沿岸的瓜德尔港，这是一条极具战略意义的新通道。

南通道对接青海，进入贵州和四川地区，同时联系经济发达的珠三角地区，使陆路公路距离得以大幅缩短。未来若羌充分发挥处于南通道重要节点的优势，建设物流中转平台，将大大提升其物流经济效率。

（二）若羌经丝绸之路经济带南通道与中巴经济走廊形成关键对接

"一带一路"建设的六大经济走廊中有两条位于南亚，其中一条便是中巴经济走廊。"一带一路"倡议提出以来，在南亚地区得到了绝大多数国家的积极响应与支持，取得了明显效果。"一带一路"建设的不断推进，正在不断释放中国与南亚之间的合作潜力。中巴经济走廊始于新疆喀什，接红其拉甫，经巴基斯坦北部，抵达南部港口城市卡拉奇和瓜德尔港，全程3000多千米。根据《中巴经济走廊远景规划》，走廊在空间上呈现"一带三轴多通道"的格局。新疆喀什地区处于"一带三轴多通道"的带状区域内。此外，走廊从北到南分为五个重点功能区，新疆对外经济区是五个重点功能区之一。同时，通过南通道的建设，经红其拉甫不仅可以与中巴经济走廊形成联动，也可以为中国对接中巴经济走廊提供更为坚固的后备支撑。喀什是对接中巴经济走廊的第一站，为了避免喀什物流过度集中，可以直接经过红其拉甫进入位于内陆腹地的若羌，在若羌经过分类后再向我国腹地推进。一方面，可以降低喀什的物流库存与分流压力；另一方面，改在若羌进行物流仓储与分拨后，由于与内陆腹地的陆路运输距离相对较近，同时结合中转运输，将大大提升物资分类划拨与流通的经济效率。

（三）若羌展现东接珠三角、西连中西亚的贸易中转平台潜力

在新疆《丝绸之路经济带核心区交通枢纽中心建设规划（2016—2030年）》中，丝绸之路经济带南通道定位为我国珠三角地区与印度洋国家之间由铁路、公路、民航等多种运输方式组成的重要的国际物流通道。该通道依托沿江综合运输大通道（西延线），连接红其拉甫、伊尔克什坦、喀拉苏、喀什、阿克苏、铁门关、库尔勒、昆玉、和田、若羌、格尔木、成都，向东连接长江经济带，向西从红其拉甫、卡拉苏、伊尔克什坦、别迭里等口岸出境，可以到达南亚和中西亚等地区。目前，我国与中西亚国家的经贸合作日益密切，贸易额快速增长，投资和经济技术合作全面展开。我国已经成为哈萨克斯坦的第二大贸易伙伴，吉尔吉斯斯坦、乌兹别克斯坦的第三大贸易伙伴，塔吉克斯坦的第四大贸易伙伴。因此，若羌作为丝绸之路经济带南通道的重要节点之一，未来依托新疆、面向亚欧可以实现国际资源整合，同时，借助珠三角地区的产能和产品供应能力，以及相比于海运的运输成本、时间成本节省，若羌将有很大概率成为西部地区重要的国际、国内贸易中转平台。例如，从巴基斯坦瓜德尔港进口的货物，通过火车直接送到新疆喀什、红其拉甫、和田、若羌等地，相比海上运输到天津港等地，可以大大减少运输里程和时间。除此之外，若羌还是新疆七个区域级综合交通枢纽之一，依托南疆铁路以及新疆南部出疆通道的建设，若羌的交通地位将显著提高。从区域性路网完善的角度看，若羌也将会成为国际、国内中转性货物的处理中心之一。

（四）利好政策与市场驱动若羌物流产业实现突破

国家、自治区及巴州的一系列利好政策促进了若羌县的经济建设，推动了物流业的发展。自治区"十四五"规划将若羌确定为地区性综合交通枢纽。在《新疆商贸物流业发展规划（2015—2020年）》中，将若羌作为全疆商贸物流的基础节点之一、重要交通枢纽和传统商贸物流重镇。在《新疆维吾尔自治区物流业"十三五"发展规划》中，将若羌作为新疆物流业发展的骨干（二级）节点城市、中转集散物流中心进行布局。在《丝绸之路经济带核心区商贸物流中心建设规划（2016—2030年）》中，将若羌作为铁路中转节点进行规划，并提出了多式联运枢纽、南通道区域物流集散中心等具体方向。在利好政策的支持下，若羌县正成为西部地区综合交通五个通道即若羌—巴什库尔干—拉配泉—敦煌线路、若羌—德令哈—西宁—兰州线路、若羌—库尔勒—成都线路、若羌—库尔勒—乌鲁木齐线路、若羌—且末—和田—喀什线路的交会点。若羌县积极抢抓丝绸之路经济带核心区、中巴经济走廊加快建设的有利时机，充分发挥若羌县外连青海、甘肃、西藏三省区，内接南疆喀什、和田、克州三地州的交通区位优势，创新"物流＋产业＋基地"发展模式，构建完善"东联西出、南向挺进"的全方位开放合作格局，将若羌建设成为丝绸之路经济带上的现代化交通物流枢纽城市之一。

二、工矿物流形成一定的需求规模[①]

若羌县全面贯彻自治区培育"八大产业集群"部署要求，聚焦打造八大绿色矿产产业集群、千亿产值新材料产业集群、盐化工产业集群、千万千瓦级新

---

① 工矿业发展现状及思路参见若羌县《2022年政府工作报告》，2023年2月14日。

能源基地、新能源装备制造产业集群发展路径，全面推进若羌工业新城建设，为做大做强工矿物流打下了可持续发展基础。2022年，志存锂业12万吨/年（一期6万吨/年）电池级碳酸锂项目加快建设。特变电工20万吨/年高纯硅及配套源网荷储一体化项目、95万吨/年石英矿项目、志存锂业300万吨/年选矿厂及尾矿库建设项目、天炀无孔纳米微晶板材制造项目开工建设。托盖里克石英矿开采项目、国投罗钾5000吨/年碳酸锂项目加快推进。若羌县围绕自治区党委建设"八大产业集群"和自治州党委"七大领域"战略部署，特别是打造若羌千万千瓦级新能源集聚区，加大东昆仑山矿产资源勘查开发力度，加快建设全国硅基新材料生产基地工作部署，立足若羌资源禀赋和区位优势，全力打造绿色矿山、新材料、盐化工、新能源和装备制造五大产业集群，奋力将若羌建设成为全疆经济高质量发展的重要增长极。

（一）打造现代化工业新城

系统谋划"若羌工业新城"建设各项工作，编制高水平的"工业新城"建设规划，科学谋划布局新材料产业园、现代工贸物流园、罗布泊盐化工工业园"一区三园"产业集聚平台，将新材料产业园纳入自治区级若羌工业园区范围，规划建设硅基新材料、锂基新材料、氟基新材料、新能源装配制造等产业体系，带动发展以仓储物流、金融信息、生活配套为主的现代服务业。实现化工园区达标认证，为化工产业项目落地、投产提供园区承载平台。创新园区管理模式，搭建若羌工业园管理机构，实行绩效管理、员工聘任制，吸纳园区管理专业人才，重视人才引进培养、劳动力培训，从深度广度推进产城、园城融合，走出一条新路子。

（二）打造绿色矿山产业集群

用好自治区出台的关于矿产资源开发利用的"新意见"，将绿色发展贯穿于资源勘查、开发利用与保护的全过程，全面提升矿业绿色发展质量和效益。实现托盖里克石英岩矿、康图盖石英岩矿、瓦石峡南锂铍矿、砂梁西铁矿、苏吾什杰铁矿、黄土泉铁矿开采；加快库木萨依锂铍矿、皮亚孜达坂萤石矿、启鑫铜镍矿、吐格曼稀有金属矿等勘探步伐。加快志存锂业、砂梁西、塔什达坂、康图盖等选矿厂建设，持续推进尾矿、废渣循环再利用，压实矿山企业生态保护责任，明确矿山修复保护法定职责，全面提升矿山安全环保水平和资源利用效率，逐步构建节约高效、科技引领、环境友好、矿地和谐的矿业绿色高质量

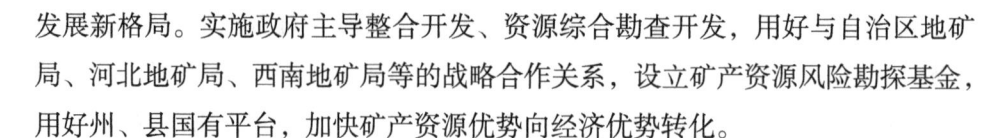

发展新格局。实施政府主导整合开发、资源综合勘查开发，用好与自治区地矿局、河北地矿局、西南地矿局等的战略合作关系，设立矿产资源风险勘探基金，用好州、县国有平台，加快矿产资源优势向经济优势转化。

（三）做优做强主导产业

一是打造新材料产业集群。以硅、锂、氟等新材料产业为重点，实现特变电工一期年产20万吨高纯硅项目8台矿热炉建成投产；实现新疆能源天炀一期年产60万平方米无孔纳米微晶板材制造项目建成投产；积极构建"石英矿—绿色低碳高纯工业硅—高端电子级多晶硅—硅基新材料"一体化的绿色低碳循环经济产业基地。实现志存锂业一期年产6万吨电池级碳酸锂项目建成投产，开工建设二期年产6万吨电池级碳酸锂项目及年产8万吨氢氧化锂项目，大力发展电解液、隔膜、正极材料等产业，逐步形成较为完善的锂离子电池生产加工全产业链。开工建设新疆华欧年产30万吨萤石精粉项目，谋划建设氟化盐、氢氟酸、氟化铝、氟化锂等产业项目，打造氟化工下游一体化产业链基地。二是打造盐化工产业集群。综合开发利用罗布泊盐湖资源，实现国投罗钾5000吨/年碳酸锂项目投产，开工建设3000吨/年溴化钠技改项目。以硫酸钾产品为主，延伸上下游产业链条，提高全水溶产品比例，开发钾镁肥、水溶肥、速溶镁等新型高效肥料，推进罗布泊盐化工产业高效循环发展。三是打造装备制造产业集群。实现上海泰胜200套/年塔筒项目、金风科技100万千瓦/年风电机组装配项目投产，积极对接远景能源、中船海装、三一重能等装备制造企业，构建风电设备组件、装配、制造、储能等协同发展的新能源装备制造上下游全产业链。

三、综合商贸物流园初步成形

塔东商贸物流园是若羌县商贸物流活动最为活跃的新兴产业聚集园区。综合考虑若羌县通道经济和县域工矿业未来发展需求，若羌县加大资金投入力度，全面保障塔东商贸物流园建设，在物流产业要素聚集方面取得了较好成效。塔东商贸物流园与周边的重大交通通道、重大场站和其他园区形成了结构合理的片区经济发展布局，全面提升了若羌县物流产业的集约化发展水平，为各类商贸物流企业的发展提供了高效的综合物流服务平台，成为若羌县商贸物流产业新的增长点和市场化的物流聚集园区。

塔东商贸物流园规划面积10平方千米（占地15000亩），已完成园区道路、供排水等基础设施建设，初步形成"四横八纵"的道路网络体系。通过制定入园优惠政策，降低水、电运行成本，成功使靖祥新丝路、新疆果业集团、巴州米掌柜等物流、红枣加工企业入驻园区。

四、全县上下形成了做大做强物流产业的共识

"十三五"是若羌县物流产业发展的重要时期，一个重大标志性情况是，全县上下形成了相对统一的物流枢纽城市建设目标和做大做强物流产业的工作思路。

（一）县委县政府高度重视物流产业发展工作

随着若羌县进出疆通道功能的强化、交通枢纽和物流枢纽地位的提高以及一大批重大交通设施项目纳入国家层面的规划，县委县政府充分认识到物流产业对县域经济未来发展的重大支撑价值。早在2013年，若羌县就启动了物流产业发展前期规划研究。2014年起积极申报国家级电子商务进农村综合示范县，2015年入选自治区级电子商务进农村综合示范县。若羌县"十三五"规划将交通物流业发展摆在突出重要位置，明确提出抢抓丝绸之路经济带建设机遇，着力打造南疆区域交通枢纽中心。

（二）启动推进了一大批标志性基础设施项目

县委县政府举全县之力，推动了一大批具有长远发展意义的物流基础设施项目，包括格库铁路项目、G315线高速化改造项目、楼兰机场建设项目、靖祥新丝路物流园项目等。格尔木—成都铁路纳入国家铁路网规划，乌鲁木齐—库尔勒—若羌、若羌—和田高速公路已开工建设，即将形成铁路、公路、航空一体的综合立体交通网络，若羌具备了建成区域性交通枢纽中心和新疆东联西出大通道的条件。这些项目的投资规模之大、辐射范围之广、推动速度之快在县域重大物流基础设施工程建设中实属罕见。这些项目的陆续落成和投入运营将对若羌县物流产业的发展产生十分深远的影响。

（三）邮政快递物流蓬勃发展

随着网购环境的极大改善和人们消费习惯的改变，若羌县的快递产业迎来蓬勃发展的机遇。一系列快递公司的进入以及分支机构的扩大，表明了快递产业的强劲发展趋势。到2022年底，20余家物流快递品牌落户若羌县，快递企

业网点遍布全县 5 个镇 3 个乡。

（四）红枣仓储物流实现了规模化发展

若羌县围绕特色农产品红枣，以县城为中心，先后兴建了一批仓储设施，形成了规模化的冷链仓储物流体系，仓储保鲜容量达到了 6 万多吨的规模。截至 2022 年底，全县拥有国资冷库 1 座，占地面积 15 亩，存储量达 2500 吨。县域内 7 家农产品加工企业及 28 家专业合作社拥有冷库 36 座，其中，大型冷库（1000 吨以上）3 座，中型冷库（100~1000 吨）6 座，小型冷库（100 吨以下）27 座。若羌县红枣冷链仓储物流体系除了满足县域的果蔬产品存储需求之外，还满足了周边区域大量的果蔬仓储需求。

（五）将物流产业打造为新的经济增长点

作为"第三利润源泉"的物流业日益受到各级政府的高度重视，现代物流业已经成为国民经济中的一个重要产业。若羌县的三次产业比重从 2016 年的 35：47.4：17.6 变成为 2022 年的 16.36：68.25：15.39，第二产业上升较为突出，2022 年全县实现社会消费品零售总额 3.5 亿元，对若羌县的经济起到了重要的促进作用，也为物流业的发展提供了很好的产业经济结构支撑。若羌区域商贸物流集散中心的提出，进一步促进物流业成为若羌县新的经济增长点。

第四节　若羌县物流产业发展中存在的问题

若羌县物流产业发展中存在的问题是西部地区各县市存在的普遍性问题，即物流产业发展规模有限、县域经济发展规模有限、城市人口聚集水平不高、物流企业培育壮大进程缓慢等。对于若羌县而言，在较长的时期中，还需要依托国家、自治区和自治州的宏观产业政策等，进一步完善综合交通物流基础设施体系，加快壮大工矿物流发展规模，积极参与基于区位优势的物流分工，为更好地推进区域经济发展做出应有的贡献。

一、需要进一步完善全面有效的多式联运体系

目前，若羌县重大铁路和高速公路基础设施项目处在持续建设阶段，相关重大项目预计于"十四五"末陆续投入使用，因此构建起相对成熟的多式联运体系需要一定的建设周期。此外，物流运输通道与物流节点结合不紧密，不同

的运输方式缺乏有效衔接，尚未形成多种运输方式协调发展的综合运输体系。对于一些重大的铁路和高速公路等物流基础设施项目如何辐射和拉动区域经济发展，如何与沿线地方经济和产业发展有效衔接起来，如何培育若羌县的整体新疆南部通道服务能力等尚缺乏前瞻性的预判和推动机制。总体上，若羌县的经济地理和物流产业发展优势以及重要的物流通道作用尚未充分发挥。

二、需要进一步加强区域发展需求与国家重大部署的对接

尽管新疆南部一批重大交通设施项目纳入了西部大开发规划和国家综合交通运输体系规划，但是对整体物流通道体系的建设尚缺乏系统化的高起点谋划。首先，对一批重大物流基础设施项目建成后对区域经济社会的影响和效益等层面缺乏系统的评价研究。其次，相关重大项目和阶段性项目的后期储备体系需要进一步构建和完善，对此需要对通道长远发展战略和区域发展功能进行较深入的系统性研究。再次，新疆南部物流通道的建设还涉及依托于中巴经济走廊的新能源通道的建设，对此，需要从国家的能源安全战略，石油、天然气等领域大型中央企业的生产力布局以及能源通道沿线区域的能源下游产业发展格局等层面进行系统的规划研究。因此，需要地方发展体系主动对接，积极呼吁，抓住重大战略机遇，最终获得区域发展收益。

三、通道运营体系构建需要一个较长的过程

目前，新疆南部物流通道体系建设的主要主体是政府部门和国有企业，但是物流通道的长远发展需要众多市场主体的有效参与。目前，一些重大项目尚处于建设阶段，尚未相应地构建多层次的企业群体运营体系。当前依托于G315线相对成型的企业群体多为个体型运输企业或中小型物流公司，发展规模普遍偏小。对于整体物流通道的运营体系建设而言，还需要建设与沿线区域的产业体系相互配套的多层次物流配送体系和节点性区域物流基地。从外向型物流行业发展的层面看，也需要有效构建多元化的企业运营体系。新疆南部物流通道要达到通道物流产业系统化运营的水平，还需要一定的发展过程。

四、对于重大项目的区域融资不足成为重要的制约因素之一

新疆南部地区是我国西部地区典型的欠发达地区，区域各地州和县域经济

发展基础普遍薄弱，财力有限。在实施一些重大交通设施项目时，往往涉及地方配套资金的筹措和征地拆迁费用的承担等重大资金支出事宜。而南部通道沿线贫困县域较多，缺乏充足的财政资金投入建设事业。同时，随着国家宏观政策的调整和收紧，地方政府的举债行为越来越受到宏观政策的约束，地方政府的融资问题成为很重要的现实问题。地方配套资金投放不足将进一步制约重大物流基础设施的建设进程和速度。对此，需要从国家区域发展战略和对外通道建设布局的高度进行统筹规划，稳步推进。

第八章 若羌县综合物流体系建设面临的形势

在构建以国内大循环为主体、国内国际双循环相互促进的新发展格局背景下，国家加大了中西部地区的区域协调发展力度，加快推进区域一体化进程和全国统一市场的形成进程。新疆作为国家战略纵深的内陆区域和向西开放的桥头堡，在国家的大力支持下，加大了丝绸之路经济带核心区建设力度，努力建设丝绸之路经济带交通枢纽中心和商贸物流中心，不断挖掘口岸经济带的发展潜力，加快推进能源基地和通道建设。随着以国内大循环为主体、国内国际双循环相互促进的新发展格局加快形成，公路、铁路、航空一体的综合交通网络加快完善，若羌县从全疆相对封闭的区域逐步变成西部内陆地区重要的综合交通枢纽县市之一，展现出相对活跃的区域发展潜力。

第一节 面临的形势

若羌县作为广阔西部地区的一个重要交通物流节点，在其县域综合物流体系的建设过程中，宏观上面临着整体西部地区通道建设的发展布局和线路建设背景。这些宏观背景主要体现在国家对"一带一路"各经济走廊建设的综合建设思路和交通、商贸等重要规划的建设思路层面。在中观层次和微观层次，若羌县作为新疆南疆地区具有较强经济活力的县域，也面临着全疆交通枢纽中心建设和商贸物流中心建设等层面的规划建设背景，其中全疆层面以及南疆地区层面对库尔勒市交通物流功能的定位，对若羌县综合物流体系的建设产生了重要导向影响。

一、西部大通道建设形势

若羌县县域物流面临的西部大通道建设形势主要涉及国内大循环、国内国际双循环发展形势，丝绸之路经济带建设形势，西部陆海新通道建设形势，中巴经济走廊建设形势，中欧班列建设形势，西部大开发建设形势，柴达木—塔里木物流大通道建设形势等若干宏观层面。

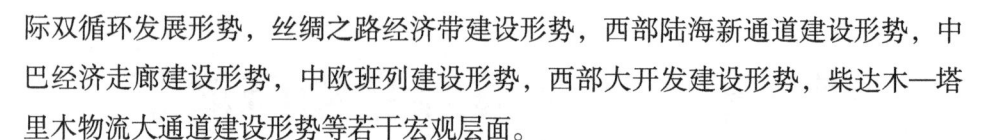

（一）国内大循环、国内国际双循环发展形势

国内大循环、国内国际双循环是我国新发展格局的主要特征之一。在新发展阶段，全球经济体系面临新的调整，国际市场发生深刻变化，地缘政治对全球经济活动的影响和作用进一步显现。国内经济经过长期高速增长的阶段后，稳步进入高质量发展的新阶段。围绕国际、国内经济发展形势，我国提出国内大循环、国内国际双循环发展思路。在国内大循环发展层面，要加大对国内发展潜力的进一步挖掘，增强超大规模市场对产业体系的引导作用。其中，缩小区域发展差距，加快东、中、西部地区经济协调发展成为重要的宏观经济政策方向。这是对国内经济的一个重大结构性调整，以增强产业体系与消费体系的匹配性，同时缩小区域发展层面的差异，促进国内经济的协调性发展。而中西部地区发展潜力的挖掘，将对国内大循环经济体系建设提供重要的区域平台、资源平台和市场平台。在这个层面，国家将全面加大对西部地区基础设施的投资力度和对工矿业等产业的开发投资力度，西部地区将迎来加快发展的重大机遇期。伴随着一些重大互联互通项目的建设和基础设施的改善，西部地区融入全国统一市场的速度将进一步加快，这些对西部地区县市改善综合交通物流条件创造了重要的发展机会。

而国内国际双循环体系建设，也是针对全球市场的变化、地缘经济格局的变化和国际市场开拓领域的调整等提出的重要发展思路。一方面，要继续保持我国"世界工厂"的发展地位，开拓更多潜在的国际市场板块。另一方面，要进一步增强新开辟市场产品需求与国内产业体系，尤其是制造业体系的匹配性。新疆等内陆省区处于向西开放的前沿地带，与中亚、西亚、南亚、欧洲等国际经济板块具有地缘经济关系，可依托国家的双循环体系建设，进一步调整和完善经济结构，进一步改善基础设施条件、外向型产业体系发展条件和营商环境条件，培育国际经济贸易体系，在交通、物流等领域不断提升区域服务能力和产业支撑能力。这些为西部地区县市建设综合交通枢纽或国内、国际层次的陆港型城市提供了重要的发展机遇。

（二）丝绸之路经济带建设形势

"设施互联互通"是"一带一路"建设的五大重点领域之一。针对"设施互联互通"，我国交通运输部曾提出主要开展三方面的工作，包括：通过规划对接，共同推进国际骨干通道建设，提高基础设施的联通性和运输服务保障水平；抓住交通基础设施的关键通道、关键节点和重点工程，逐步形成内畅外联的国际运输大通道；大力推动交通运输企业"走出去"，带动相关产业转型升级。2017年2月，国务院发布《"十三五"现代综合交通运输体系发展规划》，提出构建"一带一路"互联互通开放通道，着力打造丝绸之路经济带国际运输走廊。以新疆为核心区，发挥陕西、甘肃、宁夏、青海的区位优势，连接陆桥和西北北部运输通道，逐步构建经中亚、西亚分别至欧洲、北非的西北国际运输走廊。加快推进丝绸之路经济带核心区建设，需要加快综合交通运输网络建设。丝绸之路经济带南通道起于珠三角经济圈，自广州经长沙、重庆、成都、格尔木，由若羌进入新疆，经和田、喀什，南下至印度洋沿岸的瓜德尔港，是一条极具战略意义的新通道。

国家把实施全方位向西开放战略和推进丝绸之路经济带建设的重心放在新疆，是由其具有的得天独厚、其他省份无可比拟的优势所决定的。丝绸之路经济带南通道由若羌县进入新疆，若羌县是丝绸之路经济带核心区重要的经济节点和交通枢纽。若羌县加强交通基础设施建设和产业转型升级是支撑巴音郭楞蒙古自治州构建丝绸之路经济带重要节点的重要举措。

若羌地处南疆东部，是古丝绸之路南通道必经的商埠重镇，也是丝绸之路经济带南通道上的重要节点城市。从"一带一路"倡议层面看，无论是丝绸之路经济带南通道建设，还是中巴经济走廊运输大通道建设，若羌县都具有不可替代的举足轻重的战略地位。同时，在我国西北地区陕西、甘肃、宁夏、青海等省区的向西开放战略中，若羌县是重要的咽喉区域和西部省区通往中亚、南亚、西亚和欧洲最便捷的国际大通道枢纽。从若羌县在丝绸之路经济带空间布局的地位来看，若羌县的重要作用是：既发挥承接我国西北省区向西开放的桥头堡作用，又担负着连接和建设丝绸之路经济带南通道的重要使命；既是面向国际、国内两大市场的重要载体，又是充分利用国际、国内两大资源的重要聚合点，具有无可比拟的地缘区位优势。为有效推动丝绸之路经济带建设，国家将重点加强交通基础设施建设，提高互联互通水平，同时还将在国内国际多式联运、国内国际民航合作等方面开展相应的工作。这为若羌县新疆南大门综合物流体系的基础设施建设与完善提供了契机。

（三）西部陆海新通道建设形势

西部陆海新通道建设是我国新发展阶段"一带一路"建设的重要内容，也是新时代西部大开发战略的重要组成部分。同时，它也体现了全力构建以国内大循环为主体、国内国际双循环相互促进的新发展格局的要求和建设全国统一市场的政策要求。西部陆海新通道建设一方面致力于全面完善与东盟等新兴国际经济板块互联互通的基础，另一方面基于国家的战略需求给西部地区各省区市的基础设施建设指明了工作方向。近年来，国家有关部门出台了《西部陆海新通道总体规划》《"十四五"推进西部陆海新通道高质量建设实施方案》等指导性工作规划和意见，有力推动了西部各省区市的陆海新通道建设工作。目前，西部陆海新通道建设稳步推进，取得了一定的阶段性建设成果。主要分西南和西北两个方向的工作，其中西南方向的工作涉及重庆、四川、广西、贵州、云南等省区市多一些，西北方向的工作涉及新疆多一些。

在西南方向工作层面，重庆、四川等省市全面抓住西部陆海新通道建设的机遇，积极对接广西等省区开辟面向海路的通道。主要建设布局为：建设自重庆经贵阳、南宁至北部湾出海口（北部湾港、洋浦港），自重庆经怀化、柳州至北部湾出海口，以及自成都经泸州（宜宾）、百色至北部湾出海口三条通路，共同形成西部陆海新通道的主通道。[1] 目前，该通道沿线的省区市都启动了相应的工作动员部署，相关具体的铁路、港口等建设项目基本纳入国家相关部委的项目库和相关中央企业的建设项目库中。各地方政府正积极、主动、紧锣密鼓地推进新通道的建设工作，加强了省区市间相关的政策研究和项目研究等工作。[2] 近期西南方向跨境通道建设的一个重要亮点是中老铁路的开通。中老铁路是连接中国云南省昆明市与老挝万象市的电气化铁路，全长1035千米，于2021年12月3日全线通车。中老铁路自开通以来，货物运输量逐月攀升，截至2022年11月7日，累计运输货物已突破1000万吨。截至2022年11月，国内已有25个省份先后开行了中老铁路跨境货运列车，货物运输已覆盖老挝、泰

---

[1] 《西部陆海新通道总体规划》，国家发展改革委网站，2019年8月15日。

[2] 新疆社会科学院课题组于2022年8月3日至9日对重庆市、云南省进行了为期一周的现代物流专题调研，切身感受到了通道建设工作氛围。

国、缅甸、马来西亚、柬埔寨、新加坡等国家。[1]由于西南方向通道建设针对的是东盟、东南亚等活跃的全球性经济板块，因此，该方向通道的建设潜力较大，将进一步强化沿线区域的经济联系，对西部大开发事业能够提供新的动力。

在西北方向工作层面，中欧班列的快速发展、新疆丝绸之路经济带核心区建设的稳步推进、中吉乌铁路建设的开启成为基本的工作亮点。一是中欧班列发展迅猛，有力拉动了我国向西经济贸易的发展。新冠疫情发生以来，中欧班列发挥比海运快、比空运量大、连续稳定规模化运行的独特优势，及时承接海运、空运转移货物，为保障我国国际物流供应链安全稳定发挥了巨大作用。西安、重庆、成都、郑州和乌鲁木齐五大集结中心充分发挥各自的优势，通过合作、联盟等多种途径组织货源，增强集聚辐射带动能力，实现了开行量、重载率的全面提升。截至2021年底，中欧班列累计开行4.9万列，运输货物443.2万标准箱，通达欧洲23个国家180个城市，物流服务网络覆盖亚欧大陆全境，成为沿线国家广泛认同的国际公共物流产品。[2]二是新疆加大丝绸之路经济带核心区建设力度，稳步推动"一港、两区、五大中心、口岸经济带"布局建设。[3]乌鲁木齐至其他省区的高速铁路实现与全国联网；全疆14个地（州、市）实现铁路通达；库尔勒至格尔木铁路、和田至若羌铁路全线贯通；连霍高速公路西延工程建成通车，新疆至欧洲实现全程高速；与周边国家开通双边国际道路运输线路118条；实现"中欧卡车特快专线"双向TIR运输和跨境电商TIR国际公路出口运输。[4]三是中吉乌铁路建设工作进入正式开启阶段，有望开辟中欧班列南向通道。中吉乌铁路全长约523千米，其中中国境内213千米，吉尔吉斯斯坦境内260千米，乌兹别克斯坦境内约50千米。中吉双方在2022年2月发布的联合声明中称，中吉乌铁路的建设将成为全面挖掘中亚地区过境运输潜力

---

[1] 曾智慧、刘怡、蔡树菁：《中老铁路累计运输货物突破1000万吨》，人民网，2022年11月9日。

[2] 推进"一带一路"建设领导小组办公室、中国国家铁路集团有限公司：《中欧班列发展报告（2021）》，2022年8月18日。

[3] "一港"是指乌鲁木齐国际陆路港，"两区"是指霍尔果斯经济开发区、喀什经济开发区，"五大中心"是指在新疆向西的陆路通道上建设交通枢纽中心、商贸物流中心、文化科教中心、区域金融中心，以及覆盖中亚的医疗服务中心。

[4] 石鑫：《为共建"一带一路"提供新疆实践——新疆推动丝绸之路经济带核心区建设纪实》，人民网，2021年6月9日。

的重要一步和推动"一带一路"建设的重要一环。[①]

西部陆海新通道要成为促进陆海内外联动、东西双向互济的桥梁和纽带，还需要全面加大多元化通道的建设力度，尤其是西北方向陆海新通道的建设力度。一是全面完善丝绸之路经济带核心区——新疆的疆内通道基础设施体系。加快若羌—罗布泊铁路和伊宁—阿克苏铁路建设，完善北疆环准噶尔盆地铁路圈建设；加快新疆各地州与所辖县市之间的高速公路体系建设，完善西宁至和田高速公路建设；建设基于昆仑山北坡的中巴经济走廊能源通道，将其连接至青海西宁，打造我国西部新兴能源产业带。二是着力推进基于各经济走廊的通道体系规划研究。依托新疆加强中国—中亚—西亚经济走廊、中巴经济走廊、中蒙俄经济走廊物流通道国内段和国际段的战略规划研究，开辟由新疆通往周边国家和地区的多条综合物流通道，从丝绸之路经济带国际物流通道建设战略层面，论证提出能够纳入国家重大规划的陆海新通道项目建议。

（四）中巴经济走廊建设形势

中巴经济走廊起点在我国西部地区，终点在巴基斯坦瓜德尔港，北接丝绸之路经济带、南连21世纪海上丝绸之路，是贯通南北丝路的关键枢纽，是一条包括公路、铁路、油气和光缆通道在内的贸易走廊，也是"一带一路"的重要组成部分。基于中巴两国的传统友好合作关系，中巴经济走廊建设处在稳步推进的过程中，或者说处在基础设施基本建设的阶段。中巴经济走廊的可持续建设和发展，将对我国西部省区市的经济贸易合作，尤其是对新疆南部地区的经济贸易发展产生一定的积极促进作用。而基于格尔木—库尔勒铁路的铁路通道建设和基于315国道的高速公路体系建设，也将对中巴经济走廊物流通道体系建设产生积极的推进作用。

中巴经济走廊是整个丝绸之路经济带的重要构成部分和突破口，而新疆南部大通道是中巴经济走廊的核心通道。目前中巴经济走廊正处于基本建设阶段，瓜德尔港等港口建设取得一定进展，港口也进入基本运营的阶段，巴基斯坦境内正在建设通往瓜德尔港的多元化公路通道体系。预计"十五五"或"十六五"期间，中巴高速公路或将全面贯通。这项互联互通项目的落成，将充分畅通中

[①] 白波：《中吉乌铁路启动建设进程！中方首批专家团队已抵吉尔吉斯斯坦》，北京日报客户端，2022年7月30日。

巴经济走廊的物流通道,全面构建高效运行的跨境陆地干线框架,为中巴两国间物流产业跨越式发展创造历史性机遇。我国中西部地区的大量商品和货物将依托该通道涌向瓜德尔港,最终通往南亚、西亚、欧洲和非洲大市场。同时,中东地区的能源产品也将通过瓜德尔港上岸,直通我国中西部地区,形成双向物流的规模化发展。总之,主要公路和铁路动脉的形成,将充分激活中巴之间经济贸易和物流产业的发展潜力,全面完善丝绸之路经济带陆上物流通道的骨干框架,全面拉近中国市场与欧洲市场的对接距离,全面压缩物流市场运行时间,全面加速跨境、跨洲物流的跨越式发展。随着中巴互联互通设施的有效构建,两国之间的产业投资和贸易合作将进一步深入,商贸物流业迎来跨越式发展机遇,对新疆南部大通道建设的层次和格局将产生深远的影响。

(五)中欧班列建设形势

中欧班列(CHINA RAILWAY Express,缩写 CR Express)是由中国铁路总公司组织,按照固定车次、线路、班期和全程运行时刻开行,运行于中国与欧洲以及"一带一路"共建国家间的集装箱等铁路国际联运列车,是深化我国与共建国家经贸合作的重要载体和推进"一带一路"建设的重要抓手。目前,依托西伯利亚大陆桥和新亚欧大陆桥,已初步形成西、中、东三条中欧班列运输通道。随着"一带一路"建设的不断推进,我国与欧洲及共建国家的经贸往来发展迅速,物流需求旺盛,贸易通道和贸易方式不断丰富和完善,为中欧班列带来了难得的发展机遇,也对中欧班列建设提出了新的更高要求。《中欧班列建设发展规划(2016—2020年)》指出,到2020年,基本形成布局合理、设施完善、运量稳定、便捷高效、安全畅通的中欧班列综合服务体系。中欧铁路运输通道基本完善,中欧班列枢纽节点基本建成,货运集聚效应初显;中欧班列年开行5000列左右,回程班列运量明显提高,国际邮件业务常态化开展;方便快捷、安全高效、绿色环保的全程物流服务平台基本建成,品牌影响力大幅提升;通关便利化水平大幅提升,"单一窗口"模式基本实现全线覆盖。中欧班列通道不仅连通欧洲及共建国家,也连通东亚、东南亚及其他地区;不仅是铁路通道,也是多式联运走廊。

经过多年的探索发展,中欧班列已步入高质量发展轨道,成为便利快捷、安全稳定、绿色经济的新型国际运输组织方式,也成为中国参与全球开放合作、高质量共建"一带一路"的生动实践。随着中欧班列的快速发展,到2023年6

月，我国境内已开辟中欧班列运行线 86 条，联通我国境内的 112 个城市，通达欧洲 25 个国家和地区的 200 多个城市，以及沿线 11 个亚洲国家和地区的 100 多个城市。

中欧班列的起源涉及成渝地区商品与欧洲市场之间的对接需求，因而最早开辟了从重庆通往欧洲的班列。按照国家的铁路网规划，将进一步延伸库尔勒—格尔木铁路，建设格尔木—成都铁路，充分实现成渝地区与欧洲市场的高效对接。成渝地区约有 1.2 亿人口，制造业发达，与欧洲市场具有较强的互补性。格尔木—成都铁路畅通后，我国将形成从成渝地区直达欧洲市场的相对短距离的第三条亚欧大陆桥，相比第二条亚欧大陆桥更具竞争意义和区域发展意义。处在第三亚欧大陆桥枢纽节点的若羌将迎来更加有利的国际班列发展机遇。

（六）西部大开发建设形势

《西部大开发"十三五"规划》按照主体功能定位、现有发展基础和资源环境承载能力，以"一带一路"建设、京津冀协同发展、长江经济带发展为引领，以重要交通走廊和中心城市为依托，着力培育若干带动区域协调协同发展的增长极，构建以陆桥通道西段、京藏通道西段、长江—川藏通道西段、沪昆通道西段、珠江—西江通道西段为五条横轴，以包昆通道、呼（和浩特）南（宁）通道为两条纵轴，以沿边重点地区为一环的"五横两纵一环"西部开发总体空间格局。

《西部大开发"十三五"规划》以推进"一带一路"建设为统领，充分发挥西部各省（区、市）比较优势，围绕政策沟通、设施联通、贸易畅通、资金融通、民心相通，加快推进中蒙俄、新亚欧大陆桥、中国—中亚—西亚、中国—中南半岛、中巴、孟中印缅等国际经济走廊境内段建设，提升对西部地区开发开放的支撑能力。加快构建联通内外、安全高效的跨境基础设施网络，稳步拓展内陆无水港体系。提升重点省会城市国际化水平和辐射带动能力，打造西部地区对外开放重要门户和枢纽。

2021 年 6 月 21 日，国务院西部地区开发领导小组会议讨论通过《西部大开发"十四五"实施方案》。[①]"十四五"时期，加快形成西部大开发新格局，必须立足新发展阶段、贯彻新发展理念、构建新发展格局，充分发挥比较优势，

---

① 《西部大开发"十四五"实施方案解读》，经济形势报告网，2021 年 7 月 22 日。

推动西部地区高质量发展。《西部大开发"十四五"实施方案》围绕构建双循环新发展格局和扩大对内对外开放两大层面,提出了一些重点工作思路和要求。

在扩大国内市场,构建双循环新发展格局层面:一是培育市场主体,优化营商环境。深化"放管服"改革,加快建设服务型政府。落实全国统一的市场准入负面清单制度,推动"非禁即入"普遍落实。推行政务服务"最多跑一次"和企业投资项目承诺制改革,大幅压缩工程建设项目审批时间。落实减税降费各项政策措施,着力降低物流、用能等费用。实施"双随机、一公开"监管,对新技术、新业态、新模式实行审慎包容监管,提高监管效能,防止任意检查、执法扰民。强化竞争政策的基础性地位,进一步落实公平竞争审查制度,加快清理废除妨碍统一市场和公平竞争的各种规定和做法,持续深入开展不正当竞争行为治理,形成优化营商环境长效机制。二是推动大众创业、万众创新,激发企业主体活力。深入推进大众创业、万众创新,促进西部地区创新创业高质量发展,打造"双创"升级版。坚持创业带动就业,适应劳动力供求关系深度调整、就业方式更加多元、市场灵活性增强等新形势,进一步推进"双创",培育更多充满活力、持续稳定经营的市场主体,特别是促进高校毕业生、农民工等重点群体多渠道创业就业,增强中小微企业吸纳就业能力。营造更优"双创"发展生态,破除不合理障碍,促进大中小企业融通创新,鼓励产业链中占主导地位的"链主"企业发挥引领支撑作用,开放市场、创新、资金等要素资源,建设集研发、孵化、投资等于一体的创业创新培育中心,促进更多"专精特新"、"小巨人"、制造业单项冠军等中小企业成长壮大。强化公正监管,反对不正当竞争,保护中小微企业和个体工商户合法权益。强化创业创新政策激励,落实好税收减免、研发费用加计扣除、增值税增量留抵退税等政策。拓展"双创"融资渠道,加大普惠金融力度,鼓励社会资本以市场化方式设立创业投资引导基金。推进灵活就业人员参加住房公积金制度试点。吸引更多人才来西部地区创业,支持有条件的"双创"示范基地向国际化发展。三是拓展数字经济场景,便利消费渠道。推动数字产业化,加快大数据、云计算、人工智能、物联网、软件服务、集成电路、智能硬件等重点产业培育发展,打造一批具有全国影响力的数字产业集群。促进产业数字化,推动数字技术在传统产业深度应用,全面提升制造业、建筑业、农业和服务业数字化水平。强化数字化治理,加强数字社会、数字政府、数字孪生城市等建设,提升公共服务、社会治理等数字化、智能化水平。四是布局国际性消费中心，优化消费能级。引导企业增加优质商品和服务供给；发展品牌经济，吸引国内外知名品牌新品首发；加快培育和发展服务消费产业。打造一批具有较强国际影响力的新型消费商圈，推进智慧商圈建设；加快商业街提档升级，重点开展步行街改造提升工作。推动实体商业转型升级，打造一批商旅文体联动示范项目；促进传统百货店、大型体育场馆、闲置工业厂区向消费体验中心、休闲娱乐中心、文化时尚中心等新型发展载体转变。培育发展一批国际产品和服务消费新平台；鼓励国内外重要消费品牌发布新产品、新服务；促进时尚、创意等文化产业新业态发展。开展城市环境美化建设，提高服务质量和水平；完善便捷高效的立体交通网络；建立健全高效物流配送体系；健全市场监管和消费维权体系。制定完善促进消费相关政策，提升城市消费竞争力。

在对接国家开放战略，扩大对内对外开放层面：一是依托陆海新通道。按照《西部陆海新通道总体规划》建设目标和重点任务，稳步推进西部陆海新通道建设。统筹各种运输方式，围绕建设大能力主通道和衔接国际运输通道，进一步强化铁路、公路等交通基础设施，提升沿海港口功能，着力构建完善的交通走廊。结合腹地经济条件、区位特点和发展需求，优化物流枢纽布局，推动物流设施整合，提高信息化水平，打造现代化物流枢纽体系，推进通道物流规模化组织、区域化集散、专业化服务和网络化运行。充分发挥铁路长距离干线运输优势，加强通道物流组织模式创新，扩大开行铁路班列，积极开拓沿海港口近远洋航线，大力发展多式联运，鼓励发展物流新模式、新业态，推进通关便利化，提高通道物流质量、效益和竞争力。发挥通道对沿线经济发展的带动作用，促进区域产业结构优化升级，支持重要节点加快培育枢纽经济，优化改善营商环境，打造高品质陆海联动经济走廊，实现要素资源高效集聚与流动。进一步发挥中新互联互通项目示范作用，加强与周边国家协商合作，持续放宽外资准入，改善外商投资环境，带动相关国家共商共建共享国际陆海贸易新通道，提升我国西部地区与东南亚地区的互联互通水平。二是联通"一带一路"共建国家。支持新疆加快丝绸之路经济带核心区建设，形成西向交通枢纽和商贸物流、文化科教、医疗服务中心。支持重庆、四川、陕西发挥综合优势，打造内陆开放高地和开发开放枢纽。支持甘肃、陕西充分发掘历史文化优势，发挥丝绸之路经济带重要通道、节点作用。支持贵州、青海深化国内外生态合作，推动绿色丝绸之路建设。支持内蒙古深度参与中蒙俄经济走廊建设。提升云南与澜沧江—湄公河区域开放合作水平。三是确保能源通道安全。以新疆为战略支撑，探索建立中—蒙、中—吉、中—塔等西北能源运输进口通道。以西南省份为支点，沟通缅甸、巴基斯坦等邻国，以"海运+路上管网"模式，进口中东、北非等地区的石油资源，构建西南能源运输进口通道。

我国西部大开发事业进入新的发展阶段，其战略方向不仅聚焦于"一带一路"倡议，而且更趋向于西部地区各省区市之间的互联互通建设和特色产业基地建设。在这种背景下，新疆南部大通道与西部地区青海、甘肃、四川之间的通道联系将进一步强化，特色产业分工和配置体系将进一步优化，商贸物流业蕴藏着重大发展机遇。伴随着一批重大铁路、高速公路和机场项目的有效推进和落地，西部地区省区市间的区域经济联系将进一步强化，一体化发展水平将进一步提高，通道运营能力将进一步提升。

（七）柴达木—塔里木物流大通道建设形势

柴达木—塔里木物流大通道（以下简称柴塔物流大通道）是我国西部地区青海省柴达木盆地和新疆南部塔里木盆地相互连接的重大通道，有助于增强青海与新疆的经济联系，支撑丝绸之路经济带南通道、中巴经济走廊，以及自成都至库尔勒、霍尔果斯的第三亚欧大陆桥通道的建设。柴塔物流大通道直接连接的标志性工程有三个：一是格尔木—库尔勒铁路建设，二是315国道高速公路建设，三是若羌—喀什铁路建设；间接延伸的重点工程有两个：一是格尔木—敦煌铁路建设，二是若羌—哈密铁路建设；外延扩大的重要工程有三个：一是格尔木—成都铁路建设，二是库尔勒—霍尔果斯铁路建设，三是从喀什延伸的中吉乌铁路建设。依托铁路和高速公路基础设施，目前，柴塔物流大通道已经初步形成通道运行框架，其中格尔木—库尔勒铁路正式通车后，快速进入了改扩建的发展阶段。此外，从长远看，柴塔物流大通道还与青海至西藏的铁路、新疆至西藏的铁路等铁路建设密切相关。从以上复杂的交通基础设施通道联系看，柴塔物流大通道具有重要的区域核心通道支撑功能，其中，格尔木、若羌、库尔勒、喀什等城市是柴塔物流大通道中的重点枢纽城市。目前，所讨论的一些铁路通道建设有的处在规划推进阶段，有的处在可行性研究阶段等。

柴塔物流大通道是新疆和青海之间的重要省级进出通道之一，是新疆东南部的主要骨干通道，也是新疆通道经济新的增长线之一。柴塔物流大通道的建设，给新疆的区域经济发展带来了重要的结构性影响，尤其是增强了新疆与中部、西部地区的经济联系，并将对未来中巴经济走廊体系建设、中国—中亚—西亚经济走廊体系建设、成渝地区至中亚的第三亚欧大陆桥通道体系建设产生深远的影响。格库铁路建成通车后，从青海格尔木到新疆库尔勒的时间将由原来的26小时缩减至12小时，为新疆和青海经济发展注入新的活力。格库铁路是国家综合交通运输通道的组成部分，上承伊库铁路，下启成格铁路，是新疆地区又一条通往内地的铁路线路。随着铁路的建成，格尔木和若羌将成为新的交通核心，青海省也能够成为新欧亚大陆桥的交通枢纽之一，形成了北、中、南三大铁路交通要道，并由线编织成网，形成了西部大交通格局。柴塔物流大通道拉近了时空距离，促进了东西部贸易往来，为西部地区经济发展带来了新的机遇，被称为解决西部地区贫困问题的黄金线路之一。若羌县正处于柴塔物流大通道的核心枢纽区域，对未来柴塔物流大通道的升级转型将产生绝对的区域支撑作用或者枢纽城市作用。

二、若羌在全疆战略地位提升的机遇

近年来，新疆大力发展商贸物流产业，加强物流基础设施、内陆港和口岸建设，完善城乡市场网络，大力推动丝绸之路经济带核心区商贸物流中心建设，商贸流通现代化水平明显提高。《新疆维吾尔自治区商务发展"十四五"规划》《丝绸之路经济带核心区商贸物流中心建设规划（2016—2030年）》《新疆维吾尔自治区现代物流业"十四五"发展规划》等多个规划相继出台，明确了核心区商贸物流中心建设的发展战略和目标、空间布局、体系建设、重点工程、保障措施等。

日益凸显的战略区位优势为若羌县物流业带来重要发展机遇。国务院《"十三五"现代综合交通运输体系发展规划》将若羌定位为全国"十纵十横"横向综合运输通道厦门至喀什运输通道上的节点城市；国家发展改革委《西部大开发"十三五"规划》明确将若羌定位为"五横两纵一环"西部开发总体空间格局"五横"中的陆桥通道西段节点城市；《新疆维吾尔自治区物流业"十三五"发展规划》确定了"1+4+10+N"物流节点城市布局，将若羌定位为二级节点城市；《新疆维吾尔自治区推动交通物流融合发展实施方案》将若羌定位为地州级综合交通物流枢纽，明确若羌为东西向"国际物流南通道"、南北向

"疆内物流东通道"的节点城市。目前楼兰机场已建成通航，格库铁路建成通车，和田—若羌铁路以及依吞布拉克—若羌—民丰、尉犁—35团—若羌高速公路也相继建成，作为丝绸之路经济带核心区的重要节点，若羌东联内地，西接喀什、和田的中转中心的战略区位优势日益凸显，即将形成铁路、公路、航空一体的综合立体交通网络，建设新疆南部大通道物流枢纽的条件日趋成熟，这些宏观利好将有力保障若羌县物流业的可持续发展。

新疆确定了以农村公路、支线铁路、支线航道、邮政等为主体，以通用航空为补充，构建覆盖空间大、通达程度深、惠及面广的综合交通基础服务网络。其中，在空间布局中若羌县被确定为三级交换枢纽，作用为对接二级交换枢纽，承担各自区域内的交换功能。2019年，新疆被确定为国家交通强国建设试点地区之一。新疆积极响应交通强国战略，发布关于贯彻落实《交通强国建设纲要》的实施方案，按照交通强国建设试点任务要求，重点在互联互通综合运输大通道建设、综合交通一体化枢纽建设、交通运输高水平对外开放、交通和旅游融合发展四个方面先行先试。结合国家、自治区"十四五"时期的战略部署，若羌县主要落地建设了一大批项目，实现格库铁路通车运营，城西新区至楼兰机场道路建成投用，35团至若羌、依吞布拉克至若羌、若羌至民丰高速公路加快建成，白干湖钨锡、吐格曼锂铍、英格里克硅石等优势资源聚集区通达道路开工，并积极推进楼兰机场改扩建前期工作。

（一）丝绸之路经济带核心区建设行动计划

2015年3月，经国务院授权，国家发展改革委、外交部、商务部三部委联合发布《推动共建丝绸之路经济带和21世纪海上丝绸之路的愿景与行动》，明确提出"发挥新疆独特的区位优势和向西开放重要窗口作用，深化与中亚、南亚、西亚等国家交流合作，形成丝绸之路经济带上重要的交通枢纽、商贸物流和文化科教中心，打造丝绸之路经济带核心区"。新疆作为丝绸之路经济带核心区，承担着全新的国家使命，已经成为我国面向中亚、西亚、南亚及欧洲开放的前沿，将为加强与"一带一路"共建国家和地区贸易往来、人员交流、产业合作、信息沟通以及建立紧密的经济联系提供强有力的支撑和保障，其中物流业是重要的基础性和战略性产业。

新疆曾印发实施了《推进新疆丝绸之路经济带核心区建设的实施意见》和《推进新疆丝绸之路经济带核心区建设行动计划（2014—2020年）》。新疆以新亚欧大陆桥经济走廊和中国—中亚—西亚经济走廊为纽带，围绕丝绸之路经济带核心区战略目标，开展了"三基地、三通道、五大中心、十大进出口产业集聚区"等方面的建设。在交通运输方面，自治区强化乌鲁木齐的交通枢纽地位，加强了二级枢纽节点建设，使疆内形成了环塔里木盆地、准噶尔盆地的综合交通运输网络，对外构建了东联西出的综合交通战略布局，力求把新疆由国家交通网络末端建成中国西部高速大通道和交通枢纽中心。

交通枢纽中心建设和商贸物流中心建设是新疆所有产业聚集区建设和基地通道建设的重要衔接载体，产业联动效应十分突出，辐射到所有战略性目标的实施和落地，也是所有重大发展项目有效运行的必要前提。因此，新疆的交通运输业和商贸物流业迫切需要率先发展起来，为其他各大中心建设和基地通道建设搭建好平台基础和融合发展基础。可以预见，在未来连接我国西部与中西亚各国的交通大通道的建设中，新疆南大门——若羌县将承担更加重要的历史责任，在促进区域经济联动发展中将发挥更加重要的作用。

（二）丝绸之路经济带核心区交通枢纽中心建设规划

新疆《丝绸之路经济带核心区交通枢纽中心建设规划（2016—2030年》指出，到2030年，新疆将基本建成丝绸之路经济带核心区交通枢纽中心体系，全面建成畅通周边国家、通达全国、贯通天山南北的高效综合交通走廊，全面建成较为完善的"四层级"综合交通枢纽体系，新疆"亚欧交通枢纽中心"地位和作用充分体现，引领丝绸之路经济带核心区经济社会发展和全方位对外开放。

截至2022年底，新疆铁路骨干网基本建成，覆盖所有地州行政中心及75%以上的市县；公路网通车里程达到20万千米，其中高速公路里程1万千米、二级及以上公路里程2.5万千米，实现县县通高速、乡乡通油路、村村通硬化路，各县城（团场）及重要公路边境口岸全部实现二级以上公路连接；建成民用机场28个以上，建成一批通用机场，形成干支结合的机场格局。初步建成国际性、全国性、区域性、地区性"四层级"的综合交通枢纽体系，包括乌鲁木齐、喀什两个国际性综合交通枢纽，伊宁、哈密、库尔勒、克拉玛依、阿勒泰五个国家级综合交通枢纽，其他若干区域级、地区级综合交通枢纽。初步建成新疆联通哈萨克斯坦、巴基斯坦两个国家的丝绸之路经济带北、中、南三条综合运输通道。

若羌县作为《丝绸之路经济带核心区交通枢纽中心建设规划（2016—2030

年》提出的全疆七个区域级枢纽之一，依托南疆铁路以及新疆南部出疆通道的建设，从区域性网络完善的角度，前瞻性谋划若羌区域级综合交通枢纽发展，形成中转型货物处理中心。

（三）丝绸之路经济带核心区商贸物流中心建设规划

新疆《丝绸之路经济带核心区商贸物流中心建设规划（2016—2030年）》指出，要围绕商贸物流中心承载的双向开放、产业集聚创新和城乡生活保障三大功能，按照既适应核心区经济发展现实基础，又满足未来产业分工和商贸物流需求增长要求，根据区域规划、资源环境、交通条件、产业布局、商品流向，形成"一核九区多节点"商贸物流中心空间布局，通过合理定位与分工协作，构建重点突出、层级清晰、功能完整、特色鲜明的商贸物流空间架构。到2025年，基本形成国际商品展示贸易和现代物流枢纽组织融合联动发展大格局，进一步拓展与中亚、南亚、西亚和欧洲等地区的贸易合作，区域贸易投资自由化和便利化加快推进，初步建成丝绸之路经济带核心区商贸物流中心，影响力和集聚辐射作用得到凸显。建成30个商贸物流产业园区和战略性大项目。建成以大型商贸市场群、能源资源及大宗商品交易中心和跨境电商服务基地为核心，线上线下融合发展的双向开放的国际商品展示交易中心。建成以国际货运班列集散中转中心为核心、以国际航空门户枢纽转运中心为引领、以覆盖全疆和连接内地的陆路运输体系为支撑的国际综合物流组织运营平台和网络。以铁路建设为突破口，建成中巴经济走廊，实现通往印度洋的大通道基本畅通，初步形成通往周边国家的高效便捷的运输体系。

到2030年，商贸物流产业的先导性、支撑性作用得到充分展现。丝绸之路经济带安全高效的陆海空通道网络基本形成，互联互通达到新水平；区域合作向纵深发展，高标准自由贸易区网络基本形成，经济联系更加紧密，建成丝绸之路经济带核心区商贸物流中心。

丝绸之路经济带南通道是新疆密切联系青海、川渝及珠三角城镇群的便捷通道，通过吐尔尕特口岸、伊尔克什坦口岸对接中国—中亚—西亚经济走廊，是通往中亚、西亚、地中海和印度洋地区最顺直的陆路运输通道。若羌县作为自治区商贸物流业发展布局中的三级节点，以格库铁路（格尔木—库尔勒）和南通道哈密—罗中—若羌—民丰—和田—喀什—红其拉甫铁路中转为基础，结合公铁联运枢纽建设，重点发展货物中转集散业务，打造区域物流集散中心，在西部地区商贸物流市场一体化发展进程、东西区域物流联动发展和多式联运体系建设进程中发挥更加重要的区域支撑作用。同时，作为南疆的重要支点城市，在全疆商贸物流及相关产业的发展和建设方面，若羌承担着重要的历史使命。新疆建设国际物流枢纽，需要若羌借助南部门户地理优势融入内陆腹地，提供相关的支持；若羌位于新疆南部，与甘肃、青海对接，直接辐射贵州、四川等内陆腹地；若羌物流产业的建设和发展，是新疆国际物流枢纽建设的重要支撑，也是新疆整体建设丝绸之路经济带互联互通重要节点的重要组成部分和有力支撑。

三、环塔里木经济带建设形势

新疆一盘棋，南疆是"棋眼"。"棋眼"是一盘棋的突破口和关键点。对弈时，一旦占据"棋眼"，就会赢得主动和先机。"棋眼"活，全盘皆活。"棋眼"之定位，彰显南疆之重要。2023年5月，新疆维吾尔自治区党委十届八次全会审议通过《中共新疆维吾尔自治区委员会 新疆维吾尔自治区人民政府关于促进南疆高质量发展的若干政策措施》，提出了建设"南疆环塔里木经济带"的战略构想。环塔里木经济带区域发展战略是继天山北坡经济带发展战略后，又一围绕新疆区域协调发展的重大安排部署，是新疆区域发展理念的进一步丰富和发展。在该框架之下，从宏观政策层面，可将南疆区域的重大基础设施建设、互联互通建设、产业体系建设等纳入自治区或国家的专项项目库中，从而增强南疆区域的投资力度和产业发展环境的改善力度。

综合物流基础设施体系是完善环塔里木经济带发展布局的关键支撑要素。要促进南疆高质量发展，首先要全面构建支撑环塔里木经济带运行的现代化物流交通基础设施体系，实现环塔里木经济带的内部通达性和外部互联互通性，构建环塔里木经济带互联互通新发展格局以及南疆区域经济融合发展新格局。环塔里木经济带综合物流基础设施体系的建设涉及经济带内部互联互通体系的建设、与北疆和我国西部地区省区市之间互联互通体系的建设以及与周边国家或地区之间外向型互联互通体系的建设三大层面。在这种背景下，南疆地区各县市都将在综合物流基础设施体系项目的设计、规划、实施等方面获得更多支持机会。而若羌县在环塔里木经济带与我国青海、甘肃、西藏等邻近省区的互联互通建设、与新疆东疆区域的互联互通建设等层面，具有重要的地理区位优势和区域服务功能。同时，从若羌至喀什的跨沙漠公路体系的建设，也对增强整体南疆区域与我国中西部地区的经济联系具有重要的支撑作用，能够提高中西部地区与南疆地区的双向货物流通效率。另外，一旦规划讨论中的中吉乌铁路建成联通，那又可开辟一条我国成渝地区到中亚、西亚地区的新兴中欧班列通道，这对我国向西开放通道格局将产生重要的影响。其中，若羌县的区域交通支点功能和层次也将得到进一步提升。

在环塔里木经济带建设的背景下，若羌县县域物流的发展与周边县市区域物流的发展存在着一定的竞争关系。一方面，虽然若羌县处于南疆往东的出疆咽喉区域，但是与周边县市的地理距离还比较远，周边缺乏经济辐射功能较大的城市群体。南疆较大的城市库尔勒市也与若羌县有近450千米的距离。对此，若羌县必须从自身城市规模扩大的视角进行思考和谋划，这样才能提升县域物流发展的竞争力。另一方面，在环塔里木经济带中，像库尔勒市、库车市、阿克苏市、喀什市、莎车县、焉耆县、墨玉县、和田市等都是物流产业竞争力较强的县市。这些县市也在加大自身在丝绸之路经济带南通道、中巴经济走廊物流通道以及环塔里木经济带框架下的商贸物流体系规划建设力度，从而形成一定范围的区域竞争。在物流园区的建设、交通场站的建设、商贸市场的建设、物流企业的招商引资和培育等方面，若羌县与周边县市、兵团团场之间也存在一些同质化建设问题。在大举发展物流产业之际，各地州市、县市区甚至乡镇都掀起了一股物流建设热潮，分享这一机会与政策红利，而且出现了地、州、市之间与县、市、区之间的激烈竞争：抢概念、抢项目、抢投资、抢规划，在不同的区域管辖范围的临界竞争中，甚至出现同类项目的重复规划、重复投资、重复建设，使得产业的竞争加剧。同时，由于区域资源、市场等的同质化发展，也导致同质化竞争越来越激烈。在商贸货物和物流资源有限的条件下，县市之间的竞争态势也是比较激烈的。对此，需要若羌县合理、科学地分析自身的优势和潜力，积极探索符合自身县域经济发展条件和区域服务功能的综合物流体系建设路径。

四、现代物流产业自我转型升级形势

新一代信息技术为区域产业建设提供了技术支持。《国务院关于加快培育和发展战略性新兴产业的决定》中列出了七大国家战略性新兴产业体系，其中包括新一代信息技术产业。关于发展新一代信息技术产业的主要内容是："加快建设宽带、泛在、融合、安全的信息网络基础设施，推动新一代移动通信、下一代互联网核心设备和智能终端的研发及产业化，加快推进三网融合，促进物联网、云计算的研发和示范应用。着力发展集成电路、新型显示、高端软件、高端服务器等核心基础产业。提升软件服务、网络增值服务等信息服务能力，加快重要基础设施智能化改造。大力发展数字虚拟等技术，促进文化创意产业发展。"

信息技术的广泛应用增强了现代物流业的发展动力。智能化物流仓储设施和电子分拨中心的建设，以及物联网、无线射频识别、配送线路优化等技术的广泛采用，有助于物流企业降低物流成本，提高生产效率，提升社会物流服务能力，增强企业核心竞争力。信息技术的发展有助于有实力的物流企业搭建物流信息交易平台，实现物流信息的发布与共享，并扩展到金融服务等领域，加快第三方物流和供应链的发展。

新一代信息技术的发展，使物联网、物流与供应链管理具备了技术支持基础，包括条形码、电子标签、射频识别、区块链等技术，实现了从产品溯源到全程物流管理。依托新一代信息技术，若羌已全面推行若羌红枣原产地溯源体系建设，构建了跨区域协同作战的全国打假新格局。同时，结合新一代信息技术，新的商业模式、产业模式不断创新发展，为现代物流与供应链管理提供了坚实的技术基础，使现代物流与供应链管理产业建设可以高起点、高目标地推进。截至2022年底，若羌全县建成Wi-Fi接入点1500个，是西北五省区中首个城乡公共场所Wi-Fi全覆盖、全免费的城市，为区域产业发展提供了良好的新技术环境。

资源环境约束促使物流业向绿色低碳方向转变。粗放式的发展方式已经不能满足可持续发展的需要，必须加快环境污染治理，推进生态文明建设，促进绿色发展、低碳发展。要减少化石能源的消耗，降低机动车尾气排放量，推广使用清洁能源，提高运输效率。因此，实现绿色交通、低碳物流将是未来发展的方向。

第二节　县域经济发展要求

"十四五"期间，若羌县将始终坚持"两心三区一市场"的定位，按照"保稳定、破瓶颈、强产业、惠民生、兴文化、塑形象"的思路，以"经济保持中高速增长，产业迈向中高端水平，生产总值年均增长4.4%，地方财政公共预算收入年均增长3.3%，社会消费品零售总额年均增长32.08%，经济结构进一步优化"为发展目标，努力建成巴州的"护城河"和副中心城市，建设全疆精品示范小城镇。同时，充分发挥若羌在丝绸之路经济带上重要交通枢纽和战略支点的作用，围绕"九大基地"建设，努力把若羌打造成丝绸之路经济带南线大通道的绿洲中心城市和南疆样板城市。若羌县抓住巴州打造新疆商贸物流重要节点城市的机会，加快推进现代综合物流园基础设施建设，力促新联运物流公司昆北物流园、泽昌集团综合物流园、靖祥公司综合物流园等一批物流项目落地开工，并大力发展以若羌红枣兵地颐高电子商务产业园为代表的"互联网+"电子商务新模式。

若羌县域经济发展也需要以区域性物流中心为支点的现代物流产业提供必要的后勤保障，使得生产要素能够及时输送至各个产业企业，保障企业有条不紊地生产，也使得企业生产的商品和服务能够及时运输到各个分散的目标市场，保证企业销售链条的畅通。换言之，现代物流产业能够促使若羌各种产业充分融入区域经济活动当中。此外，现代物流产业的发展能够为城镇化的推进提供各种基本建设物资和基本生活用品，确保若羌民众能够享受到与核心城区居民同等的基本公共设施和服务。

市场需求快速增长为若羌县物流业的发展了提供广阔的市场空间。随着国内区域经济一体化进程的加快，物资的流通范围进一步扩大，物流需求增长将十分可观。社会化分工逐步细化和外包服务业的快速发展，激发了大量潜在的运输需求。电子商务的迅猛发展也将带动物流业的发展。

一、若羌县经济结构的调整需求

统筹兼顾、全面协调和可持续发展，将是经济社会发展的主题；转变经济增长方式、调整经济结构、促进产业优化升级是经济发展的主线；借助区位和资源优势，大力推进工业化进程，以工业化带动农业产业化，推进城镇化，是全面推进现代化建设的主要途径；提高经济增长的质量和效益，实现人的全面发展是经济社会发展的根本目的。围绕进一步建立和完善社会主义市场经济体制，建设社会主义新农村，构建社会主义和谐社会，根据若羌县目前的发展实际、优势条件和区域特点，以及面临的环境条件和急需解决的问题，我们认为"十四五"时期若羌县主要面临以下发展任务。

一是加速建设现代产业体系。着力做好"发挥优势""补齐短板"两篇大文章，加快构建符合高质量发展要求、具有若羌特色的现代产业体系。切实抓好重大项目建设，抢抓自治区项目库建设机遇，建立完善县级项目库，争取一批大项目、好项目列入上级项目库。二是加速推动若羌县现代物流产业升级。积极融入丝绸之路经济带核心区和中巴经济走廊综合承载区建设，结合自治州"东联西出、北向挺进"发展布局，认真谋划做好"东联"文章，加快连通甘肃、青海及西南各省份大通道建设，抢抓南疆通道铁路中转中心建设机遇，构建"一主一副、两轴三港"物流产业发展格局。三是提升旅游产业服务质量。深度挖掘历史文化、自然风光、红枣生态等特色资源，加快全域旅游示范区创建。完善米兰河水库、楼兰博物馆等景区旅游服务功能，打造一批成熟景区，串点成线、集线带面，规划水库观光游、幸福乡村枣园游等精品旅游线路。加快英苏古村、塔河牧人体验游、康拉克休闲游等特色旅游线路及"探秘楼兰"、阿尔金山等高端旅游线路开发。四是巩固成果，进一步推进乡村振兴。坚持乡村振兴战略总体要求，围绕农业强、农村美、农民富，加快农业供给侧结构性改革，推进农业全面升级、农村全面进步、农民全面发展。支撑乡村振兴战略，持续强化"四好农村路"建设。若羌县具有独特的红枣农产品产业和广大的农村红枣生产地，县域内乡镇和村庄众多，虽然近年来经济社会发展取得了很大的进步，但是仍有不少乡镇和村庄发展相对欠缺。为落实乡村振兴战略，"十四五"时期若羌县农村公路建设要从"总量增加"向"质量提升"转变，服务功能应向"生态旅游路""资源服务路"等方面进行转变，全面打造农村公路示范工程，支撑乡村振兴战略在若羌县的落实，促进城乡一体化发展。五是加快城乡建设扩容提质，抓好老城区改造和新城区扩容。若羌县虽然县域面积广大，但是多数人口仍聚居在县城范围及广大农村范围内。县城范围内道路建设较为完善，但是乡镇及农村等级的道路里程、通达深度与服务水平还需要进一步提高。若羌县农村主要依靠畜牧业与种植业实现经济发展，道路等级过低对于运输当地优质农产品去县城及转运至其他城市较为不利。因此，随着城乡协同发展进程的加快，综合交通发展不仅需要道路基本通达，还需要满足广大人民群众对于出行的需求，提升道路服务水平。

二、工矿物流业发展需求

"十四五"时期，若羌县将处于从工业化向信息化转变，信息化进程加速推进的历史新阶段。"十四五"及今后很长一段时期，第二产业将继续是若羌县经济发展的支柱产业。在自治区提出建设"八大产业集群"的背景下，若羌县加大绿色矿业等产业集群的建设培育力度。依托自治区"八大产业集群"建设，若羌县各工业园区的发展定位得到进一步细化和提升，产业节约化发展方向得到进一步明确，为若羌县培育工矿业新兴生产力体系打下了重要的工作基础。2022年8月9日，自治区党委做出建设"若羌新城"的重要决策。若羌县聚焦自治区党委对若羌的发展定位，高水平、高起点推进"若羌新城"规划编制，依托资源优势和区位优势，朝着千亿产值新材料产业园区、千万千瓦级新能源基地的建设目标奋进。到2023年8月，若羌县已引进新材料、新能源等国内大型企业30多家，实施重大产业项目45个，实现固定资产投资150亿元。一个特色鲜明的现代产业体系呼之欲出。

若羌工矿业的发展，将进一步催生和壮大工矿业物流的发展需求。各类工业园区和矿区的建设，为工业招商引资和产业集群建设提供了重要的平台基础。在针对性工作导向视角下，若羌县的工矿业发展潜力将得到进一步挖掘和释放，将在新兴工矿业方面呈现快速发展的良好态势。伴随着一批工矿业项目的落地和生产能力的形成，工矿业领域的物流需求将会增加，将对全县物流服务规模的扩大产生重要影响。在若羌县的综合交通运输体系规划中，有一批资源公路建设项目。在新发展阶段，对于一些新建的矿业或产业园区来说，地块周围交通条件较为不完善，需要加大多种交通方式及设施的建设，改善资源产地和园区枢纽之间的道路运输条件。因此，未来产业发展将会要求多种交通方式衔接顺畅、客货运输方式多元化等。在矿产资源路改善的背景下，若羌县资源优势转化能力将不断提高，矿产能源优势将得到逐步体现。若羌县区域内矿产资源丰富，通过资源路的建设能够更好地开发若羌当地的矿产资源，以交通为导向更好地发展县域经济，实现矿物资源更好更快的运输。

三、通道车辆通行规模对陆港物流的需求

高速公路是交通大动脉，是经济社会发展的重要支撑和保障。若羌是新疆

南部进出疆大通道的枢纽城市，随着315高速公路的建设和通行，若羌区域进出疆车辆规模迅速增长。依吞布拉克公安检查站位于新疆、青海、甘肃、西藏四省区交界，是新疆的东南大门。依若（依吞布拉克—若羌）高速自2022年8月30日开通运营至11月30日，进出疆车辆已达15.8万余辆，其中货车占比70%以上。① 在新疆哈密方向、G7方向和格尔木方向的三大进出疆大通道格局中，基于若羌县域的通道车辆数量在稳步增长，有助于增强新疆南疆地区与我国中西部地区的经济联系。

若羌县交通物流产业在很大程度上具有通道经济的特征，其中基于315等高速公路的通道形成了大规模的车辆流通形势。这对若羌县的陆港型物流园区建设提出了重大的综合服务需求。由于若羌县与格尔木市的距离约800千米、若羌县与和田市的距离近900千米、若羌县与库尔勒市的距离近450千米、若羌县与哈密市的距离近700千米，因此对于长途货运车辆而言，若羌县是长距离运输中的重要生活服务区之一。大量的长距离货运车辆停留与驾驶员休息，对若羌县主要公路通道沿线的物流服务区提出了重要的综合服务需求，包括车辆维修、加油、住宿、餐饮、货物集散等综合层面的需求。此外，若羌县是西部地区以及新疆南部地区自驾探险旅游的重要城市之一，每年旅游季节大量自驾游游客通过315国道进出若羌，这些游客的大规模流动也对整个若羌县的服务业发展、交通沿线服务区建设提出了要求。这些都会对若羌县的陆港型物流产业发展产生长远的影响。

四、交通网络规划的实施需求②

到"十四五"末期《若羌县综合交通运输"十四五"发展规划（2021—2025年）》实施后，将初步完成综合交通体系构建，若羌县城与农村形成较为完善的公路网，机场布局的完善将提供更为多元化的出行选择，公众出行更加便利、物资流动更加顺畅、区域联系更加紧密，有力支撑县域、巴州乃至自治区经济社会稳定、快速、健康发展，为响应国家交通强国战略与实现自治区社会稳定和长治久安总目标提供强有力的运输服务保障。

---

① 《若羌县全力做好货运物流保通保畅工作》，若羌县融媒体中心，2022年12月3日。
② 参见《若羌县综合交通运输"十四五"发展规划（2021—2025年）》。

（一）交通网络基本完善

《若羌县综合交通运输"十四五"发展规划（2021—2025年）》的实施，将使全县的公路及乡村道路建设水平迈上一个新的台阶。通过35团至若羌、依吞布拉克至若羌、若羌至民丰、S336线拉配泉至巴什库尔干高速公路等一批国省干线及重要农村公路的建设，实现若羌县联通向西、向东、向北三大通道，形成内通外联、东进西出的双向开放战略格局。通过新建与改扩建一大批县城及乡村道路，进一步完善若羌县的公路交通网络格局，使乡村硬化道路实现"村村通"，真正让人民群众体会到脱贫攻坚所带来的交通出行便利化的成果。显著提升县域交通基础设施规模与等级，相对改善县域南北区域路网不均衡的现象，同时有效提高主通道通行能力和服务水平，有效减少道路迂回绕行现象。

铁路方面通过哈密—罗布泊—若羌铁路、格尔木—若羌—库尔勒铁路、和田—若羌铁路的相继建设完成，逐步建设完善第二条进出疆铁路大通道，加强若羌县在内地省份与南疆各地州之间所发挥的桥梁作用，进一步助推若羌县经济社会发展。

民航方面通过改扩建楼兰机场，提高若羌县航空运输的通达度，提升航空旅客运输的服务水平，开通更多通往疆内外城市的航线，更好地服务若羌县经济社会发展。

到"十四五"期末，若羌县综合交通基础设施规模与能力显著提升，适应国家交通强国建设的步伐，满足经济社会快速发展的需要，有效发挥综合交通的基础性、先导性作用，为若羌县区域经济一体化提供可靠的交通保障。

（二）外通内联，便捷高效

对外沟通多元便捷。规划的实施将进一步拓展若羌县对外交流的通道，依吞布拉克至若羌、若羌至民丰高速公路将使现有的315国道提升至高速公路道路等级水平，缩短行驶与运输时间，适应交通高质量发展的要求。铁路方面将建成第二条进出疆大通道，更好地服务若羌县经济社会发展。民航方面通过改造升级楼兰机场，将为若羌县人民提供更加便捷、多元化的出行体验。

对内联系高效密切。规划的实施将密切区域内各村、乡、镇及县城之间的联系，有效推进若羌县的一体化发展进程。通过实施自然村通硬化路、农村公路提档升级、农村联网升级、窄路加宽改造、美丽农村路、县乡道安防工程等各类项目，提升县域道路网服务水平，使得道路真正达到村村通，实现门到门运输。

（三）交通经济社会效益显现

路网技术等级提高，运输成本显著降低。规划实施后，路网整体技术等级提高，高等级公路比例显著增加。随着若羌县路网整体技术等级的提高，车辆行驶速度提升，并带来一系列运输成本降低的效果，如车辆周转速度提升、油耗减少、轮胎与机械磨损程度降低、交通事故发生率降低、公路运输安全性显著提高等。规划方案实施后，若羌县公路网总规模将达到 8591.92 千米，与现状相比将增加 6092.14 千米；公路网面积密度将达到 0.0424 千米/平方千米，是现状路网面积密度的 3.4 倍。

路网覆盖范围更加广泛，居民出行快捷高效。至"十四五"末期，若羌县综合交通体系初步形成，公铁机衔接顺畅，干线公路网基本连接区内所有的乡镇以上节点，农村公路硬化道路占比实现进一步提升，铁路、航空通道多元化，综合交通网络覆盖范围显著扩大。全县所有城乡居民均可直接享受到交通运输发展带来的便利，综合交通发展将为区域内民生改善和城乡统筹发展提供有力支撑。

应急保障能力显著提升，环境影响明显降低。综合交通体系的网络水平大幅提高，基本实现重要节点之间多路径连接、重要通道多线路组成。县城实现多条国省道连通，拥有多个县际出口；交通枢纽通道形成高速公路和普通干线"一主一辅"格局；路网可靠性和稳定性明显提升，公路交通的应急保障能力显著增强。合理的路网布局和优质的交通体系将减少运输车辆的能源消耗和废气排放，同时"近城不进城、利民不扰民"的路网布局理念可以最大限度减轻废气和噪声对沿线环境的污染，减少对沿线居民的干扰。

第三节　若羌县物流产业未来发展趋势

按照新疆维吾尔自治区及巴音郭楞蒙古自治州对新疆南大门若羌县的整体发展规划，若羌县物流服务能力将得到进一步提升，也催生若羌县主要产业以及周边辐射区域的物流服务需求，而现有的货物运输量、物流产业增加值的变化也反映了这种趋势。

物流产业受地域跨距和管理幅度的影响，未来将更加注重物流服务的融合。

同时，商贸对物流的信息服务要求也更强烈，物流决策、数据采集等增值信息服务越来越受到重视。通过对新疆南大门若羌县的主要产业和商贸物流需求现状以及需求发展变化进行分析，我们认为若羌县物流产业的未来发展趋势如下。

一、供应链一体化物流需求快速增长

物流行业既有的粗放增长和简单服务不可持续的特点，使其无法在产业结构调整和发展方式转变中发挥基础性作用。从供给和需求结构来看，传统运输、仓储服务等产业部门难以满足专业化、个性化需求，专业化定制、供应链一体化服务严重短缺。同时，从产业发展趋势看，适应企业专业化生产需要的专业物流服务，适应精益化生产需要的精细化服务，将会获得更大的发展空间，进一步压缩简单粗放的物流企业的生存空间。随着物流与商流、信息流、资金流相匹配，物流与制造业、金融业等其他产业相融合，供应链一体化服务需求快速增长，信息服务、物流规划必然获得更大的发展空间，并成为未来的产业赢利点。

二、物流企业投资建设与兼并重组加快

随着燃油等价格逐步上涨，人力成本、土地资源成本持续升高，物流企业的运营成本呈上涨态势。但由于市场竞争的加剧，运输、仓储等简单的物流服务价格上升的空间少。在价格和成本的双重压力下，若羌县许多中小型物流企业的利润空间进一步收窄，必然会由"分散"走向"集中"。

同时，私募股权投资基金、风险投资基金和产业投资基金更多地向物流企业注入资本，促进物流企业并购。物流企业尤其是新型的中小型物流企业，将通过参股控股、兼并重组、协作联盟等方式做大做强。不规范或经营不佳的企业被淘汰。此外，还能承接部分生产企业的外包业务，网络型、高效率的物流企业将获得兼并收购和承接市场份额的发展机会。

三、物流产业与交通基础设施布局加快

由于国家加大了基础设施投资力度，综合运输体系加快形成。一些客运专线将建成并投入使用，快速释放铁路运能，创造客货分线的条件。高速公路网逐步形成，公路格局将得到调整。公路、铁路和航空集疏运功能进一步显现，

多种运输方式衔接的联运、转运枢纽面临重新布局。通过实施若羌机场改扩建和新建若羌客运站等项目，改善若羌县公铁机交通枢纽节点的通行条件，使交通运输枢纽集散转运功能更加完备，实现旅客零距离换乘，加强货物运输的衔接。工业园区的物流配套设施基本建成，集疏运网络更加完善，主要公路达到二级及以上标准。县域形成干线环状交通网，乡镇过境公路达到快速路标准。各种运输方式之间、城市交通与对外交通之间、城乡交通之间实现有效衔接，交通运输效率大幅提升。

在物流产业建设方面，将围绕物流园区、物流中心和配送中心加快建设进度。同时，物流运送的物品千差万别，物流企业基本上是小而全、大而全，什么货都接，什么货都运，没有自己专业化的产品，大大增加了运输的难度，降低了运输的效率。物流专业化体现物流运输的专业性，未来能够开拓子行业专业运输业务的企业才能迅速抢占市场份额。

四、非传统营销模式开拓物流服务新领域

为避开传统商业市场的激烈竞争，生产企业和流通企业开始重视虚拟渠道，纷纷加速网络渠道的布局和管控。同时，快速发展和推广的电信网、计算机互联网和有线电视网"三网融合"，将使网络普及率快速上升。在信息消费规模、电子商务交易规模、网络零售额、网民数量规模迅速扩大的背景下，电子商务、电视购物、目录销售、展示贸易等非传统营销模式将获得更大的发展机遇。

在非传统营销模式下，相应的仓储、运输、配送、流通加工、支付结算等流程将催生物流服务的新兴市场。这一点在电商推动的物流需求上体现得尤为明显。网络购物涉及食品、酒类饮料、药品、服装、厨房用品、卫浴洁具等，不同的商品对配送的要求（如时效、包装等）不尽相同，物流的服务质量和运输方式也就大相径庭。

五、第三方物流的普及推动供应链物流发展

第三方物流被认为是物流经营人在相对长期的时间段内按照约定的方式，为客户提供个性化的系列物流服务，也被称为合同物流。随着下游行业的竞争日益激烈、社会分工不断细化，第三方物流公司过去几年发展的规模效应明显，不仅成本低，而且在选址、库存管理、精益生产等方面为企业提供了更多的灵

活性。同时，参与到客户更多的业务环节，服务范围逐渐从合同物流向虚拟生产、物流金融等拓展，使得企业能够集中于核心竞争力，从而升级为第四方物流，即供应链物流。

六、物联网推动物流服务业向高端服务业发展

物联网是指通过信息传感设备，按约定的协议，连接各类物品和互联网，实现信息交换和通信，以实现网络智能化识别、定位、跟踪、监控和管理的一种网络。物流信息化依赖于物联网的软硬件通信支撑，包括传感器、传感网芯片、操作系统、数据库软件、中间件、应用软件、系统集成、物体位移感知、智能控制系统及设备等一系列产品及服务。物联网在全球供应链的应用所引发的革命对于制造企业、商贸企业和物流企业都具有非常积极的作用。

总体上，我国的物流产业已经进入信息资源整合周期，网络技术应用开发已成为中高端物流服务成功的关键因素。物联网的技术突破和应用有助于物流服务业提升行业服务水平，促进物流服务业向高端服务业发展。同时，在物流行业等发展需求的推动下，大数据产业迎来年均逾100%的增长率，市场规模将达百亿级别，基于物联网、大数据的智慧物流将是现代物流的发展方向。随着大数据技术的充分应用，物流路线、选址及仓储等都有望得到进一步优化，从而达到即时服务的目标。

第九章 若羌县综合物流体系建设目标与愿景

随着以国内大循环为主体、国内国际双循环相互促进的新发展格局加快形成，公路、铁路、航空一体的综合交通网络加快完善，若羌县已从全疆相对封闭的区域变成引领区域发展的前沿，面临着一个极好的发展形势和环境。构建综合物流体系应根据若羌县的县域物流发展基础和机遇进行长远思考和论证，确定功能定位、总体思路、目标要求以及具体的发展阶段等。然而，基本思路的提出只能为物流产业的发展提供一个大致的方向、参照与借鉴，具体到体系的构建，必然需要探讨其发展的架构体系，必须把若羌县的物流产业发展纳入整个架构体系中加以推进，同时还应当探讨物流产业的政策体系。总体上，若羌县面临的外围环境和基础设施变化是一个重要的变量，而"工业新城"建设背景下新兴工矿业体系的构建是一个重要的内生变量，再者，县域城乡物流的保障是可持续运行所重点考虑的一个常态变量。

第一节 战略定位与战略目标

物流产业的战略发展必须服务和服从于经济建设对物流的需求，必须有利于推动新型工业化的进程和推动丝绸之路经济带新疆五大中心（即交通枢纽中心、商贸物流中心，文化科教中心、医疗服务中心、区域金融中心）的建设，必须有利于城乡统筹发展，必须有利于融入环塔里木经济带，必须顺应现代物流业发展的信息化、社会化、集约化、一体化、生态化等基本趋势。

一、战略定位

在"东进西出、西进东出"的总体背景下，对于作为自治区级商贸物流基础节点的新疆南大门若羌县，物流产业是其经济发展的"支撑"与"引擎"以

第九章　若羌县综合物流体系建设目标与愿景

及最有爆发力的新型支撑产业之一。因此，应以物流产业的生产服务保障功能为出发点，重视物流产业对其他产业的拉动作用；以公路、铁路中转物流服务为优势，以发展公铁多式联运物流为重点，立足若羌县，推动直接产业、共生产业、依存产业、关联产业的协同发展，打造南疆地区大宗原材料、重要能源、大宗商品的供应链综合服务节点；以"二三产业分离"为基点，以多式联运业务全面展开为突破口，扩大物流需求，发展基于交通运输的第三方物流，推动物流业的社会化和专业化。

同时，作为南疆区域经济发展中重要综合物流服务枢纽的若羌县，应以市场需求为导向、政府积极参与服务为引擎、企业参与为主体、先进信息技术为支撑、提高物流服务质量为保证、降低全社会物流总成本和提高物流效率为目的、已经有的现代物流设施为起点，将物流产业发展战略定位初步确定为"立足南大门，辐射新南疆，面向全新疆，放眼大西部，紧盯东出港，链通新丝路，更好地满足居民消费需求和城市发展要求，全面提升对区域经济的支撑作用"（见图9-1）。

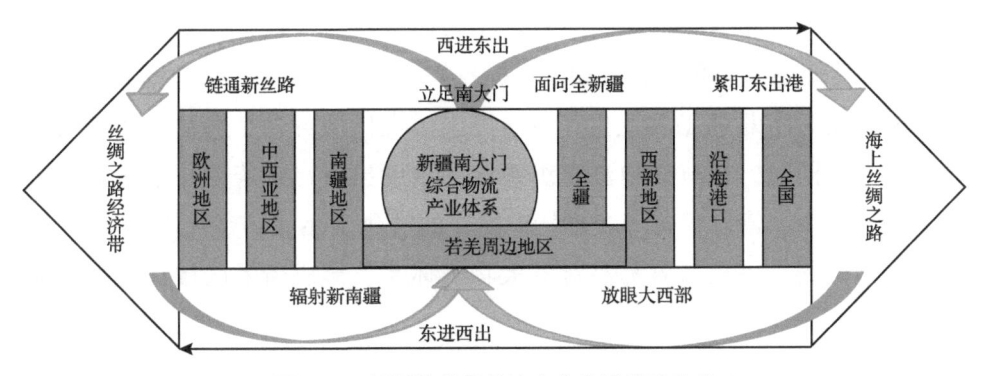

图9-1　新疆若羌县物流产业发展战略定位

（一）立足南大门

综合考虑新疆南大门若羌县的资源禀赋、产业基础、物流设施和物流服务能力，坚持"政府引导、企业运作、规范市场、配套环境"的发展方针，致力于构筑公铁多式联营枢纽。围绕公路、铁路功能的完善，加快中转物流集散中心建设，全面提升竞争力，打造东联西出的区域交通枢纽。同时，围绕"建设中国西部一流货物中转集散基地"的目标，积极引进国内国际先进的物流管理经验和技术，构建交通物流平台，通过培育第三方物流，建设南大门区域内满足自身农产品供应、化工产成品和矿产资源输送需求的物流产业园区以及商贸物流货物运输的物流中心串联成的物流网络。

（二）辐射新南疆

作为南疆地区环塔绿洲链上的重要一环，若羌县要适应国家把"新疆建成向西开放的重要基地"的战略要求以及自治区建设环塔里木经济带的新兴区域发展战略要求，充分发挥若羌县物流产业的区位条件，发挥公路、铁路交通枢纽的建设优势，以加快产业转型、承接产业转移为主线，运用现代物流产业发展理念，整合现有物流资源，坚持高起点规划、高水平建设以物流基地、物流中心、配送中心为载体的现代化区域物流体系，建立铁路、公路、航空等多种运输方式并存的组织形式，扩大若羌物流产业的辐射能力，重点打造红枣等农林果特产供给中心、大宗干散货中转中心、油气化工品集散中心，为南疆经济社会发展做出奉献。

（三）面向全新疆

若羌县要适应新疆建设丝绸之路经济带核心区的战略机遇，从经济组织和物流服务相互依存的角度，有效利用公路、铁路建设带来的交通区位优势，加快传统物流向现代物流转变，提高物流的集散能力，加快物流周转频率，更好地为南北疆工农业生产、居民生活提供服务，打造区域性进出疆物流中心。同时，从建设物流组织系统的角度出发，将若羌县融入新疆区域物流系统中，建设棉花等农林特产品、油气化工品、矿产及资源开发品、生产生活资料、进出口贸易品等五大物流体系，形成新疆区域性交通物流枢纽。

（四）放眼大西部

基于若羌县在丝绸之路经济带物流板块中的优势，抓住格尔木至库尔勒铁路与格尔木至成都铁路相连及青藏铁路西格段继续向西延伸新干线、若羌至依吞布拉克高速公路连通青海的机遇，在促进柴达木盆地、塔里木盆地石油、天然气资源开发的同时，促进油气化工产业的开发，延伸服务矿业产品加工业和油气化工等资源的出疆，适应"矿业强县"发展战略。同时，借助铁路、高速公路进出疆通道，加快巴州副中心城市建设步伐，加快发展专业化商贸物流，拓展农林特产加工业、旅游业等特色产业，直接联动青甘宁，辐射陕藏川等西部地区，并由此延伸到中部、东部地区。

第九章 若羌县综合物流体系建设目标与愿景

（五）紧盯东出港

面对新形势，厘清若羌县的历史和空间范围，掌握若羌县的经济特色和经济规模，审视若羌县的发展规模和发展质量，立足"枣业富民、生态立县、文化塑县"战略，紧盯连线的主要节点港口的发展，拓展若羌县的"东出"现代物流产业，跨越环渤海，融入京津冀经济圈。同时，运用"西气东输""西电东送"的重要功能，以足够的经济体量和质量承接东部地区产业转移，拓展能源、化工、矿产物流的产业空间，提高区域的影响力、驱动力、辐射力和带动力，东联东亚经济圈，为西进东联物资运输"借道"湛江港等东部海港"出海"提供方便。

（六）链通新丝路

向西开放，建设中巴经济走廊、中国—中亚—西亚经济走廊、成渝地区至中亚中欧班列新兴南通道（又称为第三亚欧大陆桥），构筑中国通往西亚、地中海、黑海地区的陆路运输大通道和能源陆路通道等，是若羌县构建陆港型现代物流产业体系千载难逢的发展机遇。若羌县处在中国向南亚开放的前沿阵地，这为若羌物流运输业发展打开了新的空间。在组织道路货物运输的过程中，要加快信息平台建设，让货物运输信息发挥重要作用。随着格尔木至库尔勒铁路、若青公路的顺利贯通，若羌这个物流运输的重要节点不仅链接内地和新疆，还能更好地辐射巴基斯坦乃至南亚、中亚市场。

二、战略目标

（一）战略指导思想

在重点对接国家、自治区及巴州发展战略的基础上，根据新疆承担国家双向开放战略的要求，结合物流产业和物流园区的发展趋势，遵照新疆物流产业发展规划提出构建以乌鲁木齐为核心，喀什、伊宁—霍尔果斯、库尔勒、哈密为支点，克拉玛依、奎屯—独山子—乌苏、博乐—阿拉山口—精河、石河子、阿勒泰—北屯、塔城、阿克苏、和田、准东、若羌为节点的三级物流网络体系的实际，发挥新疆南大门若羌县在新疆与西北地区的物流交换中所具备的其他县市无法比拟的公铁货运中转和区域性物资配送优势，以市场需求为动力，加快物资的集散、配送和公铁中转运输建设。

结合若羌县的城市总体定位、经济规模、交通区位条件、产业发展水平和集聚辐射能级等,加快现代物流产业发展,整合大物流通道,构筑大产业,培育区域经济增长极。同时,从若羌县调整经济结构和发展特色经济、优势产业的战略高度出发,重点发展与电子商务密切结合的批发零售方面的物流、以仓储服务为主为生产企业服务的物流和公铁多式联营联运枢纽,打造柴达木—塔里木物流通道区域物流集散中心,并依托红枣等农林特色、化工与矿业资源,以物流产业的迅速发展促进宏观经济效益的提高,提升新疆南大门若羌县的综合竞争力。

(二)总体战略目标

抢抓丝绸之路经济带、中巴经济走廊的建设与发展新机遇,规划建设布局合理、产业配套、技术先进、高效便捷、安全有序、生态环保的现代物流产业发展体系,以东进西出、西进东出物流产业的沟通、对接为重点,加大若羌与周边省区、地州市互惠的物流中转基地的建设,加强东部与西部物资流通集散中心的建设,加速红枣、棉花等在南疆地区有影响力的一批物流产业发展示范基地的建设,构建"物流园区—物流节点—产业中心—配送中心—专业市场"结构化的物流产业基地。同时,以物流产业设施建设为基础,以提高物流产业主体效率为核心,以改善物流产业发展环境为宗旨,加速以物联网、大数据应用服务平台为基础的信息化建设,延伸和整合传统运输、仓储、货代等功能,在地理空间和信息空间上确立若羌为东部与西部之间的物流中转、集散中枢和区域性产业枢纽,推动经济社会持续、健康、和谐发展。

经过未来二十年的发展,依托已经建成的交通基础设施和物流产业基础,通过整合物流资源、构筑综合交通运输平台和物流信息平台,在若羌县建成以物流中心为核心、配送中心为节点的全方位的物流网络系统。

(三)战略目标分解

第一阶段:近期战略目标(到 2025 年)

到 2025 年基本形成若羌县现代物流体系的雏形,并使若羌县现代物流中心从基础设施、管理体系到物流企业逐步与县域经济体系全面接轨。在近期战略的实施过程中,扶持一批近期内发展势头比较好的物流企业,做大物流龙头企业规模,发挥行业领头羊的作用。同时通过规范若羌县物流行业中企业的市场行为以及经营环境,敦促物流企业规范、合理化竞争。

通过资源的整合和优化配置,各物流园区和产业配套的专业物流配送中心初步建成，为若羌县农业、工业提供服务的第三方物流企业发展壮大，若羌县现代化物流体系基本建立，区域性物流基地基本成型，物流服务能满足若羌县经济产业发展和现代服务业功能辐射的需求，物流节点、物流通道、物流服务类型、信息系统等子系统得到比较均衡合理的发展。

区域物流基地初步建成包括商贸物流园区、物流中心和配送中心在内的现代物流节点体系。物流节点和通道网络与周边城市配套衔接，具备区域联动效应，与产业配套的物流基地在区域得到认可。物流通道方面，初步建成与城市和产业配套的顺畅的区域物流通道网络。重要物流节点间的各种运输方式相互衔接，作业快速便捷。

初步建成公共物流信息服务平台。企业自主电子商务平台得到较大发展并与公共物流信息平台衔接。新型商业业态和电子商务兴起并以物流配送作为桥梁和纽带。在物流政策与环境方面，形成较好的支持物流运作和发展的政策法规与市场环境。

格尔木至库尔勒铁路在若羌县境内设有若羌、米兰、依吞布拉克三个站，加上和田至若羌铁路、哈密至若羌铁路设有相应的站，若羌将成为未来的铁路运输中心，加之国道315、乌鲁木齐至若羌高速、若羌至西宁高速等，将为商贸物流进出若羌提供极为便利的基础交通条件。

第二阶段：中期战略目标（2026—2030年）

建成以区域性物流园区、功能性物流配送中心、运输场站为主要内容的结构合理、设施配套、技术先进、运转高效的现代物流体系。区域性物流企业得到大的发展，建成能够为若羌县产业服务，并配合其升级发展的、适应多种产业类型的现代物流服务网络。形成与区域经济协调的现代物流服务政策环境，建成立足南疆、服务全疆、面向西部的区域性物流基地。

物流节点、物流通道、物流服务类型、信息系统等子系统发展均衡合理，配合和优化效果显现。物流通道方面，形成布局合理的运输通道体系，实现物流节点间的高效运输衔接、配送路径的便捷通畅，具备多式联运的物流运输一体化服务功能。物流企业方面，具有若干区域性及一体化服务的第三方物流企业，物流服务类型和质量在区内领先。产业联动方面，物流与制造业及商贸业配套完整、联动紧密，为产业发展和扩张提供有效支撑。

物流信息服务与电子商务方面，建成功能强大的物流与采购信息平台，提供综合物流信息网络服务功能，促使电子商务和配套物流服务发展成熟，与电子商务结合的物流和流通模式在若羌县成功实施。物流服务辐射方面，能有效满足南疆、全疆及西部市场的物流服务需求，形成若羌县对南疆、全疆乃至西部以物流为支撑的服务辐射。物流政策与环境方面，形成明确的物流政策法规和促进物流发展的市场环境。

第三阶段：远期战略目标（2031—2035 年）

通过若羌县物流业发展创造的硬环境与软环境，将若羌县建设成为西部地区重要的区域性物流枢纽之一，并在若羌县建成功能齐全的物流公共信息服务平台，大力推进物流电子数据交换的普及和应用，建立物流信息共享机制。

以若羌县矿产、林果、石化工业等特色优势企业为龙头，整合社会资源，构建产业物流供应链。积极鼓励物流企业采用现代物流技术，实施传统物流向现代物流的转型，降低物流成本，形成西部物流、南疆物流、县域物流一体化的现代物流圈和物畅其流、快捷准时、经济合理、用户满意的社会化、标准化、信息化、专业化的现代物流服务网络体系，把若羌县打造成西部地区重要的陆港型物流枢纽城市之一。

第二节 战略制定

一、集约化战略

通过物流产业平台，使物流企业产生集聚，形成规模效应。通过物流企业集聚产生的集聚效应，吸引外部物流，形成一个覆盖更大市场范围的物流中心地。通过众多中小企业之间的专业分工与协作，以"柔性生产综合体"的方式，形成规模化的物流产业链，从而形成产业链上的整体竞争优势。此外，通过物流产业链和物流园区平台，培育物流企业，推动物流产业发展。

根据集约化发展优势和发展特点，构建若羌县物流产业的集约化发展战略体系，主要包括品牌集约、网络集约、产业集约、资源集约、土地集约及政策集中等。通过产业集约获得规模效益及显著的产业链优势、资源共享优势、市场集中优势、交易成本优势、品牌优势等，是若羌县现代物流发展的必然选择。

二、一体化战略

物流产业一体化就是有效整合运输、分拣、包装、加工、仓储、配送等物流环节,对整个物流进行整体控制,使物流活动保持同步,从而降低成本,增强物流系统的有效响应能力。同时,通过供应链上各个企业的有效衔接,使企业突破各自的边界,在供应链上进行纵向的资源、信息整合,形成一个优势整体与外部进行竞争,并促进采用不同物流方式的联盟企业开展多式联运合作。

集现代组织、管理、物流技术和物流设施于一体的一体化物流,是物流管理和资源整合的一种模式,不仅需要物流标准化、物流信息化、物流集约化发展的支持,还需要整体规划和企业的合作精神,以改变物流企业和个体经营者分散、粗放的初级运营状态,促进物流产业的专业化发展。因此,若羌县在实际选择物流产业一体化发展战略时,要坚持纵向一体化、横向一体化、垂直一体化的有效融合。

下游客户与上游供应商之间产权合并的纵向一体化,以集约化的方式从地理上解决纵向一体化的隔阂问题,通过内部资源整合改变物流产业资源分散、各自为政、封闭发展的局面,在构建一个物流的产业链后,使物流企业在合作的基础上实现专业化,塑造企业的核心竞争力,并在向外扩张的过程中实现规模化发展。

同行业不同企业之间进行合作的横向一体化,建立了稳定的信息流、商流、物流"三流合一"供应链,是提高效率、降低成本、减少风险的最佳途径。突破组织边界,实现供应链整合,可以取得供应链上的整体竞争优势。

垂直一体化是指物流组织、制度、管理、技术以及物流设施、物流装备与物流产业发展的协同。组织是推动现代物流发展的主体,制度和管理是推动现代物流发展的手段。因此,在竞争的环境中,若羌县培育物流企业主体不仅要在扶持政策、物质资源和经济上给予帮助,还要通过建立有效的组织、制定合理的制度、实施有效的管理,推动物流产业的可持续发展。

三、信息化战略

信息作为一种要素和载体,是物流产业的命脉,已成为经济发展的一种有效投入。以信息流程管理为主体的信息化发展,是推动产业发展的一种有效手段。物流企业通过网络平台，利用物联网、互联网等技术将企业经营网点连接起来，以此来达到优化企业内部资源配置、简化操作流程、对物流过程进行全程控制的目的。

公共信息平台是指基于计算机通信网络技术，提供物流信息、技术、设备等资源共享服务的信息平台，具有整合供应链各环节物流信息、物流技术和设备等资源，面向社会用户提供信息服务、管理服务、技术服务和交易服务的基本特征，促进了政府与物流企业间的互动，实现了物流企业间的资源共享，给物流业带来了准确、便捷、可靠的操作环境。

若羌县现代物流信息化建设包括行政管理部门、物流园区、物流企业共同参与构建信息平台和信息网络体系以及实现与外部信息网络的互联。不管是"政企互动、资源整合"的运营模式，还是"运营商+IT企业"的物流信息服务模式，必须实现区域内物流园区、配送中心、物流中心、交易中心、物流企业间的横向整合，最大限度地优化配置社会物流资源，降低社会物流成本，提升物流全过程的整体运作水平。

若羌县现代物流信息系统可以看成是若羌县现代物流的神经网络，联接着物流系统的各个层次、各个方面。在公共物流信息平台建设中，除了设计好整个网站的组织构架外，最重要的是抓好物流数据库建设，严格审定入驻网站的物流企业的资质和信用，加强市场诚信体系建设，特别是在平台运行中应结合诚信互评、电子商务、信息溯源等手段逐步构建平台诚信体系，有效整顿物流信息服务和配货交易秩序，发挥政府网站平台的权威作用，努力打造安全、诚信、可靠的交易环境。

若羌县物流产业信息化建设流程包括平台搭建、机制建立、运行与管理三个部分。平台搭建的重点包括统筹规划、系统设计和网络构建，机制建立的重点包括信息整合和信息共享，运行与管理的重点包括信息发布、电子商务、电子政务、信息管理和信息安全。

四、生态化战略

生态化战略从节能减排、可持续发展的角度对若羌县物流业提出了新的要求，将环境因素融入物流管理的各个环节，通过绿色的理念与先进的技术，重点实施绿色运输、绿色仓储、逆向物流等物流活动，进而形成一种环境友好、可持续的物流系统。但是若羌县物流业绿色发展理念还未成型，操作上远远没有达到绿色物流的要求。大力发展绿色物流，降低资源消耗、减少污染排放，对实现若羌县经济社会的可持续发展具有重大意义。具体而言，若羌县物流产业的生态化战略主要包括以下几个方面。

（一）节约资源

节约资源是发展绿色物流的主要目的，也是绿色物流的核心。要通过绿色的理念与先进的技术，合理规划物流园区，降低物流车辆的空载率，从而达到减少能源消耗的目的。

（二）绿色运输

作为物流业最重要的一环，运输是物流业最大的污染源。降低能源消耗、减少废气排放是绿色运输的两大宗旨。在实际操作上，可以通过合理规划物流中心与货物网点布局，科学选择运输路线，优化组合各种运输工具，有效提高运输车辆的利用率。同时，运输过程中提倡使用绿色能源，减少废气排放，减少对环境的污染，从而形成环境友好型的绿色运输体系。

（三）绿色仓储

绿色仓储是指对货物的存放仓库进行合理布局，达到节约资源的目的。过于松散或者过于密集的仓库布局，都会造成资源的极大浪费。对于那些易燃、易爆、放射性强的物品，应当选择人烟稀少的地方进行储藏，以保护人民群众的生命财产安全。

（四）逆向物流

简单地说，逆向物流就是物流废弃物的再利用。随着政府立法的日趋完善以及技术的不断进步，逆向物流起到了越来越重要的作用。它能降低物流企业的操作成本，减少废弃物对环境的污染，保护环境，提高顾客满意度，从而塑造良好的企业形象，不断提高企业竞争力。

第三节　战略空间布局与体系层次

一、战略空间布局

根据《丝绸之路经济带核心区商贸物流中心建设规划（2016—2030年）》

和《新疆维吾尔自治区现代物流业发展"十四五"规划》的具体要求，需要把若羌县建成自治区级多式联运枢纽、区域物流集散中心二级节点。根据全县地理区位、产业布局、区域规划和商品物资聚集特征等因素，按照建设大通道、构筑大枢纽、发展大物流的思路，若羌县要着力构建"物流大通道—物流聚集区—物流园区节点"等多层次、广覆盖的现代城市物流布局体系。同时，根据巴州把若羌县作为城市副中心的城市定位，按照若羌县"一网、一心、两园区"的城市发展规划，结合若羌县交通规划、商贸规划以及物流产业发展实际，重点形成以"四轴、五区、七园、多中心"为骨架的总体产业发展布局，最终构建主干线贯通，支线流畅，覆盖全县，服务全州，背靠南疆，面向华中地区和南亚、西亚、中亚的多层次、全方位、多功能的物流产业新格局。

"四轴"为X型县域物流发展轴，以大若羌区为轴心，东接格尔木通往西宁、兰州和成都，东北联哈密通往东疆，北接库尔勒通往乌鲁木齐、霍尔果斯，西联且末通往和田、喀什以及中巴经济走廊辐射国家和地区，以轴率点，以点带面，推动物流要素沿轴向聚集，建设物流产业发展带和物流节点聚集轴，形成X型物流产业发展轴。

"五区"为主城区物流聚集区、依吞布拉克物流聚集区、米兰物流聚集区、罗布泊物流聚集区、瓦石峡物流聚集区，其中主城区物流聚集区包括若羌镇、吾塔木乡、铁干里克镇、火车站片区和机场片区的辐射区域等；依吞布拉克物流聚集区包括依吞布拉克镇、铁木里克乡、祁曼塔格乡等乡镇；米兰物流聚集区包括米兰镇；罗布泊物流聚集区包括罗布泊盐化工工业园和罗布泊镇；瓦石峡物流聚集区包括瓦石峡镇。

"七园"为塔东公路港物流园（综合服务型）、铁路物流园（货运服务型）、空港物流园（货运服务型）、罗布泊化工物流园（生产服务型）、依吞布拉克铁路物流园（货运服务型）、米兰综合商贸物流园（综合服务型）、瓦石峡综合商贸物流园（综合服务型）。

"多中心"为县北工业园物流中心、农产品产业园物流中心、石化仓储物流中心、战略物资物流中心等四个重点物流中心和吾塔木乡、铁干里克镇、依吞布拉克镇、铁木里克乡、祁曼塔格乡、罗布泊镇、瓦石峡镇等七个乡镇配送中心。

（一）主城区物流聚集区

1. 基本情况

若羌县主城区物流聚集区包括若羌镇、吾塔木乡、铁干里克镇、火车站片区和机场片区的辐射区域等。若羌镇主要承担城市的服务职能，包括城市的生活服务中心、商贸服务中心、县政治及文化中心等。吾塔木乡、铁干里克镇承担一部分生产生活区域和仓储区域功能。火车站片区和机场片区主要承担生产生活服务性物流集散功能。

若羌县主城区辖4个城市办事处，2个乡，2个产业园，有自治区、自治州、生产建设兵团和县属企事业单位。

2. 发展定位

- 丝绸之路经济带南通道物流枢纽港
- 进出疆大型商贸物流集散中转地
- 南疆大型石油化工能源资源仓储区
- 南疆大型应急动员物资仓储区
- 南疆重要的特色农产品加工物流示范地
- 南疆重要的航空物流集散节点
- 州内重要的电商物流示范中心
- 州内重要的物流辅助性产业发展基地
- 县域城市配送物流核心发展区

3. 发展重点

依托丝绸之路经济带建设、中巴经济走廊建设、巴州副中心城市建设和综合性交通枢纽建设，以打造南疆商贸物资、石化物资、应急动员物资、农产品和日用品的物流集散中转中心为目标，发挥综合交通枢纽优势，以本县、新疆生产建设兵团毗邻团场和周边县市产业园区、批发市场为依托，面向南疆、内地与丝绸之路经济带共建国家的物资集散和中转，合理布局多式联运无缝衔接的物流设施网络。构建"物流园区、物流中心、配送中心"三层物流结构体系，构筑东联西出的丝绸之路经济带新兴物流枢纽港。

形成特色鲜明、业态多样、组织化程度高、具有持续发展能力的物流产业发展体系。重点发展仓储物流、工业物流、农产品冷链物流、应急物流、危化品物流、回收物流等，建设集散功能强大的综合型铁路物流园和内陆公路物流园。

优化发展环境，完善物流基础设施，培育物流龙头企业，推进物流信息化，发展快速集散、多式联运，以及物流信息服务和物流企业保障等综合物流服务。作为全县主导建设的物流聚集区，要为物流企业搭建公共服务平台，满足各类物流企业集聚发展及业务运作的需要。按照企业投资、市场运作（含PPP模式）模式，培育和引进一批具有一定规模、核心业务能力较强的物流主体在若羌县设立运营中心、分拨中心和转运中心。

（二）依吞布拉克物流聚集区

1. 基本情况

依吞布拉克物流聚集区位于新疆、青海、甘肃、西藏四省区交界处，包括依吞布拉克镇、铁木里克乡、祁曼塔格乡等乡镇，格尔木—库尔勒铁路、315国道贯穿其中，离县城256千米。依吞布拉克工业园于2010年被列为自治区级工业园区，力求打造"专业集成、投资集中、资源集约、效益集聚"的综合型产业园区。该区重点发展黑金属（铁）、有色金属（铜、钨锡、铅锌）等矿产的初加工，聚集了新华联维宝等矿业企业。格尔木—库尔勒铁路在依吞布拉克设有货运站点。

2. 发展定位

- 辐射南疆及周边省区市县的重要铁路物流节点
- 巴州重要的矿业物流配送中心

3. 发展重点

依托矿业产品，建立在疆内具有一定影响力的特色矿产品物流中心。依托315高速公路和依吞布拉克火车站等优越的交通区位条件，在高速公路和铁路站场之间建设依吞布拉克仓储物流园和商贸物流中心，配套发展公路、铁路仓储物流等生产性服务业，建成巴州重要的陆路物流节点。

通过集中布局，以"园"兴"城"，以"城"促"园"，"产城"结合，双向互动，带动人口发展，实现产城协调同步发展，加快特色矿产品物流中心建设。

（三）米兰物流聚集区

1. 基本情况

新疆生产建设兵团第二师36团米兰镇位于315国道、218国道、214省道形成的三角形区域内，隶属于铁门关市管辖，距离若羌县 70 千米，是格尔木—库尔勒铁路的必经之地，也是丝绸之路经济带南线的重要驿站。2015 年，米兰镇完成总产值 8 亿元。镇辖有昆金矿业等重要矿业企业。

米兰镇依托矿产资源开发基地和交通区位优势，大力培育"一镇四区"产业格局，加快基础设施建设，着力推进优势产业集群化，努力打造矿业、特色农业、商贸物流和文化旅游等行业竞相发展的特色城镇。

2. 发展定位

- 巴州东南部重要的商贸物流集散中心
- 第二师重要的特色农产品加工物流示范地

3. 发展重点

促进现代物流、信息服务、住宿餐饮、旅游探险、汽车保养、商贸和农贸等行业发展，带动发展一批中小微商贸流通企业，提供区域集散分拨、货运信息交易、公共仓储、农产品特色物流、物流增值服务等综合物流服务，构建 315 国道、格库铁路沿线商贸物流综合性多功能产业发展区。

（四）罗布泊物流聚集区

1. 基本情况

罗布泊物流聚集区包括罗布泊盐化工工业园和罗布泊镇，位于若羌县东北部，南距若羌县城 320 多千米，北距哈密市近 400 千米，境内有哈密—若羌公路与外界连通，哈密—罗布泊铁路于 2012 年建成通车。罗布泊盐化工工业园于 2010 年批准设立，2016 年园区实现工业总产值 31.8 亿元。区内入驻有国投新疆罗布泊钾盐有限责任公司这一全国知名的盐化工企业。

罗布泊盐化工工业园合理布局盐化工产业项目，大力发展循环经济，向精细化工产品、高端盐化工产品发展，实现盐资源深度加工，提高了产品附加值，增强了市场竞争力，争取建成国内盐化工示范基地。

2. 发展定位

- 国内重要的化工物流示范基地
- 哈密—若羌铁路沿线重要的多式联运中心

3. 发展重点

依托哈密—若羌公路改造和若羌—罗中铁路建设，配套发展公路、铁路仓储物流等生产性服务业，建成全国重要的盐化工物流基地。

(五)瓦石峡物流聚集区

1. 基本情况

瓦石峡物流聚集区的辐射范围主要为瓦石峡镇,位于若羌县城西北80千米处,315国道从镇域中部穿过。瓦石峡镇以发展红枣产业和特色养殖业为主,是巴州城镇体系规划中确定的10个重点小城镇之一,2011年9月被认定为全国"一村一品"示范村镇。瓦石峡镇力求实现城镇化与农牧业现代化同步发展、深度融合,建设城市向西联通的门户重镇、重要的交通枢纽和资源开发基地,逐步建成以商贸业、特色高效农业、旅游业为主的农贸型城镇。

2. 发展定位

- 巴州南部重要的商贸物流节点城镇
- 若羌—和田铁路沿线重要的商贸物流集散中心

3. 发展重点

依托315国道高速公路化改造和若羌—和田铁路建设,配套发展公路、铁路仓储物流等生产性服务业,建成巴州南部重要的商贸物流节点。加快道路交通、重要物流疏散及仓储等基础设施的建设,形成多式联运有效衔接的现代物流集疏运体系及配送体系。

二、体系层次

系统的结构就是构成系统的要素之间相互联系、相互作用的方式或形式,是系统保持整体功能的内在依据。若羌县物流系统是一个复杂的社会体系,构成要素多元化,其结构也具有多样性。从社会物流的角度出发,综合各方面的因素,若羌县物流系统的层次框架可用一种金字塔结构来描述(见图9-2)。

若羌县物流系统的基础层是若羌县物流活动所依托的物理设施和社会环境,是若羌县社会物流得以开展的基础。基础层由基础设施、信息网络两大硬件技术平台以及政策环境、人才环境两大软件理念平台组成。若羌县物流系统的基础层是目前影响若羌县社会物流发展最关键的一个层面。

若羌县物流系统的运作层是若羌县物流系统的主体要素,是整个系统的能动者,也就是说,整个物流系统的运行是由运作层来推动的。目前,运作层的企业性质和业务经营非常多样,第三方物流和自营物流共存,具有不同核心业务能力的企业群体构成了物流系统的执行主体。

第九章 若羌县综合物流体系建设目标与愿景

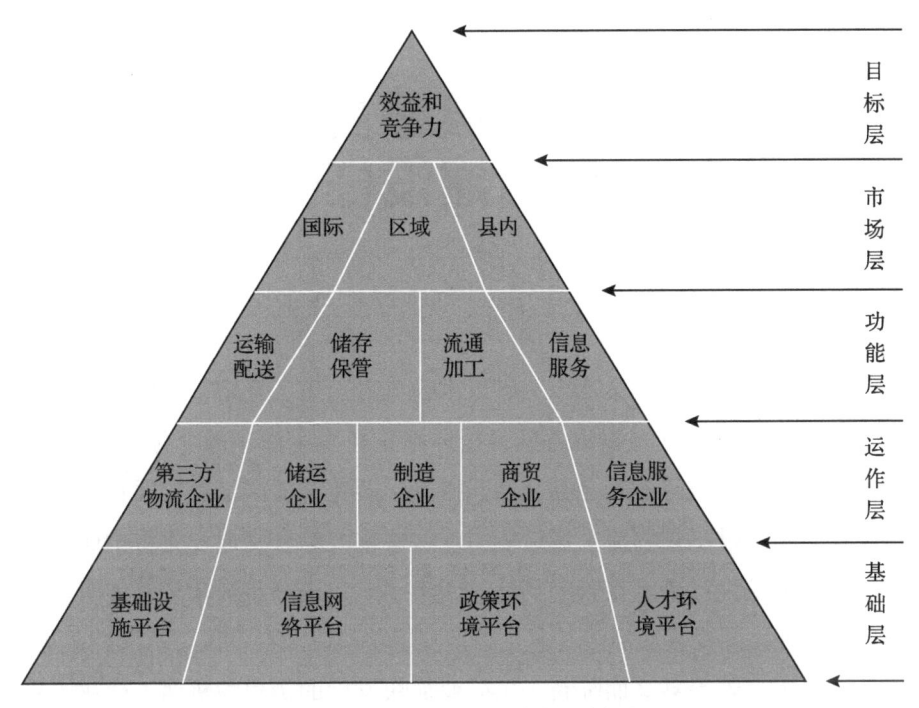

图 9-2 若羌县物流系统的层次框架

若羌县物流系统的功能层也就是若羌县物流系统的功能要素层，是指区域内各种物流企业提供的各类专业化的物流功能。这些基本功能有效地组合、连接在一起，集成了系统的综合物流功能。物流系统的功能要素主要包括运输配送、储存保管、流通加工、信息服务以及包装、装卸搬运等附加功能。

若羌县物流系统的市场层反映了若羌县综合物流体系所能够提供物流服务的市场范围，包括县域内市场、周边地区市场和国际市场等。若羌县综合物流体系首先要保障全县经济社会发展的物流服务需求，其次要为新疆南部进出疆物流提供一定规模的区域市场服务，最后是为丝绸之路经济带南通道、中巴经济走廊物流通道等提供一定范围的外向型物流服务。

若羌县物流系统的目标层是若羌县综合物流体系最终实现的发展层次和发展水平，主要体现在县域物流的综合服务效益和综合竞争力等层面。若羌县综合物流体系不仅要成为西部地区县域物流发展的重要示范性样板，还要成为反映县域综合竞争力的重要产业领域。

第十章 若羌县综合物流体系重点建设任务

在西部陆海新通道、柴达木—塔里木物流大通道、环塔里木经济带等建设背景下，若羌县综合交通物流基础设施体系正在发生深刻的变化，多条铁路、高速公路、能源通道等在若羌县交会，提升了若羌县的区域性交通物流枢纽地位，全面增强了进出疆物流大通道能力。这些重大综合交通变化将全面提升商品物资和物流等生产要素在若羌县域的聚集水平，进一步强化对整体南疆区域货物的集散能力。在县域经济工业化的新发展阶段以及自治区"八大产业集群"建设的背景下，若羌县又面临新兴工矿业加快发展的历史性机遇，产业体系也将呈现结构性变化，物流需求将不断增长。同时，随着城乡交通、物流等基础设施的改善以及电商等行业的加快发展，城乡物流体系也面临着行业管理技术改善、物流配送通达性和效率提高等较好的发展机遇。对此，需要从宏观上以及具体行业管理运营层面，加大县域综合物流基础设施建设力度和企业培育力度，不断提升县域整体的物流产业发展水平和服务能力，积极探索西部地区物流产业示范城市的建设路径。

第一节 着力构建综合物流大通道

按照全县物流业"四轴、五区、七园、多中心"的空间布局要求，引导重大物流资源向综合物流通道集聚，推动重大物流项目建设，强化丝绸之路经济带核心区综合物流节点功能。在对外综合物流大通道建设层面，构建以机场、铁路、高等级公路为骨架，各种运输方式有机衔接、功能完善、高效安全的综合物流大通道体系。进一步疏通和优化丝绸之路经济带南通道及中巴经济走廊战略通道，巩固和提升若羌县在自治区和国家物流通道规划中的地位。加快建设中巴经济走廊承载中心的重要支点和南疆铁路公路航空枢纽的关键节点，构建完善"东联西出、向北挺进"的全方位开放合作格局。合理规划布局公路、铁路和航空物流基础设施，完善物流大通道和物流枢纽节点布局，构建便捷、高效的物流基础设施网络，促进多种运输方式顺畅衔接和高效中转，提升若羌县物流体系的综合能力。

一、积极构建铁路大通道能力

铁路通道建设以贯通断头路，有效衔接相关线路，形成"东联西出"的综合交通运输新通道为重点。为适应塔里木盆地油气资源的综合开发，提高亚欧大陆桥南通道的整体服务水平，实现加强西部铁路网的目标，重点建设和完善向东出疆铁路通道、向西国际铁路通道和疆内环塔里木盆地的铁路通道，形成"东联西出"的铁路开发格局。积极推动若羌—罗布泊铁路建设，积极推动库尔勒—罗布泊—敦煌铁路纳入规划。依托格尔木—库尔勒铁路的建成，谋划开通若羌至内地主要城市的铁路快速货运班列。积极开展与库尔勒国际班列衔接的前瞻性研究，将若羌铁路货运站打造成库尔勒国际班列的后补支线节点。依托格尔木—库尔勒铁路建设，着力参与东连内地、西接欧洲的第三条铁路亚欧大陆桥的建设。

专栏1 铁路通道重点建设项目

通道铁路建设项目：若羌至罗布泊铁路；格库铁路扩能改造项目

支线铁路建设项目：若羌火车站至县工业园铁路专用线建设项目；推进若羌工业园区、依吞布拉克矿业加工园铁路专用线规划建设

远期铁路通道规划项目：启动库尔勒—罗北—敦煌铁路前期工作，推动开通若羌至内地主要城市的铁路快速货运班列，打造库尔勒国际班列支线若羌节点

二、全面强化公路通道战略支撑能力

公路通道建设以打通瓶颈路段，提升通道能力，实现第二条进出疆大通道内主要节点间交通基础设施建设的历史性跨越为重点。着力推进高速公路和普通国省道高等级化改造等一系列重大交通基础设施项目建设，完善公路运输通道布局，强化若羌县作为新疆、甘肃、青海、西藏四省区交界处的公路交通枢纽的地位。加快推动G0612依吞布拉克至和田高速公路建设和老爷庙口岸—哈密—若羌高等级公路建设，推动G0711库尔勒至若羌高速公路加快建设。加快S235若羌至哈密公路、S336巴什库尔干至拉配泉公路、S339沙漠公路建设，加快塔什萨依至康拉克等五条总长800千米的资源路建设，优化提升公路网络体系。抓住交通基础设施建设的黄金机遇期，加快区域交通干线建设，提高干线交通供给能力，巩固和强化区域交通运输网络骨架，全面提高城际交通通行效率和服务水平，实现若羌县与周边县市的通道畅通，形成全覆盖、多层次、高效率的城际干线物流通道。

> **专栏2　公路通道重点建设项目**
>
> 高速公路重点建设项目：G0612依吞布拉克至和田高速公路，G0711库尔勒至若羌高速公路
>
> 高等级公路重点建设项目：老爷庙口岸—哈密—若羌高等级公路，S339麦盖提至若羌公路，S235罗中至若羌公路，G315线县域段改线（南环路）项目，S336拉配泉至若羌巴什库尔干公路，若羌县资源路网建设

三、积极完善航空通道航线体系

以自治区开通南北疆串飞、环飞航线，形成辐射全疆机场的支线航空运输网络，提高偏远和地面交通不便地区的机场利用率为契机，加快完善区域主要景区与若羌机场间空地运输的配套设施，实现机场直达景区的空地交通运输有效衔接，新辟内地主要客源城市至若羌的直达航线，不断提升支线机场作为旅游集散中心的保障能力，加强机场对若羌县经济的支撑，加快完成机场改扩建

前期工作，为机场改扩建打好基础。

航空通道建设以巩固前期航线发展成果，开辟通向国内外重要节点的航线为重点。航空大通道对于若羌县连通丝绸之路经济带中、北两大通道，连通喀什、霍尔果斯经济开发区，形成对外开放中南北疆相互支持、相互协作的战略格局，使开放型经济辐射若羌乃至周边省区市具有重要的战略意义。要大胆完善机场布局，引导和鼓励国内航空公司开通经若羌至华中、华南地区省会城市的国内航线和至伊斯兰堡、瓜德尔港的国际航线。

专栏3　航空通道重点建设项目

航空基本建设项目：加快楼兰机场改扩建，推进依吞布拉克、瓦石峡、祁曼塔格通用机场建设，以及康拉克湖、拉配泉、白干湖等五个直升机停机坪建设

航线近期建设项目：若羌—库尔勒—乌鲁木齐航线、若羌—和田航线、若羌—阿克苏航线

航线中期建设项目：开通若羌至周边区域重点节点城市的国内航线（包括到伊宁、喀什、格尔木、西宁、兰州、成都、重庆、西安等城市的航线）

航线远期建设项目：开通若羌至北京、广州的航线以及到西亚、南亚、欧洲等地区的国际航线

四、积极呼吁建设能源管网通道

密切关注国家中巴经济走廊通道建设规划，积极把握中央企业关于中巴能源通道的前瞻性工作思路，积极呼吁全面构建沿昆仑山中巴能源安全大通道。加快推进长输天然气管道工程，支持应急储气库、成品油库建设，打造全疆大型石油化工中转、仓储、交易中心。

> **专栏 4　能源管网通道重点建设项目**
>
> **管网建设重点项目：**"疆电东送"第四通道建设，南疆环塔天然气管网建设
>
> **仓储建设重点项目：**中石油大型仓库、中石化大型仓库建设等意向性项目

第二节　统筹建设物流节点网络体系

全县稳步推进物流通道节点建设，促进物流要素集聚，增强辐射带动能力，基本形成"物流园区—物流中心—配送中心（末端网点）"等多层次的现代物流网络体系。在全县五大物流产业聚集区，依托县交通区位优势、产业发展条件和区域发展潜力，布局建设一批起点高、规模大、辐射面广的物流园区，在主城区和园区制造业基地周边建设一批现代化物流中心，在城市社区和村镇布局建设配送末端网点，形成层级合理、规模适当、需求匹配的物流节点网络。

一、统筹规划全县物流园区建设

按照集中与分散相结合的原则，依靠铁路、空港、公路场站等交通枢纽优势，围绕产业集聚区和园区、专业市场和产业集群等物流需求集聚地，在重要物流节点城镇、制造业基地和综合交通枢纽，根据城乡发展规划的要求，充分利用已有运输场站、仓储基地等基础设施，统筹规划建设一批以布局集中、用地节约、产业集聚、功能集成、经营集约为特征的物流园区，提高物流服务效率，降低物流成本。物流园区建设要从实际需要出发，充分考虑物流市场需求，严格按照规划进行，防止一哄而上、盲目投资和重复建设，同时也要防止出现新的"圈地"现象。县域原则上不再建设新的物流园区。要力争形成一批综合实力强、发展前景好、带动作用显著的自治区级示范物流园区，积极申建国家级示范物流园区，不断总结经验，强化示范引领，充分发挥市场化手段的作用，促进全县物流园区规模化、集约化、专业化发展。围绕自治区将若羌县建设为商贸物流节点城市和区域冷链物流中心的定位，聚焦商业、交易、生产、流通"四大环节"，坚持"物流＋产业＋基地"发展模式，将若羌县现代

工贸物流园建成辐射东南沿海各大港口、西达新疆各大口岸的重要国际转运中心。

完善塔东物流商贸综合园区基础设施建设，打造集多式联运、现代仓储、物流配送、物流增值加工、城区配送等多种功能于一体的物流园区（中心），重点推进靖祥新丝路公路物流港项目建设。充分发挥罗布泊镇、依吞布拉克镇的资源优势和地理位置优势，建设为罗布泊盐化工工业园、依吞布拉克工业园提供生产性配套物流服务和多式联运延伸服务及大宗物资中转服务的罗布泊物流中心、依吞布拉克物流中心，构建若羌物流产业发展"一区三园两中心"的总体空间格局。围绕园区（中心）产业集群，谋划建设公租房、学校、医院、居民小区、农贸市场和通信服务等基础设施，布局绿色休闲、商务办公、餐饮住宿、停车场、购物、会展中心等服务产业，使之成为商贸主题突出、综合功能完善的商贸功能区及生活服务区，实现车流集中、人流集聚、货流集群。

在严格遵循土地利用总体规划、城镇总体规划的前提下，推进物流园区水、电、路、通信设施和多式联运设施建设，加快现代化立体仓库和信息平台建设，完善周边公路、铁路配套，推广使用先进运输方式和智能化管理技术，完善物流园区管理体制，提升管理和服务水平。结合区位特点和物流需求，发展货运枢纽型、生产服务型、商贸服务型和综合服务型等功能互补、各具特色的物流园区，发挥物流园区的集聚辐射带动作用。积极申报综合保税区，实现通道经济向经济通道转变。

按照全县生产力布局特点和经济社会发展要求，依托陆路、航空、货运场站等交通基础设施，以优化整合为原则，合理确定物流园区的数量、性质、规模和建设内容。全县重点规划建设七个物流园区。

专栏5　重点物流园区建设项目

重点物流园区项目：塔东公路港物流园（综合服务型）、铁路物流园（货运服务型）、空港物流园（货运服务型）、罗布泊化工物流园（生产服务型）、依吞布拉克铁路物流园（货运服务型）、米兰综合商贸物流园（综合服务型）、瓦石峡综合商贸物流园（综合服务型）

二、合理布局专业物流中心

依托县内主要产业园区、商贸业集聚地和大型批发市场，统筹规划建设和改造一批面向全县、辐射周边的仓储、分拣、流通加工、配送、信息服务、电子商务等功能齐备的专业物流中心，重点为重要矿产品、农产品及加工、石油石化、应急动员物资、钢铁、建材、城乡商业等产业服务，促进商贸物流产业适度集聚。物流中心与物流园区应有一定的空间距离，以补充物流园区的服务功能。

> **专栏6　重点物流中心建设项目**
>
> 重点物流中心项目：县北工业园物流中心、农产品产业园物流中心、石化仓储物流中心、战略物资物流中心等

三、加强乡镇物流配送中心建设

根据市场需求，在各乡镇大型居住区、商业区等人员密集、交通繁忙、个性化服务需求旺盛的区域，建设一批高标准、规范化的配送分拨中心和城乡末端配送网点。大力支持"快递下乡"，引导邮政、快递等物流企业融合发展，力争达到"镇镇有分拨、乡乡有网点、村村通快递"。通过整合资源，建立共同配送网络，提高"最后一公里"服务能力，形成覆盖全县的物流配送体系。

乡镇配送中心规划与区域内物流园区、专业物流中心布局规划有效衔接，以便发挥末端物流服务功能。有选择性地在商贸集散地、农副产品产区建立物流配送中心，形成全县统筹规划、城乡结合的多层次物流运行网络。

> **专栏7　乡镇配送中心建设项目**
>
> 重点配送中心项目：吾塔木乡、铁干里克镇、依吞布拉克镇、铁木里克乡、祁曼塔格乡、罗布泊镇、瓦石峡镇等配送中心

第三节　构建紧密连接的多式联运系统

　　大力发展多式联运，加快主要铁路、航空、公路物流枢纽多式联运中转设施建设，构建与铁路、公路和航空运输能力匹配的集疏运通道体系。稳步推进航空港、铁路港、公路港建设，促进多式联运、互联互通，建设进出疆货运集散中心及"铁公机"配套联运物流基地。依托铁路、高速公路、机场的规划建设，结合产业发展、城市规划和物流需求，规划建设一批多种运输方式无缝衔接的，集合国内外物流中转、集散和储运等功能的现代化综合货运枢纽，实现枢纽站场衔接配套和功能整合，进而满足县域内外部物流多式联运的发展需求。一是通过合理规划布局各运输方式的物流设施，构建能力匹配的集疏运通道，配备现代化的中转设施，实现县域内外交通以及城镇组团间交通的顺畅衔接，进而满足货运无缝衔接的发展需求。二是根据城镇体系规划，综合考虑城镇空间拓展趋势和城镇交通发展现状及未来发展需求，超前规划城镇过境线，合理分流过境交通，从而实现过境交通"近城镇而不进城镇"，减少过境交通对城镇内部交通的干扰。三是结合城镇对外货物流量流向分布特点，科学合理布设县域主要对外出入口，并通过连接线建设进一步强化与高速公路、普通国省干线公路等的对接，全面实现县域对外出入口的便捷畅通。

一、优化基于多式联运的支线公路网络

　　构建与铁路、机场和公路货运站能力匹配的公路集疏运网络系统。建成城区骨架道路网络，完善组团间联系通道。加快若羌县物流聚集区之间物流通道的联通建设，着力推动各类货运场站、产业园区和物流园区的连通。以"环线＋放射线＋填充线"形成大若羌区域的骨架道路网络，适应该地区城镇体系发展格局。改造提升主城区与周边乡镇之间的快速通道，加快建设机场高速公路，择机规划建设绕城高速公路。加大重点物流园和重点商品交易市场规模化停车区域的建设力度。加快推进235省道改造项目，力争将若羌县依吞布拉克镇至且末县库拉木勒克乡资源大通道项目列入自治区新增省道规划。实现新设乡村18条道路硬化全覆盖，完善农村公路建管养运机制，创建自治区级"四好农村公路"示范县。为了满足若羌县经济发展的需要，构建快速高效的公路运输网，

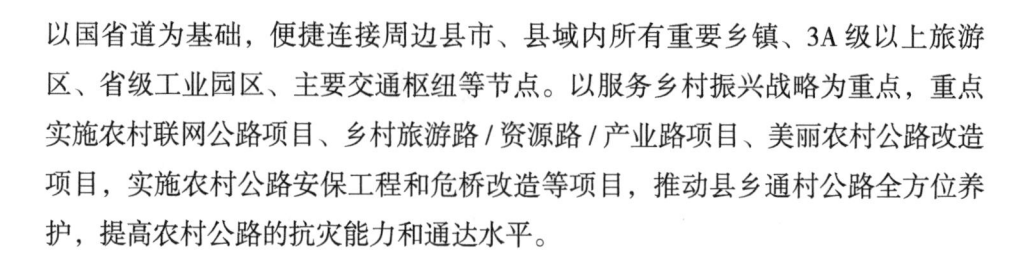

以国省道为基础，便捷连接周边县市、县域内所有重要乡镇、3A级以上旅游区、省级工业园区、主要交通枢纽等节点。以服务乡村振兴战略为重点，重点实施农村联网公路项目、乡村旅游路/资源路/产业路项目、美丽农村公路改造项目，实施农村公路安保工程和危桥改造等项目，推动县乡通村公路全方位养护，提高农村公路的抗灾能力和通达水平。

二、建设基于多式联运的铁路枢纽设施

依托格尔木—库尔勒铁路建设和一系列规划铁路建设项目，推进铁路专用线建设，发挥铁路集装箱中心站作用，推进进出疆枢纽区域集装箱场站建设。重点推动若羌铁路货运站和依吞布拉克铁路货运站建设，根据未来通道经济发展需求，不断提高站场等级、规模和输送能力。着力推动县域各产业园区、重大企业项目和公共性项目的铁路转运线工程建设。

三、打造基于多式联运的疆内航空节点

加快推进楼兰机场运营工作，增辟疆内、疆外航线，把楼兰机场建设成为塔里木盆地南缘的重要航空枢纽。整合机场与周边用地。为配合若羌区域节点机场的建设，在楼兰机场附近建设楼兰空港物流园，实现公路货运站与民航的联动。扩大通用航空作业覆盖范围，满足各乡镇灌区、林草区、粮食产区等飞播、灭虫、救灾、巡查等农林作业需求，积极推进政府采购通航作业用于边境巡查、应急抢险、医疗救助等领域，重点培育低空旅游、短途运输、应急救援等业态。形成以"通航＋旅游"、短途运输、应急救援为主导，"通航＋"业态全面发展的格局，重点建成罗布泊（罗布泊镇或36团）、祁曼（祁曼塔格乡）通用机场。

> **专栏8　多式联运系统重点建设项目**
>
> **多式联运公路干线建设工程**：机场高速建设项目、235省道改造项目、依吞布拉克镇至且末县库拉木勒克乡资源大通道项目、巴什库尔干至拉配泉至新甘交界省道改造项目、且末县至白干胡村至依吞布拉克镇省道改造项目；新建瓦石峡镇、铁干里克镇和塔什萨依乡等客运站点

多式联运铁路建设工程：依吞布拉克矿业加工园铁路专用线建设项目（拟建设一条30千米的园区铁路专用线并完善配套设施）、新材料产业园铁路专用线建设项目；完善若羌、瓦石峡、依吞布拉克火车站配套附属设施建设

多式联运民航建设工程：楼兰机场空港物流园建设项目

第四节　积极推进重点行业物流发展

将工业物流、农产品物流、商贸物流、快递与邮政物流、保税物流、应急物流和回收物流等七大物流部门作为若羌县发展现代物流业的主要抓手和建设南疆交通枢纽中心的突破口，一业一策，各个突破，争取在未来5~8年内奠定若羌县在重点物流行业的领先地位。在进行各重点行业的物流布局时，主要根据行业特点、产业基础、集聚功能和合理辐射半径等因素，遵循布局集中、服务联动、集聚发展的原则，规划布局物流分拨配送区域和配送网络，为相关产业的发展提供强力支撑。

一、大力发展为新型工业化服务的现代物流产业

紧紧围绕若羌县经济结构调整和发展壮大，大力促进区域内的工业企业引入现代物流管理技术，优化企业供应链，降低企业物流成本，打造企业核心竞争能力。

（一）盐化工物流

以自治区级新型产业化示范基地罗布泊盐化工工业园为基础，加快构筑以国投罗钾公司为龙头，多个盐化企业为辅，盐类资源初步得到综合开发利用的盐化工产业化雏形，为建设亚洲最大的盐化工业城奠定基础。同时，加快国投罗钾扩能改造项目建设，统筹罗布泊、乌尊硝、米兰等地的钾盐矿、镁盐矿、盐硝矿、铯矿等矿产资源的开发。综合开发利用钾盐资源，发展以卤虫、盐藻为主的盐湖养殖业，发展以盐类为主的硫酸钾、烧碱、工业用盐、复合肥、动物饲料、电解镁、溴、锂、铯等盐化产业。盐化工生产以及原材料、零部件的

采购与销售为若羌县带来了产销一体化和生产供应链环节的强大物流需求，为若羌县发展盐化工物流提供了契机。

（二）矿业物流

矿业是若羌县的支柱产业之一，若羌县利用自治区级工业园区若羌工业园区的优势，加速中坡山铜镍矿、三峰山铜金矿、红十井金矿等的勘探开发，取得了重大成果。若羌县积极推进以润通贵金属冶炼、天山水泥、玖鑫硅业为主的塔东工业园精深加工企业扩大规模，切实推进依吞布拉克矿业加工园铁精粉产业稳步发展。若羌县可根据现代矿业贸易的发展趋势和特点，以大集团为依托，组建集仓储、加工、分销、运输于一体的矿业配送企业，努力实现成本最低、流通环节最少、损耗最小的现代物流模式。

（三）煤炭物流

随着各地火电站的新建和盐化工业、矿业产量的增加，若羌县的煤炭需求不断扩大。若羌县可以促进电力企业、矿业企业、盐化工企业、运输企业、枢纽型港口及铁路开展多种形式的联合，组建集煤炭采购、运输、储存、加工、配送、信息服务于一体的专业物流市场与若干个专业化煤炭物流服务商。

（四）化工建材物流

若羌县依托南疆地区现有的大型基地，在精细化工、农用化工产品方面具有比较优势。同时，若羌县石棉、水泥制品等行业的快速发展，中石油、中石化等企业在若羌县的中转基地建设，必将产生原材料及产成品物流需求。若羌县可以组建集采购、储存、分拨、运输、信息服务于一体的化工建材物流服务商，提供清洁、高效、专业化的物流服务，努力降低相关产业的综合物流成本。

专栏9　工业物流建设项目

建设重点项目：XLY物流公司昆北物流园、ZC集团综合物流园、中石油油库、中石化油库等意向性建设项目

二、形成农产品大市场和大流通

引入现代物流产业经营模式，加快建设若羌县农产品物流网络体系，有利于优化"农户－农业""农村－城市"的经济联系，加快建立以生产专业化、

服务社会化、经营主体多元化和产销配送一体化为标志的现代农业市场体系，形成农业的大市场、大流通和大贸易网络格局。要大力推广农业物流产业管理技术，推广农产品保鲜与配送技术，增加农业生产附加值，增强若羌县农产品的市场竞争力。发展农产品冷链物流，加快建设冷链物流设施项目；布局建设大型冷链物流仓储配送中心，形成面向肉类、水果、蔬菜、水产品、药品等特色产品的多温精准控制的仓储服务中心。

（一）红枣物流

依托若羌县的红枣产业优势，大力发展红枣销售与运输。构建红枣收购、储存、加工、运输、分销及配送一体化的枣业物流体系。大力发展以若羌红枣兵地颐高电子商务产业园为代表的"互联网+"电子商务新模式。

（二）农产品物流

从若羌县的实际出发，可先期启动三海瓜园甜瓜深加工项目等农产品物流的先导项目，为农产品进出疆提供便捷的通道。积极支持发展集生产基地、仓储运输、加工整理、连锁配送、信息服务等多项物流功能于一体的农产品物流系统。

> **专栏10　农业物流建设项目**
>
> **建设重点项目**：若羌红枣期货交割库建设（新建红枣交割库及附属配套设施）、若羌县新疆楼兰电子商务冷链仓储项目、自治区级牛羊猪肉储备基地建设
>
> **供销合作社系统建设项目**：若羌县石硫合剂厂建设项目、若羌县新华互联网信息服务+电子商务产业园建设项目
>
> **粮食系统建设项目**：若羌县楼兰粮油购销有限责任公司中心库区、瓦石峡粮站建设

三、加快提高商贸流通现代化水平

对于传统商贸业，现代物流体系在提高贸易流通效率、提升商贸市场功能方面具有更强的能力。商贸业发展物流应以辐射扩展、功能提升、网络营销为

主要战略措施，强化仓储设施和配送体系的建设，培育壮大电子商务、连锁超市等新的商业形态。发展重点是加快塔东综合物流园建设，建成投用铁干里克镇、瓦石峡镇、依吞布拉克镇集贸市场及罗布泊镇商贸中心，玉都、帝豪建材等综合专业性市场运营平稳，并建立分销配送型物流中心。推进新联运物流公司昆北物流园、泽昌集团综合物流园、靖祥公司综合物流园等一批物流项目落地开工。支持京东、顺丰、德邦等企业在若羌分仓转运，建设南疆地区及跨境电商智能分拨中心。合理配置城乡物流资源，推进城乡配送中心建设、农超对接等工作，打造便利、快捷、高效的城乡一体化物流服务网络。整合县乡村三级物流网络资源，形成合力，实现多元化物流配送体系的有效衔接和融合发展。

构建区域性物资商品仓储交易区，重点围绕塔东物流商贸综合园区谋划建设大宗商品现代化仓储交易中心，为进出疆农产品、钢材、管材、农资、建筑材料等货物提供产品分区分类存放、展示、交易和管理服务，打造区域性、国际化的大宗商品现代化仓储交易服务基地。引进社会资本，划定专门区域，建设大型石油、天然气、化工原料等储备库及危化品运输车辆停车场，建设南疆重要的大型石油化工中转、仓储、交易中心。

> **专栏11　城乡商贸物流建设项目**
>
> **建设重点项目：** 若羌县活畜交易市场、瓦石峡镇农贸市场、吾塔木乡农产品交易市场、铁干里克镇农副产品交易市场、依吞布拉克镇农贸市场

四、拓展快递和邮政物流服务

作为电子商务发展支撑的快递行业，要顺应网络购物快速发展的趋势，推进快递物流服务与电子商务的融合发展。鼓励和支持民营快递企业通过全资直营、特许加盟、业务代理等多种途径，扩大网络覆盖范围，拓展增值业务，加快技术设备更新，从而培育一批规模化、品牌化、规范化的快递企业。实施快递下乡工程，鼓励和支持民营快递企业"向下走"，鼓励快递企业加快乡镇（团场）网络布局，支持通过开办快递超市和快递驿站、邮快联合、交快联合的方式在乡镇（团场）设立快递服务末端网点，推动"快递下乡、进团场"，支撑农村电商发展，打通"工业品下乡"和"农产品进城"双向通道。建立区域快递

服务协调和监管机制，实现快递物流网络的规范化运行。加快航空快递物流体系建设，开发运输重量轻、附加值高的产品的空中物流走廊。吸引邮政、菜鸟物流、京东物流、顺丰、德邦、"四通一达"等知名物流快递企业在若羌设立分仓转运中心，引导南疆快递包裹经若羌中转集散，努力打造服务南疆地区及跨境电商西出东进的物流快递智能分拨转运中心。

> **专栏 12　快递和邮政物流建设项目**
>
> **建设重点项目：**行政村邮站建设项目（各个行政村设立投寄点）、农村电商物流配送服务体系建设项目（依托县乡村三级电子商务服务站点，建设完善农村电商物流配送服务体系）

五、逐步完善应急物流体系

进一步完善应急物流基础设施，积极有效应对突发自然灾害、公共卫生事件以及重大安全事故。完善应对不同类别突发事件的物流安全保障体系，优化物流应急作业组织和程序，完善应急处理机制。重点建设辐射南疆的大型应急动员物资储备库。建立和完善应急指挥调度系统和处置实施系统，完善应急物资的筹措、采购、储备、运输、配送及信息管理系统。建立快捷高效的应急反应机制，制定并落实完善的应急管理预案体系，提高政府保障公共安全和处置突发事件的能力。发挥大型物流企业的主力军作用，提高综合应急减灾处理能力。依托若羌在南疆救灾物资储备体系中的战略地位和区位优势，建立以县级救灾物资储备库为中心，周边县市储备点（库）为结合的南疆综合救灾物资仓储网络，科学规划储备物资总量和品种，健全救灾物资储备制度。完善救灾物资储备库的应急服务功能，提高救灾服务水平，力争把救灾物资储备库建设成为规模适度、布局合理、设施配套、功能健全的救灾应急服务平台。

> **专栏 13　应急物流建设项目**
>
> **建设重点项目：**南疆大型应急动员物资储备库、若羌县应急物资储备库、若羌县依吞布拉克镇救灾物资储备点、若羌县罗布泊镇救灾物资储备点

六、加快促进绿色物流发展

鼓励和引导物流企业选用节能环保车辆、新能源汽车等节能环保物流设施，引导企业建立逆向物流体系。提高储运工具的信息化水平，减少返空、迂回运输。加快传统旧货市场升级改造步伐，适应消费升级带动的产品淘汰，围绕二手车、旧家电、旧家具等淘汰商品，建设一批集回收、加工、整形、拼装等功能于一体的旧货交易市场，积极拓展回收加工、信息服务、价格评估等业务，形成旧货物流分拣加工基地。建立健全再生资源回收利用网络，重点推动包装物、废旧电器电子产品等生活废弃物和报废工程机械、农作物秸秆、消费品加工中产生的边角废料等有使用价值废弃物的回收利用。加大市场整顿力度，建立一批规范化运作的再生资源回收网点，发挥再生资源加工企业的带动作用，提高回收物品的收集、分拣、加工、搬运、仓储、包装、维修等管理水平，实现废弃物的妥善处置、循环利用、无害环保。

> **专栏 14　绿色物流建设项目**
>
> 再生资源回收网络建设项目：二手汽车交易市场项目、若羌县 BZRT 有色金属冶炼有限公司含铜废杂料综合回收项目
>
> 危险固体废弃物处置项目：石棉尾矿综合利用项目、若羌县危化品仓储物流项目
>
> 垃圾综合处理中心建设项目：若羌县生活垃圾填埋场项目

第五节　若羌县部分综合性商贸流通项目简介

《若羌县商贸流通业发展"十四五"规划》对县域部分综合性商贸流通重点项目进行了意向性设置和定位。[①] 现将部分重点项目的建设内容和定位列出如下。

---

① 若羌县工业和信息化局：《若羌县商贸流通业发展"十四五"规划》，2020 年 10 月。

一、塔东综合商贸物流园区

建设集商贸物流、仓储、大宗商品集散等功能于一体的综合型商贸物流园，并建设面向商贸物流工作人员居住的商贸物流特色社区，配套建设教育、医疗、酒店等附属设施。

二、依吞布拉克铁路物流园

建设集铁路物流、仓储、大宗商品集散等功能于一体的综合型物流园，并建设面向工作人员居住的铁路物流特色社区，配套建设教育、医疗等附属设施。

三、红枣交割市场

充分利用若羌县现有的红枣资源优势，通过建设大宗商品交割仓，综合推进红枣交易、商务管理及配套服务等板块建设，打造新疆重要的果品交易集散地和全国最大的红枣交割市场。

四、现代化冷链服务中心

根据若羌县农副产品加工、水产品、蔬菜等市场分布，规划在农副产品加工产业园内建设现代化冷链服务中心，主要包括多温冷库（年仓储容量3万吨）、冷链产业交易中心、冷链配送中心、食品安全检测中心。

五、多功能保税物流中心

根据产业发展需要，规划在塔东综合物流园区设立综合保税区分区，加快保税仓等基础设施建设，打造保税物流中心，满足保税货物及其他未办结海关手续货物的存储、加工等服务需要，加快跨境贸易和国际物流体系建设。以保税仓储服务为基础，延伸口岸功能，为进出口企业提供贸易、缓税、简单加工、物流配送等多项服务。

六、供应链管理与供应链金融服务平台

根据若羌县产业发展现状与空间格局，规划在塔东综合物流园区内建设商

业办公综合体，用于建设供应链管理增值服务平台、供应链金融服务中心，推动百亿级供应链金融产业的发展。

七、塔东公铁联运集装箱中心站

依托若羌火车站和规划的塔东物流园铁路专用线，重点发展大宗物资集散、多式联运、区域配送、国际货运代理、货运信息采集发布等服务。塔东集装箱中心站拥有铁路集装箱办理站的基本功能，具备编发、接卸成列集装箱列车的能力，同时具有车辆机械技术检测、维修、清洗、加油和停放等配套服务功能；能够便捷办理国际、国内集装箱多式联运业务；配备集装箱管理信息系统，能够对集装箱进行动态跟踪和管理，完成对集装箱货物的承揽、仓储、运输以及车辆作业等流程计划和调度。

八、楼兰机场航空货运多式联运中心

为若羌县高端农产品和玉石等高价值、高时效性产品的交易提供物流集散服务。通过航空多式联运中心建设，同步带动楼兰机场及机场周边冷链物流、保税物流的发展及相关转运配套设施的建设，发挥公空多式联运的时效性优势，对接大型交易市场。航空多式联运中心重点服务优质牛羊肉、优质红枣、珠宝玉石、首饰贵金属等货物品类，并提供相应的航空包裹快件转运服务等。

九、罗布泊公铁联运物流中心

借助哈若铁路带来的便利的运输条件，主要服务盐化工业及其他矿产品工业，重点发展公铁联运和加工贸易、检验等功能。罗布泊公铁联运物流中心重点服务的货物品类包括大宗货物和矿产品，如黑金属（铁）、有色金属（铜、钨锡、铅锌）、新型建材、水泥制品，以及军用物资，如车辆设备、医药、被服等。

十、依吞布拉克公铁联运物流中心

利用依吞布拉克铁路专用线，发展公铁联运和大宗物资中转等服务，为依吞布拉克工业园的生产经营活动提供生产性配套物流服务和多式联运延伸服务。依吞布拉克公铁联运物流中心重点服务的货物品类包括：初级农产品与加工产品，如出口的红枣、干果、粮棉、牛羊肉等；大宗货物和矿产品，如黑金属（铁）、有色金属（铜、钨锡、铅锌）、新型建材、金属管线器材、水泥制品、硅锰合金等。

十一、机场航空物流园

依托丝绸之路经济带，通过不断拓展航空物流产业，将空港区建设成为新疆重要的物流转运基地。航空物流园可以分为快件转运区和国际国内货物分拨中心，重点发展国际国内快递转运、货物分拨及冷链仓储物流等多元产业集群，打造南疆地区集分拨、集散功能于一体的企业转运中心，最终形成"航空物流＋电子商务＋国际国内转运"的综合性低碳生态型现代航空物流产业聚集区。

十二、航空特色旅游休闲区

以楼兰机场为核心，依托若羌县丰富的旅游资源，如生态地形地貌（包括绿洲平原、平原沙漠、戈壁沙滩、高山峻岭等）、楼兰古城遗址、米兰古城遗址、小河墓地、罗布泊、阿尔金山自然保护区、罗布泊野骆驼保护区等，通过跳伞、滑翔机、低空观光、自助摄影、野外随同作业体验、空中游览等方式，开展以航空体育、低空旅游、访古飞行体验、低空科考探险、求知体验、高原沙漠和原生地貌飞行航拍等为核心的景区游览和营地游览的特种旅游项目。可以吸引有航空小镇建设经验的航空产业集团、大型民营企业提前布局航空旅游产业，介入低空旅游、探险领域，将通航与休闲结合，打造具有西域特色的航空主题乐园。

十三、临空农业基地

大力发展红枣园林农业观光旅游，开展全国性的红枣文化节，创建红枣主题公园，合理推进红枣精深加工及配套产业的发展，综合发挥红枣供给、加工增值、生态保护、休闲观光等多种功能，同时搭建产学研平台、红枣产业化经营平台、红枣科技教育培训平台，建设红枣示范、展示、培育基地，新品种、新技术创新孵化基地，精深加工基地，若羌红枣集散交易基地等。将楼兰临空农业区打造成为综合性的红枣产业基地，实现观赏性和产业化的结合。

十四、会务商务中心

主要形成以人才培训、会议会展、商务办公，以及零售商业、娱乐餐饮、酒店住宿、飞行员俱乐部等为主的综合配套服务区。

十五、公寓居住社区

建设面向商务、旅游探险人士和空港工作人员居住的国际航空特色社区，配套建设度假型公寓、医疗、教育等设施。充分依托通用航空优势、产业优势及文化特色元素，推进生产、生活和生态融合，建设独具特色的宜居、宜业、宜游的航空小镇。

十六、电子商务产业园

在现有若羌（兵地）电子商务产业园的基础上，进一步扩大电子商务产业园的规模，完善其服务功能，将电子商务产业园建设成集电商总部办公、创业孵化、电商培训、特产展示、物流仓储、线上线下互动交易等功能于一体的现代化综合电子商务产业园。同时，积极引入淘宝、京东等平台的电商企业和若羌的优势企业、电商创业企业。电子商务产业园根据功能设置，拟划分为六个中心：若羌县电子商务运营中心、电子商务公共服务中心、电子商务孵化中心、电商物流仓储中心、特色商品展示中心、知名电商入驻中心。

十七、星级酒店建设项目

分别在城区、航空港、铁路港、公路港等区域内建设星级酒店，提升服务能力。

第十一章 若羌县综合物流体系建设重点工程

若羌县综合物流体系建设重点工程的推进，需要依托若羌县现有的物流产业发展基础以及面临的历史性发展机遇，抓住能够反映若羌县物流产业发展特点或者能够体现其发展方向的重点工作。物流产业是一个新兴的服务行业领域，必须科学谋划和主动推进，将其培育成若羌县一个重要的特色产业部门。另外，若羌县一定要抓住综合交通枢纽城市建设的历史性机遇，把区位优势发挥好，借助重大通道经济平台，截留和聚集一批物流产业发展要素在县域内，以提升县域物流的区域服务功能。这种区域服务，一方面为本县域经济的高质量发展提供支持；另一方面，更重要的是为南疆的经济社会发展、环塔里木经济带的高质量建设和柴达木—塔里木物流大通道的高质量运行提供有效支撑。因此，若羌县在现代西部陆港城市的建设方向上要多进行前瞻性探索，至少从外部环境识别和具体县域物流服务流程等层面构建出现代物流发展的城市气息或景象。

对于若羌县综合物流体系的建设而言，总体需要考虑的重点工程是区域交通枢纽工程。对于铁路通道和公路通道而言，由于国家西部地区的一些交通线路规划，若羌县自然而然地成为区域性综合交通枢纽城市之一。这是若羌县的地理区位优势决定的。对此，要从交通枢纽城市的视角做一些城市的空间布局规划，为综合交通枢纽城市建设留足充分的土地空间、道路空间和物流园区空间。这些空间的范围和服务规模根据通道车辆的流通规模、进出疆货物的运输规模、本县对未来物流运输的产业发展需求等综合因素确定。城市规划部门要适应这种交通通道发生重大变化的形势，以重大通道的布局为基础，重新审视和认识城市的空间布局问题。而交通、公安管理部门也要适应区域性综合交通枢纽城市建设的要求，千万避免"枢纽"反而变成"堵点"。对于相关经济管理和发展部门而言，需要全面思考这种交通枢纽城市建设对城市经济或县域经济发展的好处。这就需要对国内外区域性综合交通枢纽城市的典型发展案例进行调查研究,借鉴枢纽城市的发展模式和成功经验,特别是一些陆港型城市建设的案例对若羌县具有重要意义。尽管各个综合交通枢纽城市在地域和产业结构方面存在必然的差异,但是交通枢纽城市的发展建设模式也具有众多共性或一般性规律。

第一节 丝绸之路经济带现代物流示范城市创建工程

高度重视现代物流创新发展,全面贯彻"创新、协调、绿色、开放、共享"的新发展理念,遵循"问题导向、因地制宜、改革创新、重点突破"的原则,扎实深入开展若羌县丝绸之路经济带现代物流示范城市创建工作,努力完成"探索和打造有利于现代物流发展的体制机制,完善适应现代物流发展的制度法规,建立健全促进现代物流发展的政策体系,推动物流产业的发展和物流效率的提升"等创建工作目标,最大限度释放市场主体活力,打造丝绸之路经济带现代物流发展的先导示范区。在全疆率先实现物流体系的专业化、社会化、信息化和标准化,成为新疆现代物流发展的先行先试示范城市。

一、全面构建现代物流示范城市发展机制

全面更新观念,在物流产业管理体制、产业发展政策和物流产业社会环境优化等层面进行大胆改革创新,突破惯性思维和瓶颈因素,努力构建现代物流和"一带一路"区域物流创新发展机制,全面打造现代物流示范城市运行模式。加强物流管理体制机制创新,完善城市推动物流发展的政策体系。建立符合城市发展特征的物流体制机制,多部门高效统筹,形成政策合力,有序推进物流发展。率先启动物流园区和物流龙头企业认定工程。推动城市配送和快递服务便捷、绿色、安全发展,提升物流业便民惠民服务水平。建设一批重大冷链物流项目,开辟运行高效的农产品物流通道,以若羌红枣等特色农产品为核心,打造冷链物流基地。面向危化品供应链物流全过程,开展智慧、绿色、全程可控物流管理,构建基于供应链管理模式的危化品智慧物流服务体系,有效支持石化等相关产业储备库建设。通过打造实体市场群等,实现商贸与物流的融合

互动发展,探索城市区域发展商贸物流的新模式。培育一批能够整合区域物流资源的龙头企业。

二、打造现代物流企业创新创业高地

创新拓展物流服务功能,鼓励商贸物流企业创新商业模式和管理方式,发展物流金融服务,拓展供应链金融功能。支持有条件的商贸物流企业跨界经营,促进不同主体间的信息互联共享,创新管理运作方式,提升功能和增值服务。继续深化物流平台创新发展,推动信息化和标准化应用,打通上下游产业链,促进物流企业经营模式及业态创新。全面鼓励物流新业态发展,不断重组县域物流运行系统,积极发展城市集中配送、共同配送等先进模式,实现城市配送高效便捷、集约发展。积极吸引创新型物流企业入驻若羌县,打造创新企业汇聚高地,依托市场主体的创新活动推动区域物流系统的优化升级。吸引物流创新企业在县域物流产业园集聚发展,实现产业组织模式的创新发展,构建供应链服务体系和创新型商业模式,打造产业创新组织基地。鼓励供应链与新兴商业模式融合,促进供应链与其他产业创新联动。提高国际物流运营组织能力,开展国际物流互联互通合作,打造内陆重要的国际物流枢纽。

三、加快若羌区域物流品牌建设

推动若羌区域物流品牌建设,营造区域物流率先发展的良好氛围。在若羌县域交通干线和骨干道路沿线,设立物流产业标志性口号和产业理念宣传标牌,打造若羌物流区域品牌效应。推动若羌"东联西出的丝绸之路经济带物流枢纽港""丝绸之路经济带现代物流示范城市""若羌——南大门物流集散中心"等公共战略品牌建设,形成示范效应。利用重要的网络平台、会展平台以及行业协会等交流平台,增强若羌物流品牌的联动宣传力度。适时举办南疆物流论坛、青新铁路物流论坛、陆路港物流园区论坛等专业性论坛,邀请各层次政府相关部门、物流业内大型重点物流企业、专家学者参与,通过论坛宣传推广若羌区域物流品牌,提升知名度。围绕丝绸之路经济带现代物流示范城市建设,召开全疆物流产业现场工作会议,宣传推广丝绸之路经济带核心区综合物流体系建设"若羌模式"。

第二节　仓储产业培育工程

若羌县和南疆区域经济结构的不断优化升级、"一带一路"建设的推进以及一系列助力仓储业加快发展政策的实施，为若羌县仓储业扩大市场需求、增加设施建设规模、提升服务能级等带来了新的机遇。仓储业作为连接供给侧和需求侧的基础性纽带，需要适应经济新常态的发展要求，围绕仓储资源深度整合、"互联网+仓储"、仓配一体化运营、低温仓储与冷链物流网络化、仓储配送发展绿色化五个方面，进一步创新发展模式和运营机制，实现仓储业全面转型升级、效能整体提升。若羌县应将仓储物流行业作为物流产业发展的重点突破口来培育和做大。要积极主动地与国内大型国有仓储企业和大型连锁仓储企业实现对接，宣传若羌县的区位优势、即将发生的大交通格局变化及丝绸之路经济带、中巴经济走廊通道的物流成本的重大变化等，前瞻性谋划仓储业的战略空间布局，不断增强若羌县仓储业在整个南疆地区的产业引领功能。

一、积极培育发展各类型仓储业态

根据若羌县现有的产业结构、招商引资项目体系和南疆交通枢纽中心建设形势，有效构建工业仓库、农业仓库、铁路仓库、商业仓库、物资仓库、外贸仓库、军工仓库等多种类型的仓库体系，逐步将仓储业培育成为能够支撑物流业、服务业以及县域经济快速发展的重要行业部门。仓储业的发展规模既要满足县域经济社会的跨越式发展需求，又要充分满足南疆全局性交通物流业的宏观发展需求；既要发展依托于县域经济的区域性仓储物流，又要发展面向南疆和周边区域的转运性仓储物流。要根据生产力布局和商贸产业发达程度，有序构建向社会提供仓储服务的商业仓储体系和为企业生产、经营服务的企业自营仓储体系。根据各类行业发展需求，构建具有若羌交通区位和产业转运需求特征的枢纽性仓库、节点性仓库与分拨性仓库等多层次仓库体系，有效构建区域性仓库骨干网络。采取积极的行业对接措施和部门对接措施，重点引进中央企业石油化工能源资源储备库和应急动员战略物资储备库项目，适度发展面向南疆地区的医疗、危化品和金融仓储体系。依托电子商务时代的特征和网购社会的消费特征，有效引导国内大型快递企业和商贸配送企业在若羌县建设重点分拨仓库和系统化配送设施。充分发挥新建铁路和高速公路的地理距离缩短优势，有效构建华中地区与南疆区域间的快递物流分拨节点体系，不断降低南疆地区快递行业的流通成本。

二、提升仓储业的系统化管理功能

有效提升仓储业机械化、自动化、信息化发展层次，不断提高仓储业的系统管理水平。根据国内外仓储业发展的新特征、新形势，全面提高仓储业的机械化装备水平，通过机械化实现最少的人力作业，减少货物损害，提高作业效率。通过条形码、射频通信、数据处理等技术，指挥仓库堆垛机、传送带、自动导引车、自动分拣机等设备自动完成仓储作业。依托计算机管理模式，全面实现仓储管理、环境管理、作业控制等仓储工作的信息化。全面依托自动控制空调、监控设备、制冷设备等对仓储区域进行系统化的环境管理。对于危险品仓储、冷库暖库、粮食仓储等特殊仓储，相应采取自动化控制的仓储管理模式。依托计算机管理系统，充分实现账目处理、结算处理，提供实时查询。在仓库、厂商、物流管理者、物流需求者、运输工具之间建立有效的信息网络，实现仓储信息共享，通过信息网络控制物流，做到仓储信息网络化。

第三节　行业安全工程

围绕社会稳定和长治久安总目标，全面加强物流配送环节的安全检查力度。对物流集散地、仓储的安全防范措施进行安全检查。严格规范快递安全审核制度，积极宣传物流快递渠道安全管理制度，切实提高企业遵纪守法意识。进一步规范货运代理（托运部）工作，加强货运代理安全管理。认真做好物品来往的检查、登记、存贮、流转处理等各流程的基础性管理工作。加强交通运输安全形势研判，切实把防范重特大安全生产事故、强化各项应急保障工作摆上重要议事日程。加强组织领导，严格周密部署，细化工作措施，责任落实到人，做到早防范、早预警、早应对。

一、构建完善的行业安检体系

为了进一步加强社会面维稳防恐工作，有效预防不法分子利用物流寄递渠道夹带各种禁寄禁运物品,要全面加强快递物品安全检查工作,进一步提升物流快递业的安全防范能力。严格管理邮寄物品,禁止投递爆炸物品、化学物品、管制刀具等违禁物品。严格按照相关规定,对所有寄递物品逐一开包检查,并详细登记,做好台账。切实加强物流快递企业内部安全管理,全面落实收寄验视制度,坚决杜绝各种安全漏洞,确保各项安全措施落实到位。高度重视货运代理的安全管理工作,严格落实道路运输零担货物受理环节的安全管理要求,完善制度,规范管理。针对重要节假日和敏感时段加大检查频次。针对货运代理存在的小、散、远、偏、乱的实际问题,促使货运代理行业形成"入园经营、入行就市、集中管理"的局面。快递业要认真做好从业人员的使用管理,进一步优化各类安检站点和业务系统的工作模式,加强对各类安检站点工作人员的专业化培训。配备先进技术设备,提高安检系统快速检测运行效率。安检设备要符合国家邮政总局发布的《邮政业安全生产设备配置规范》以及符合国家质量监督管理规定。

二、切实加强物流运输环节的安全监督管理

加强物流运输车辆的源头安全管理和技术状况检查,严肃查处运输车辆非法改装行为。要采取坚决措施,强化有效监管,督促货物运输企业落实危险货物运输各项安全措施。切实应用动态监控手段,强化运输车辆的途中监管,及时发现和纠正不按规定路线行驶、超员超速、超载超限、疲劳驾驶、酒后驾驶等违法违章行为。增加执法力量,加大对危险货物运输站场的监督检查力度,依法严格查处各类违法违规行为。加强跟踪督办和抽查督查,对重大隐患进行挂牌督办。对于整治不力的,要依法依规严肃问责。建立企业全过程安全生产管理制度,做到安全责任、安全管理、安全投入、安全培训和应急救援"五到位"。进一步完善各类安全生产事故应急处置预案,多方式、多渠道开展安全生产宣传教育和培训,加大应急演练力度,增强针对性和实战性,确保企业应急救援装备和物资配备落实到位,切实提高防范和处置突发安全生产事故的能力。加强应急值守,严格落实领导带班和关键岗位 24 小时值班制度,一旦发生突发事故,做到科学应对,及时妥善处置,同时按照有关规定及时、准确上报信息。

三、普及先进的货物跟踪管理技术系统

推进条码、电子标签、RFID、全球定位系统（GPS）、运输管理系统（TMS）、库存管理系统（WMS）、电子订货系统（EOS）、电子数据交换（EDI）、货代管理系统等物流信息技术的全面普及，做到及时获取货物品种、数量、在途情况、交货期间、发货地和到达地、货主、送货责任车辆和人员等有关货物运输状态的信息。强化"物联网+全程监管"，充分利用无线射频、卫星导航、视频监控等技术手段，开展重点领域全程监管。规划建设危险品、冷链等专业化物流设施设备，建立和完善危险品物流全过程监管体系和应急救援系统，完善冷链运输服务规范，实现全程不断链。引入北斗卫星定位技术实施全程定位，增加集装箱安全智能防盗设施，提高全程监控能力，保障货物运输安全。

第四节 农产品溯源体系工程

"十四五"期间，以构建若羌县特色农产品追溯体系为目标，按照生产有记录、信息可查询、流向可跟踪、质量可追溯的基本要求，运用二维码等现代信息技术，建成全县共享的农产品质量安全追溯管理信息系统，使生产基地的质量安全信息，检验检测信息，产品流向动态，农产品生产、用药、施肥、采收信息，部门监管信息等实现互通共享，为转变若羌县农业发展方式、提高若羌县农业发展质量发挥积极作用。积极创建国家农产品质量安全县，将农产品质量安全追溯体系建设作为一项重要工作来抓。

一、优先推动特色农产品追溯体系示范项目建设

若羌县农产品质量安全追溯体系建设必须立足当前若羌县农业标准化生产的现状加以逐步推进，先期在"三品一标"认证的农业生产企业、合作社、家庭农场和县级以上示范性农业生产主体中选择标准化程度高、产业基础好、产品竞争力强的单位及产品进行可追溯建设试点，在总结经验的基础上，逐步向全县推广普及。先期要依托若羌红枣等特色产品，示范性设定一批特色农产品进行追溯体系建设，以全面保障和维护若羌县特色农产品的地理商标权益，不断提升若羌县特色农产品的市场定位和形象价值，全面优化若羌县特色农产品

的营销渠道。建立全覆盖的追溯子系统，推动特色农产品包装和标识的标准化，健全监管平台，有效监督肉、水果、蔬菜流通行业的批发、零售等环节，完善特色农产品质量安全可追溯制度。

二、构建农产品追溯体系综合配套工作机制

依托若羌县市场监督管理局、农业部门、经济信息化部门、质量检测部门以及专业化信息平台运作机构，构建满足全县特色农产品质量安全追溯体系发展要求的公共性追溯管理信息系统平台。构建涉及众多行业管理部门、生产企业主体、物流配送主体和最终消费者群体的公共性对接平台，完善农产品质量安全追溯平台网站和农产品质量安全追溯监管系统、农产品质量安全检测系统、农产品生产管理信息系统、农业投入品备案与实名销售系统、农产品质量安全信息服务系统等系统模块，形成集生产、检测、监管、追溯于一体，覆盖全县特色农产品质量安全的追溯管理系统。实现监管工作网络化、全程化、社会化、信息化"四位一体"，实行内外网分别管理，外网面向公众，内网由政府和有关管理部门使用。加强追溯点主体的软硬件配套，运用物联网、互联网技术，以追溯到责任主体为基本要求，进一步建立健全以二维码监管为核心的质量追溯体系。

第五节　城乡配送工程

探索构建服务规范、方便快捷、畅通高效、保障有力的城乡配送体系，促进城乡配送与城乡经济社会发展相适应、相协调。依托城乡功能区的形成布局，不断优化商贸性、生产性物流配送体系建设，全面保障城乡商业区和各类产业园的物流配送需求。适应网购和快递物流迅速发展的形势，结合城乡快递物流配送体系建设，选择县域新城区进行社区物流服务站试点设立工作。

一、全面完善城乡商贸物流配送体系

按照城乡的空间布局和商贸节点布局的变化趋势，合理配置城乡商贸物流集疏运网点，充分保障城乡批零市场、商业功能区和产业经济区商贸和生产活动的零担配送物流需求。全面提高城乡零担配送的运行效率，全面提升各类商

贸和生产主体的生产经营便利化水平。合理优化快递物流配送网点建设，充分保障城乡生活聚集区、行政服务功能区、文化教育医疗卫生功能区等不同生活服务功能区的多元化物流配送需求，全面构建"门到门"及时配送服务体系。加强城乡鲜活农产品冷链物流设施建设，支持大宗鲜活农产品产地预冷、初加工、冷藏保鲜、冷链运输等设施设备建设，形成重点品种农产品物流集散中心，提升批发市场等重要节点的冷链设施水平，完善冷链物流网络。

二、集约化经营社区快递物流配送体系

鼓励专业化的物流企业在人口居住密集区自建末端网点，或者与连锁商业机构、便民服务设施、社区服务组织、学校及第三方企业开展合作，布设智能快件箱等自助服务设施，增加末端网络密度，解决快件"最后一公里"问题。加快推进邮政投递网建设，鼓励邮政企业在人口密集区域设置便民服务站，增加服务覆盖的深度和广度。支持邮政企业推广智能包裹箱、自提点等，探索智能包裹箱与信报箱的统一建设和综合利用，健全城镇末端网络。整合存量配送资源，加强城区末端能力建设，在住宅小区、商务区、写字楼、政府机关、企事业单位等投递量集中的区域布局智能包裹箱、公共自助提货柜、便民服务站等。

第六节 物流信息公共平台工程

积极打造政府牵头，各方市场主体有效参与，专业机构有效运作的物流信息公共服务平台。整合各部门物流相关信息资源，推进与物流相关的政务信息系统的协调与开放，有效实现市场信息集成、相关政务信息发布与交流等功能，构建全县物流信息采集、交换、共享机制。

一、整合公共物流信息资源

按照"政府推动、政策配套、市场运作、企业经营"的原则，依托现有各类信息平台资源，整合相关部门或企业的公共性物流基础信息数据，建设面向全社会、全行业的综合性公共物流信息平台，并支持物流或相关企业开发基于公共物流信息平台的物流信息增值服务。依托政府财政资金扶持项目或企业专

项投资项目，实现县域各物流聚集区、节点乡镇（社区）、各大型物流企业、政府各部门的物流信息对接，实现资源共享、数据共用、信息互通。加快优势重点产业、行业、物流聚集区域的物流信息建设，逐步形成以信息技术为支撑的现代物流服务体系。

二、搭建面向中小物流企业的物流信息服务平台

鼓励龙头物流企业搭建面向中小物流企业的物流信息服务平台，促进货源、车源和物流服务等信息的高效匹配，有效降低货车空驶率。重点发展公路物流信息平台，实现物流供需双方的有效对接，提高公路运输的组织效率。建设智能物流信息平台，形成集物流信息发布、在线交易、数据交换、跟踪追溯、智能分析等功能于一体的物流信息服务中心。鼓励各类企业加快物流信息化建设，深化信息技术在物流各环节的应用。引导大型物流企业开发应用企业资源管理、供应链管理、客户关系管理等先进的物流管理系统。

三、加强跨区域、跨行业平台互联互通

整合现有的物流信息服务平台资源，形成跨区域和跨行业的智能物流信息公共服务平台。依托国家交通运输物流公共信息服务网络等已有平台，开展物流信息化区域合作。若羌县要在全疆范围率先开发建设物流公共信息平台，并与国家交通运输物流公共信息平台管理中心全面对接，成为全国交通运输物流公共信息平台的新疆若羌节点。以若羌物流公共信息平台为基础，扩大平台应用和对外交流合作，逐步实现县交通运输物流公共信息平台与周边县市物流公共信息平台的无缝对接，形成物流一体化信息系统。加强综合运输信息、物流资源交易和大宗商品交易等平台建设，促进各类平台之间的互联互通和信息共享。

第七节 辅助产业培育工程

加快物流行业辅助行业部门的发展，为物流行业高效持续发展提供有利的社会经济发展环境。加快物流包装行业的有序发展，不断提升物流包装企业的市场服务能力。全面推动物流产业与电子商务的融合发展，建立以现代物流配

送中心和高效信息管理系统为支撑的电子商务物流基地。促进物流教育培训行业的快速发展,为物流产业可持续发展提供多层次的人力资源,加快物流行业转型升级步伐。

一、加快推动物流包装行业的发展

物流包装包括在流通过程中为保护产品、方便贮运、促进销售,按一定技术方法而采用的容器、材料和辅助物等,也包括为了达到上述目的而在采用容器、材料和辅助物的过程中施加一定技术方法等的操作活动。物流包装作为包装中的一个细分领域,大体是指商品生产完成后、交付客户前,在仓储、运输、流通中使用的包装产品和服务。电子商务的快速发展促进了企业经营模式的变化,订单碎片化导致物流快递化,使物流包装这个细分领域既面临新的挑战,也迎来了难得的发展机会。若羌县物流包装行业要加快推动包装产业与生态农业、快速消费品业以及电商快递远程物流配送业等领域的跨界融合,积极推动纸制品包装、塑料制品包装、金属包装、竹木器包装、玻璃容器包装和复合材料包装等各类物流包装的发展,重点发展果菜类包装、食品包装、轻工产品包装、针棉织品包装、药品包装、机电产品设备包装、危险品包装等包装产品。若羌县物流包装企业主体要在优化传统产品结构、扩大主导产品优势的基础上,主动适应智能制造模式和消费多样化需求,增强为消费升级配套服务的能力。要从设计、选材、生产、检测、管理等各环节全面提升包装产品的品质,通过创新设计方式、生产工艺以及技术手段等,大力研发包装新材料、新产品、新装备,推动产品品种增加和供给服务能力提升。重点发展绿色化、可复用、高性能包装材料,大力发展功能化、个性化、定制化的中高端产品,通过丰富产品品种、优化产品结构拉动需求、驱动消费。

二、推进电子商务与现代物流的融合发展

推进电子商务与现代物流融合发展,鼓励大型物流企业与电子商务企业、信息服务企业协作,实现物流、商流、信息流的融合互通。加快物流电子交易平台建设,引导建立一批以网络平台为依托、以第三方物流服务为主体,集信息发布、交易结算、跟踪、信用评价等功能于一体的网络物流资源交易中心,促进传统、分散的中小企业实现物流服务模式创新。引导中小企业依托公共信

息平台开展电子商务，实现网上谈判、网上订货配货、网上交易、网上支付、实时跟踪监控等，推进物流业务的信息化和网络化。鼓励大型电商企业向社会开放物流服务，支持具有较强协同能力和资源整合能力的电商物流平台带动广大中小企业共同发展。深化与知名电商的战略合作，吸引电子商务巨头布局建设区域物流节点，鼓励电子商务企业与第三方物流企业开展深度合作，实现电子商务与现代物流的集成发展。重点推进若羌县电子商务示范基地项目建设。

三、统筹加快物流教育培训行业的发展

若羌县的一些职业培训机构和重点物流企业要主动联合发达地区的高校及社会培训机构，全面构建基于学历教育、继续教育和岗位培训的多元化人才培养体系。将物流职业教育作为物流人才培养的最主要途径和核心渠道，加大职业教育阶段的专业培养力度，为物流行业市场提供源源不断的人才资源。根据市场需求和未来产业发展需求，有针对性地设置教学课程，配备教师和教材资源，提供实战实习平台。提高学科教育的实践操作性，为学生提供充分的行业实践机会，促使学生全面掌握行业的基本知识和技术技能，在保障物流市场人才需求的同时，不断提高物流专业毕业生的就业率。加大社会层面物流教育培训机构的建设力度，形成多层次的社会化物流培训体系。让更多的专业化培训机构参与物流认证教育，积极参与和促进各类物流企业的人才培训工作。加大企业自身层面的职业教育培训力度，充分利用高校和社会培训资源以及企业自身的人才培训资源，全面加强职工业务培训，分层次培养各类管理人才和技术人才，不断充实和保障企业紧缺的人力资源。物流教育培训机构要加大产学研结合力度，与企业、政府建立密切的合作伙伴关系，全面增加物流教育资源的整合力度。大力推动物流产业研究机构的发展，构建服务于物流市场体系的咨询、规划、专业化评估、专业认定等社会化服务平台，加强各类人才资源的专业化培养和汇集，依托自身科研资源，为物流产业体系的建设和转型升级提供各类可行的解决方案。

第八节　区域物流联动发展工程

积极推进物流业的跨区域交流与合作，打破区域壁垒，引导物流资源跨区

域整合,建立统一开放、通畅高效的南疆现代物流市场体系。

一、新疆与内地联动发展

若羌县要与西部各省区毗邻地区和县市实现规划衔接、互补合作,推动丝绸之路经济带南通道联动发展。西部地区各省份均处在丝绸之路经济带国内段的节点区域,但各省份参与丝绸之路经济带建设的优势、职能、定位相互区别,尤其是在产业基础及优势方面存在较大差异。为避免新疆—青海—四川物流大通道沿线地区的重复建设,突出产业差别化,应建立新青川大通道联动协调机制,做到合理分工、优势互补。为此,若羌县要根据自身在丝绸之路经济带南通道建设中的战略定位、战略重点、优先顺序和主攻方向等,编制发展战略,并加强与内地各省份在城市发展、基础设施建设、产业布局等专项规划上的对接。从"大市场、大物流"和"区域一体化、城乡一体化"的角度,推动南疆区域间物流通道、区域内物流网络、城市群物流、地区物流节点的建设。发挥若羌县在第二条进出疆大通道中的主体作用,与和田、喀什、克州等周边地州和青海等中西部省份开展跨地区物流协作,建立更加有效的区域合作机制。适时出台更有针对性的政策、措施,共同引导、推动区域物流、铁路、货代和口岸企业间建立战略合作机制。

二、南疆与东疆联动发展

依托若羌—哈密铁路和老爷庙口岸—哈密—若羌高等级公路建设,有效强化新疆南大门综合物流枢纽若羌县与新疆东大门综合物流枢纽哈密市之间的通道联系,实现南疆通道物流和东疆通道物流联动发展。积极推进南疆和东疆的物流业交流与合作,打破区域壁垒,引导物流资源跨区域整合,建立统一开放、通畅高效的现代物流市场体系。若羌物流聚集区依托第二条进出疆大通道和中巴经济走廊建设,打通连接哈密物流聚集区的物流大通道,促进沿线矿产开发、农产品加工等行业物流发展,与东疆哈密物流聚集区形成遥相呼应、协调互动的发展格局。坚持优势互补、互利共赢的原则,着眼于扩大南疆与东疆区域物流的共同利益,探索推动主要合作区域和领域的体制机制创新,提升若羌县现代物流业发展水平和活力。

三、州南与州北联动发展

巴州南部物流聚集区以副中心城市若羌为重点，加快撤县建市步伐，协同推进且末县发展，辐射带动罗布泊、依吞布拉克、瓦石峡、米兰、塔中等镇区发展，打造巴州南部物流聚集区。巴州北部物流聚集区以库尔勒为核心，发挥辐射带动作用，完善体制机制，协同推进铁门关市、尉犁县、焉耆县、博湖县、轮台县物流业发展，构建"四县二市"紧密型城市物流聚集区。发挥和静县副中心城市功能，推进撤县建市，与"四县二市"及和硕县共同形成巴州北部物流产业聚集区，最终实现州域物流南北联动发展和区域融合，建成全疆具有较强影响力的腹地物流经济区。

四、地方与兵团联动发展

若羌县主动推动区域物流合理布局，优化与周边兵团团场和城镇之间的物流产业分工和生产要素分布，促进兵地区域协调发展。推动物流园区兵地共建和物流企业合作发展。加强兵地物流的衔接协调，支撑兵地融合发展。加强兵团和地方之间商贸物流、交通运输、邮政物流、电商快递物流、供销物流和应急物流等部门物流的相互衔接，促进物流业态融合发展。推进地方（城市）城际公路和垦区、团场连接地方县（市）公路建设，建立互联互通的公路运输格局。此外，依托丝绸之路经济带、中巴经济走廊，以沿边城市为腹地支撑，加快兵地融合，大力发展油气、农产品和部分矿产品商贸物流。

五、央企与地方联动发展

若羌县要主动推动央企与地方在铁路、管道等重大物流基础设施建设和运营方面的对接与合作。铁路部门要积极参与地方经济建设，对于地方政府重点支持的物流园区、工业企业物流设施，需要与铁路接轨的，应当积极支持，在接轨政策和运力计划安排上给予倾斜。积极支持工业企业和物流企业改造提升现有铁路专用线，实现铁路和地方经济良性互动发展。区域各经济体以股权多元化为载体，增强经济联系，释放物流经济发展活力。进一步盘活供销、邮政、物资储备等领域原有物流设施，加强改造升级，加快传统仓储设施改造和功能转型，提高存量资产使用效率。

六、国内与国际联动发展

加快融入丝绸之路经济带建设和中巴经济走廊建设，依托高速公路、铁路等交通基础设施，发挥连接南北疆的区位优势和第二条进出疆大通道的产业集聚优势，积极推进丝绸之路经济带南通道、中巴经济走廊物流通道和成渝地区至中亚的第三条亚欧大陆桥通道建设，着力提升与周边区域的互联互通水平。若羌县依托南疆铁路通道、中吉乌铁路通道和库尔勒国际班列货运中心建设，有效谋划库尔勒国际班列后补支线节点建设，逐步形成以铁路货运班列为主的跨境物流大通道。围绕新疆丝绸之路经济带商贸物流中心建设，积极参与南疆区域、新青川区域的国际联运合作平台建设，最终与丝绸之路经济带主要城市、物流园区和边境口岸实现互联互通，全面发展外向型物流网络集散中心。

第十二章 若羌县综合物流体系建设保障框架

县域综合物流体系建设是一个复杂的系统工程，需要全面发挥县政府的主动规划和调控作用，而且也只有县级政府有权力和资源统筹管理复杂的物流产业发展系统。因此，要实现县域综合物流体系建设目标，首先，县政府要加强工作领导体制机制。其次，需要从资金、技术、人才、土地等资源要素方面给予保障，从而有效完成综合物流体系的建设任务。

第一节 运营组织框架

按照若羌县建设综合物流体系的工作目标，进一步梳理阶段性工作目标与任务，充分发挥政府的引领作用和市场主体的基础性作用，创造性构建有利于产业发展战略有效实现的运营组织框架。要完成好各项目标任务，在发挥企业的市场主体作用的同时，政府各部门应准确定位，不缺位不越位，通过规划和政策引导，深化改革、扩大开放，加强基础建设，切实保障综合物流体系有效运行。

一、全面发挥政府的引领调控作用

（一）加强组织领导与协调

1. 加强组织领导

构建全县一元化物流管理体制，综合行使物流产业战略谋划职能、物流管理工作协调职能、物流产业发展督促职能、物流工作条例制定职能、物流产业基金管理职能、物流工作制度发布职能、物流政策出台职能等。建议成立由主管县领导任组长的县物流产业发展领导小组，通过成立专门的政府部门，或由一个部门牵头，各个部门协助等方式，强化对物流产业的管理、指导、协调和服务。考虑若羌县物流产业主要服务于工业生产的特点和当前的管理实际，成立若羌县物流产业发展办公室，与县商务和工业信息化局合署办公，定期召开联席会议，建立推动物流业发展的长效组织机制；研究拟定现代物流产业发展规划、政策并组织实施；推进物流产业的标准化和信息化；组织物流示范工程和重点项目的实施；推广应用物流新技术、新设备；承担县物流产业发展领导小组的日常工作等，协调、理顺物流产业的管理体制，提高效率，加强协调，整合资源，加快发展。各产业园区、各乡镇要相应建立促进物流业发展的领导机构，加快形成县、乡镇两级联动的工作机制，明确分工和责任，共同促进物流业发展。县政府应将物流业发展纳入本地区经济和社会发展规划及年度计划，建立健全相关协调机制，协调解决物流业发展中的重大问题。强化县物流产业发展领导小组的统筹协调职能，着力解决物流业发展中存在的重大问题，落实重点物流项目建设。发挥领导小组办公室的作用，强化规划组织实施、政策制定、统筹协调、考核评定、调查统计等职能。加强物流工作专业队伍建设，提升、调整和充实物流业管理机构。加强物流相关行业协会的建设，强化行业自律、调解和市场开拓职能，规范物流企业行为，促进物流市场健康有序发展。

2. 注重规划引导

县直有关部门和园区、各乡镇要围绕全县物流业发展目标，编制重点领域物流发展专项规划、行业发展规划和区域发展规划，明确发展目标、重点任务、重大项目和保障措施，并把发展任务分解到年度工作计划中，落实目标责任。做好各个专项规划、行业发展规划与总体规划之间的衔接，确保各类规划的协调。各乡镇、各有关部门要充分发挥各自的职能，切实按照相关规划要求，做好统筹协调、完善政策、优化布局和物流重点工程建设等各项工作，确保相关规划目标的实现，确保各项工作取得实效，促进物流业健康发展。对于具体实施过程中出现的新情况、新问题，要及时报送若羌县发展改革、商务、交通等有关部门协调落实。建立规划实施检查评估制度，县发展改革委要做好规划的年度和中期评估工作，检查规划落实情况，分析规划实施效果和存在问题，研究提出对策建议。

物流产业发展规划是推动全县物流业发展的纲领性文件，是指导物流产业发展和产业布局的旗帜。同时，物流产业发展规划不是独立分割的，必须与城市发展总体规划、土地利用综合规划、综合交通运输规划和产业发展规划等规划相衔接。合理的物流节点布局对于提高土地利用率、促进资源节约、推动产业发展、提升城市整体水平等方面都发挥着极其重要的作用。物流空间布局的实施性建设规划、控制性详细规划的各个环节都必须按照规划分批落实到位。对重要的物流集中发展区,严格按照建设规划、控制性详细规划设定的功能定位、发展方向、发展规模、物流发展业态等条件招商和落实企业入驻。实行"大物流"审批程序,严格规划审批制度。辖区内所有物流项目由物流办公室备案、初步筛选后提交物流产业发展领导小组审批,收回原来各主管部门的单独核准权,保证物流项目按照规划执行,限制园区内商业、住宅设施比重,避免辖区内出现物流项目重复建设、资源浪费的情况。整合交通运输资源,积极贯彻"大交通"发展思路。公路、铁路、航空等交通基础设施是一个系统整体,其发展规划及建设与物流通道建设紧密相关。

3. 构建常规性工作机制

全县物流管理和协调的常规性工作机制具体如下。①建立统筹管理机制,听取各单位的汇报,分析物流业运行状况;研究解决物流业发展中的重大问题,明确主要责任部门和推进时间表。②落实分工负责机制,建立物流业协调推进责任制;各重点领域牵头部门明确目标任务,落实政策措施;产业园区、各乡镇(社区)要尽快建立相应的领导机构。③健全统计监测机制,建立社会物流统计指标体系;建立物流业统计数据共享制度;建立县级部门物流业统计联席会议制度;建立健全物流业统计信息发布制度。④依托网络、内部专刊等形式,建立全县物流发展信息通报机制,对各行业、产业园区、各乡镇涉及物流发展的重大政策、资金使用、重点项目进展等情况及时进行信息交互,促进科学决策。

(二)营造有利于物流发展的宏观环境

1. 提升对物流产业管理的认识程度

物流产业是融合运输业、仓储业、货代业和信息业等的复合型生产服务产业,集资金、技术、信息、人才、货源于一体,在促进产业结构调整、转变经济发展方式、缩小地区差距和增强城市竞争力等方面发挥着重要作用。当今企业的竞争,早已不再是企业与企业之间的竞争,而是供应链与供应链之间的较量,而能够有效连通供应链各节点的正是物流产业。同时,物流产业涵盖面广,涉及财贸、交通、商务、海关、金融等几十个部门,部门间的制度体系和管理方式各不相同，难以实现协调统一，从而对物流业的发展产生了一定的影响。

发展现代物流产业对若羌县转方式、调结构意义重大。政府各相关部门必须加强对现代物流理念的学习，提高对现代物流的认识，将物流产业的发展提升到城市总体发展和产业发展的高度，通过建立顺畅的物流产业组织管理体系、完善综合交通运输网络、有效整合市场资源、制定对第三方物流企业的扶持政策等手段，创建有利于物流产业发展的诚信、有序、公平竞争的市场环境，依靠物流产业与制造业、商贸业的联动发展，促进产业结构调整，转变经济增长方式，提升区域整体功能。

2. 建立与规范物流市场监管体系

物流服务质量是衡量现代物流业发展水平的核心指标之一，而要提升物流服务质量，需要通过一套完善的行政管理制度进行管理和规范。只有不断完善行政管理制度，建立与物流发展相适应的市场秩序，严格控制市场门槛和项目审批，才能打造健康的市场环境，打破行业垄断，塑造公平竞争的市场氛围，有效地推动现代物流服务质量的提升。为规范物流产业市场，政府必须加强行业管理，出重拳整治不规范行为，为物流企业的发展营造公平竞争、规范有序的市场环境。要加强对运输企业经营资质、经营行为的规范管理，对个体、中介货运户进行规范，对物流企业进行年度考核，对经营不规范的行为下达整改意见书，对不合法的行为坚决取缔。

规范物流企业的工商登记注册，明确货运信息部、货代企业、运输企业、物流企业等企业类型的界定，严格限定物流企业的最低进入门槛，避免出现物流企业名称滥用现象，从源头上加强管理，提高物流行业的整体素质。规范物流行业的行政管理，避免多行政部门重复管理，清理与物流业发展相关的政策，过时的予以废除，新修订的行政管理文件统一由物流办公室和相关部门联合下发。

3. 发挥行业中介组织的作用

物流行业协会作为政府和市场之间的缓冲带，是物流行业的自律性组织，致力于维护行业市场秩序，提高从业人员职业素质，维护行业合法权益，促进物流行业健康稳定发展。政府应积极支持物流行业协会发展，强化物流行业自我监督、自我管理、自我约束能力，充分发挥其自律、维权、协调、服务以及从业人员管理的职责。政府必须高度重视在物流行业发展中出现的诸多问题，组织力量对反映的问题进行充分调研和分析，提出解决问题的思路。要充分发挥物流、仓储、交通运输等协会的桥梁和纽带作用，加强其在调查研究、提供政策建议、服务企业、规范市场行为、开展合作交流、人才培训咨询等方面的中介服务。建立若羌县物流协会诚信建设协调机制，支持物流企业参加诚信守法及等级评估，促进物流行业规范自律，推动物流市场健康有序发展。

4. 完善物流统计监测制度

物流需求调研和统计是一项重要的基础工作，对加强物流基础管理、增强决策准确性和科学性具有重要的意义。"十四五"期间，若羌县应重点推进物流调查统计工程，在全县范围内深入开展物流业统计核算工作，研究科学统计方法，明确统计口径，通过全面调查、抽样调查、重点调查、网上直报等多种方法，贯彻实施社会物流统计核算与报表制度。加强对国家物流统计指标体系的研究，在借鉴国内外其他地区开展物流统计核算工作的成功经验的基础上，建立健全若羌县物流统计指标体系，为政府部门制定物流发展政策和规划、全面掌握若羌县物流业发展情况、加强宏观管理和决策提供重要依据。形成制度化的统计核算工作机制，加强对物流业发展的跟踪监测和研究，定期发布若羌县物流业运行情况。优化物流统计网上直报系统，推动县和园区的物流统计工作，建立物流统计二级平台，建立健全物流统计信息共享机制，提高统计数据的准确性、权威性和时效性。

二、构建基于企业行为的物流市场运营体系

企业是市场的主体，也是综合物流体系的具体运营力量。基于若羌县重大交通枢纽设施的变化和进出疆通道功能的强化，应通过市场渠道形成一批转运型商贸物流企业，逐步构建综合物流体系的企业运营组织体系。其中，中央企业、第三方专业化物流企业、物流地产企业、物流信息化企业、货代企业、中小型运输企业等不同层次的企业群体将形成若羌县的多层次物流企业发展体系。若羌县未来物流产业以及新疆南部大通道物流产业的运营主要依托于以上各类层次的企业群体的市场行为。基于若羌县的物流产业发展阶段以及产业周期所处阶段，必须有效形成基于市场行为的产业发展联合体，加快整合县域内外物流资源，全面服务整体新青川物流大通道发展格局，实现若羌县综合物流体系运营企业结构的跨越性突破。对于未来若羌县综合物流体系的市场运营框

架以及产业联合体的构建，可将以下几种产业体系构建模式作为参照性发展模式。

（一）产业融合：推进传统制造业的转型升级

走高端化内涵式发展道路，打造最具增长潜力的若羌。积极承接中、高端产业转移，率先抓住发展新兴产业的机遇，提升区域自主创新能力，加快实现产业升级发展。通过政策手段，鼓励制造企业转变传统观念，突破"大而全""小而全"观念的束缚，整合优化业务流程，分离物流资产和业务，创新物流产业管理模式。

支持物流企业规模化、网络化、区域化发展。支持制造企业和物流企业通过参股、控股、兼并、联合、合资、合作等多种形式进行资产重组，联合组建第三方物流企业。鼓励大型物流企业做大做强，加快技术改造，拓展原有业务，加快向一体化物流服务模式转型。中小物流企业做专做精，与大企业的规模化服务相配套。各类企业在专业化分工的基础上联合协作，开展专业化的特色服务，满足多样化的物流需求。

（二）战略合作：实现仓储企业和运输企业优势互补

若羌县现有的物流企业主要是提供传统的仓储、运输服务，大多"储而不运"或"运而不储"，服务功能单一，企业收益率不高。但是，这类物流企业具有丰富的客户关系资源、特色服务以及遍及南疆和内地的物流服务网络，完全可以利用现有资源确定一个或几个重点服务领域，做好客户关系管理，优化供应链服务，完善渠道网络布局，合理确定目标市场，实现差异化发展，专营特色物流。

未来的物流服务是综合化、一体化的物流服务，各功能不会独立存在。要实现商品在时间和空间的位移，仓储服务和运输服务缺一不可。为此，可以在传统的仓储企业和运输企业之间，以供应商、销售商为中介，建立起战略协作伙伴关系，实现优势互补、强强联合。比如，运输企业可以租用仓储企业的仓库，仓储企业可以有固定的运输合作伙伴，从而不仅可以为客户提供配套服务，还能拓展业务范围，增强企业竞争实力。随着专业化第三方物流企业的发展壮大，传统储运企业的市场发展空间受到挤压，盈利空间受到压缩。为扭转单一服务模式造成的不利局面，传统储运企业必须转变经营思路，进行特色服务定位，采取功能扩张或者战略合作的方式，实现战略转型。

（三）转换模式：促进物流全产业链集成发展

随着土地成本的提高以及运输市场行业监管的加大，单纯的仓储企业和运输企业的市场利润逐步收窄，仓储企业和运输企业的竞争压力越来越大。这类企业必须改造服务流程，转换经营模式，借助现代化的信息技术手段，改造提升物流信息系统，利用已取得的组织经营、管理经验和渠道网络优势，加快向专业化、现代化的第三方物流企业转型，从提供单一仓储或运输服务的传统经营者向提供综合物流服务的现代经营者迈进，成为集运输、仓储、装卸、配送、包装、信息服务、流通加工等功能于一体的物流企业。

随着若羌县区位和资源优势的发挥，棉花、盐化工、红枣加工、矿产等支柱、特色产业逐渐发展起来。若羌县的产业构成丰富多样，各类型企业对物流的需求也各具特点。依托于生产企业的物流企业应致力于与各种生产企业建立运输服务关系，担负生产企业的原材料采购和产成品销售物流。第三方物流企业在提供基础物流服务的同时，要根据客户需求不断发展综合服务、套餐型服务，包括流通加工、个性包装、产品回收等业务，以服务质量创造效益。

三、加快培育物流市场主体

积极培育物流市场主体，出台政策鼓励生产和商贸企业按照分工协作的原则，剥离或外包物流功能，推动物流企业与生产、商贸企业互动发展。大力扶持龙头物流企业，在全县范围内选择若干具有一定经营规模和竞争优势的大型物流企业作为物流行业的重点示范企业，给予重点扶持和政策倾斜，在行业中形成示范、带动效应。支持邮政、供销进一步完善终端服务网点，拓展增值服务和高端服务，打造覆盖全县城乡的物流网络。

（一）培育第三方物流企业

围绕重点产业园区和大型企业集团，加快培育一批与若羌县现代产业体系相配套的第三方物流企业，鼓励物流企业以参股、控股、兼并、联合等方式进行资产重组，提高组织化、规模化、网络化程度和服务质量。鼓励和支持传统仓储、运输企业按照现代物流理念和运作流程，加大设施改造力度，大力应用现代物流技术装备，提高增值服务能力，加快向第三方物流企业转型。进一步加快制造企业、商贸企业分离物流业务，推进物流企业托管置换工商企业的物流要素，推动物流企业参与制造业供应链管理，做强做优第三方物流企业。扶持一批专业化物流信息服务企业,整合物流信息、监管、设备等资源,面向社会开展信息服务、信息管理、技术服务和信息交易等业务。

(二)提升企业品牌竞争力

支持专业化水平较高的物流企业发挥自身优势,做优做精核心业务,提高技术装备和管理水平,积极引进国际物流标准,加强品牌管理,加强企业文化建设,创新特色服务,逐步形成一批区域服务网络广、供应链管理能力强、物流服务水平优、品牌影响力大的现代物流知名企业。依托物流园区建设,培育一批现代化、规模化、专业化的物流企业,形成一批具有一定规模和较强竞争力的现代物流企业集团。在农产品物流、连锁配送、信息服务、智能物流等领域加快培养一批本土物流品牌。加快物流领域驰名商标、著名商标的培育创建,逐步扩大品牌效应。鼓励和支持品牌物流企业申报国家物流企业A级评定,提升品牌价值。探索推行物流企业进出口经营权试点,扶持有条件的物流企业开拓国际市场。

(三)积极引进战略投资者

积极吸引疆内外、国内外知名物流企业参与若羌县物流园区、物流项目的建设和物流企业的重组改造,与县域物流企业开展业务合作,建立仓储中心、配送中心等分支机构,促进若羌县与国内、国际物流网络有效对接。政府通过制定和落实优惠政策,鼓励本地物流企业与国内外大型物流企业开展多种形式的合作,大力引进资金和人才,创新管理方式和方法,从而培育和发展一批管理先进、竞争力强的现代物流集团企业。全面梳理具有战略发展意义的投资项目体系,不断完善招商引资政策体系和重点项目储备库,为入驻企业提供清晰的产业发展蓝图和可行的投资回收路线图。围绕关乎全县物流产业长远发展和跨越式发展的重点项目,积极开展各种层次、各种范围的推介招商活动,吸引具有现代物流新业态运作经验的龙头企业入驻,进一步激活和整合物流产业要素,加快培育新兴行业发展领域。全面优化物流产业投资发展环境,为优质物流企业入驻若羌县提供全方位的协调服务和落地服务,不断加快各层次物流企业的集群式发展。

(四)培育龙头企业,整合区域物流资源

拓展区域物流市场的主体是龙头企业。若羌县建设南疆物流集散中心必须培育一批能够整合区域物流资源的龙头企业。若羌县的南疆物流枢纽城市地

位，不仅要依托完善的综合性物流基础设施条件，更重要的是要依托资源整合能力很强的龙头企业。对此，若羌县要优先发展和扶持总部型物流企业，鼓励企业在巴州范围内进行物流产业资源整合，构建和完善以总部型物流集团企业为主导，中小物流企业专业化配套、集群化发展的新型产业组织结构。鼓励龙头型物流园区在南疆各地州设立分支机构，整合物流资源和货物资源，加强若羌县对整体南疆区域货物资源的转运和分拨功能。鼓励巴州龙头物流企业"走出去"，不断拓展南疆物流通道，采取并购、股权置换等方式，逐步建立塔里木盆地物流网络，增强若羌县物流品牌的竞争力和辐射力。实施"请进来、走出去"的腹地拓展战略，鼓励县内物流龙头企业到南疆各地州承接大宗散货运输业务。

第二节 金融架构设计

一、综合物流体系建设的金融动力

（一）基础设施投资支撑

金融架构对物流产业的最大效应体现在对物流基础设施建设的支撑层面。党的二十大报告提出了"建设高效顺畅的流通体系，降低物流成本"的工作要求，未来国内大通道的建设将成为金融投资领域的一个重大热点。随着政府的投入和资本的投入相结合，物流企业可以通过集成的模式参与其中。特别是在设施领域，特色的物流产业园区是将来投资的重点。此外，国家发展改革委积极策划国家枢纽计划，采取新建和整合相结合的模式，主要采取社会化的投资机制。这也将是投资和金融机构重点参与的领域。

（二）企业并购和重组支撑

金融为物流企业并购和重组提供支撑。目前，国内经济发达地区物流企业的聚集化、平台化、联盟化趋势以及以资本为纽带的集团化趋势十分明显。未来五至十年是国内中西部地区物流企业高度集中化发展的重要时期，对此，中西部地区的各类物流企业群体需要做好准备。一是将高度同质化的企业进行合并，通过资本将几个规模相差不大的企业进行联动，形成网络，实施资本整合战略。二是通过资本使不同地域的企业联合起来，实现资本化运营。三是价值链上不同环节的企业通过资本化进行合作，从而发展壮大。这种通过资本的对接进行的兼并重组，可以实现公共资源的合理利用，降低成本，特别是实现客户资源的扩大和服务的升级。其中，金融资本为并购、重组发挥了重要的支撑作用。

（三）物流技术风险投资支撑

金融为物流科技和智能提升提供支撑。近年来，一些企业特别是互联网平台打造的物流科技推动了整个物流行业的发展。其中，风险投资的作用十分重要，而且持续向物流科技领域注入资金。此外，各地方政府都在侧重产业基金，实际上产业基金更多的是投在核心企业中，通过股权的投资来进行生态化的布局，从而实现整个企业的运营。

二、政府的金融视野、功能与作为

（一）多渠道增加产业资金投入

县政府在财政资金安排上，可统筹设立物流业发展专项资金，加大对现代物流业发展的支持力度。充分发挥专项资金的引导作用，并建立健全多元化的融资渠道，为若羌县建设丝绸之路经济带现代物流示范城市提供必要的资金保障。制定专项资金资助管理办法，创新专项资金资助引导方式，对国家、自治区、自治州引导资金进行配套，重点用于发展物流业关键领域。各乡镇、园区应安排相应的财政专项资金扶持和引导现代物流业的发展。专项资金以补助、奖励、贴息等方式使用，主要用于支持县上认定的重点物流园区建设、重点培育的物流企业发展、物流公共信息平台建设、制造业与物流业联动发展、智慧物流建设、物流技术改造升级（采用物流管理信息系统、自动分拣系统等先进的物流技术和设备）、物流标准化、物流统计体系建设、物流人才教育培训、物流发展研究等领域。积极争取国家在中央财政促进物流业发展专项资金、中央投资补助和贷款贴息等方面对重点物流项目的扶持政策。努力开拓多元化的融资渠道，鼓励和支持银行等金融机构建立符合物流业特点的内外部信用评级体系，对企业灵活授信；鼓励商业银行探索多种抵押及担保方式，加快开发面向物流企业的多元化、多层次信贷产品，对物流企业开展信托、融资租赁、创业投资等各类金融服务。

逐年增加县级物流业发展专项资金，并对涉及物流业发展的各项资金进行导向性使用。通过建立重点物流项目库，积极组织企业和项目申请国家物流业相关扶持资金。由县物流产业发展领导小组在每年年初召集相关部门协调国家、自治区、自治州级专项资金（基金）的申报。充分利用国家和部委对物流业发展的相关优惠和扶持政策，按照对口原则，由若羌县对口部门负责，每年积极争取财政部国家储备库、应急物流体系建设等专项建设资金，交通部物流园区建设专项基金，农业部农村物流业和冷链物流业扶持专项基金，工信部信息化建设专项基金的支持。对采用物流信息系统、开展物流标准化试点的，优先列入各级政府科技创新资金和技术改造项目计划，享受相关优惠政策。支持符合条件的物流企业和提供物流技术服务的企业申请高新技术企业认定并享受相关扶持政策。

（二）引领PPP模式

PPP模式是加快西部地区重大交通物流设施项目建设的重要资金筹措和运营模式之一。围绕若羌县重大物流项目的储备条件，可有效采取PPP模式，加快启动重大项目建设，早日实现综合物流体系的构建和运行，尽快形成区域物流竞争优势和产业聚集优势，不断增强对南疆区域、周边区域以及新青川通道区域的物流要素聚合作用，抢占发展时机，为丝绸之路经济带南通道建设、中巴经济走廊综合物流通道建设做出重大贡献。切实加强对重大项目多元化融资模式的研究，增强项目运作的有效性和程序性，合理选择合作项目和考虑政府参与的形式、程序、渠道、范围与程度。境内外法人或其他组织均可通过公开竞争，在一定期限和范围内参与投资、建设和运营基础设施和公用事业并获得收益，最终实现多方共赢。有效增强国有投资公司在PPP项目建设中的主导引领作用和撬动作用，不断优化投融资结构，不断强化过程和效率管理，真正使PPP模式发挥其应有的投融资功能，真正推动综合物流体系重点项目的有效建设。

（三）协调银行机构

积极构建银政企三方合作的长效机制。搭建银企对接平台，重点推介物流企业和建设项目，使物流需求与金融服务实现完美结合。推动金融产品创新，发展动产质押、应收账款质押、代客结算、仓单质押和保兑仓等新型业务，拓宽物流企业融资方式和渠道，扩大贷款规模。支持银行与物流企业合作，积极开发新的授信经营模式，加强企业现金流和流程监控，围绕核心企业探索开发上下游企业的全景式供应链融资方式。发挥银行金融服务的媒介职能，依法开展与结算及融资配套的延伸金融服务。鼓励和引导金融机构在独立审贷的基础上，向符合条件的企业优先发放贷款，建立审慎灵活的风险控制机制，完善贷款监管体系。金融机构可适当降低借款利率、担保费、保险费等，为物流企业融资提供全方位的金融服务。创新支付结算服务，推广电子商业汇票、互联网支付、移动支付等结算方式。加强物流企业征信数据库建设，促进信贷资金向信用状况好的物流企业流动。鼓励金融机构优先与规范备案、专业水平高的征信机构开展业务合作，允许符合条件的融资性担保公司接入征信系统。开辟拨付服务业发展引导资金的绿色通道，优化金融机构相关业务系统功能，提高财政资金拨付效率。积极构建符合物流企业特点的信息采集、信用评价、成果应用、信息发布、融资服务和政策扶持体系，实行"征信+培植+担保+融资"一体化的物流企业信用和信贷服务。

（四）出台产业发展奖励政策

参照国内经济发达地区的物流产业发展经验和奖励政策，研究出台若羌县物流产业发展奖励政策。结合丝绸之路经济带现代物流示范城市创建工程的要求和若羌县培育物流产业的引领要求，对物流市场主体的发展设置一定的奖励政策，积极吸引大型物流企业在若羌落户，积极吸引综合性物流要素在若羌聚集。同时，通过产业发展奖励政策的设置，向县域已形成的各层次物流企业指明优化发展的方向和努力目标。根据若羌县构建综合物流体系的发展要求和目标，初步建议将若羌县物流产业发展奖励政策的范围设置如下（见表12-1）。

表12-1 若羌县物流产业发展奖励政策框架

奖励主题	奖励指标
物流园区规划建设	评为"国家级示范物流园区"
物流企业做大做强	评为国家2A、3A、4A、5A级物流企业
	新增纳入统计范围的规模以上物流企业
	在若羌新增设立南疆区域总部法人的物流企业
物流信息化和标准化建设	建设园区型物流公共信息平台、产品服务型物流公共信息平台
	牵头制定并获批国际标准、国家标准的物流企业
	获批自治区级、国家级服务业标准化试点单位的物流企业（园区）

续表

奖励主题	奖励指标
物流模式、业态、技术创新	评为国家级多式联运示范工程、列为甩挂运输试点企业的物流企业
	评为国家级、自治区级两业联动示范企业
	新认定自治区级企业技术中心的物流企业
发展特色物流	末端实体网点数达到30个（含）以上的物流企业
物流人才引进培养	新考取物流师（含高级物流师）资格证达到5人（含）以上、10人（含）以上、15人（含）以上的物流企业分别给予不同额度的奖励

三、社会资本的系统化运作

（一）通道项目体系的宏观设计

对于若羌县构建综合物流体系而言，社会投资企业需要重点关注的领域包括基础设施项目、信息化项目、物流金融服务项目等。其中，最为重要的一项产业投资流程是对综合物流体系大大小小的重要项目进行前期设计和论证。若羌县综合物流体系建设是一项庞大的系统工程，若羌县未来发展层次可定位为第三亚欧大陆桥核心区。若羌县建设综合物流体系，不是发展简单意义上的通道经济，而是构建使丝绸之路经济带南通道和中巴经济走廊战略通道发生重大变化的全局性产业带。若羌县综合物流体系建设也是一个长期的过程，将由一系列的系统化项目体系来支撑。对于民营投资主体而言，应抓住国家"一带一路"、中巴经济走廊等重大建设和新疆南部重大铁路、高速公路建设的有利时机，前瞻性谋划社会投资的接入领域，按照综合物流体系的服务范围，系统化设计系列项目体系，有效接入大通道综合物流体系建设进程，最终实现稳定的长远投资收益。国务院印发的《关于进一步推进物流降本增效促进实体经济发展的意见》指出，支持符合条件的国有企业、金融机构、大型物流企业集团等设立现代物流产业发展投资基金，按照市场化原则运作，加强重要节点物流基础设施建设，支持应用新技术新模式的轻资产物流企业发展。鼓励银行业金融机构开发支持物流业发展的供应链金融产品和融资服务方案。支持银行依法探索扩大与物流企业的电子化系统合作。这为社会投资有效接入若羌县综合物流体系建设提供了重要的政策依据，其中产业基金的构建是重要的行业发展方向和趋势。此外，国家对西部地区和"一带一路"沿线区域的基础设施投资提供了倾斜性支持政策。这些都是市场层面企业群体的重要利好。

（二）区域资源的重新整合

若羌县综合物流体系的构建过程也是对新疆南部现有物流产业资源不断进行整合和集约化发展的过程。目前，新疆南部综合物流大通道已经具备了物流产业发展的雏形。要实现区域性目标，需要社会资本对沿线区域的物流地产等项目进行重新的资源整合，包括物流产业运营体系的重新整合。之所以进行资源整合，除了支撑整个通道经济带的高速发展之外，更重要的一个原因是降低区域物流的运行成本。对南疆地区的绿洲经济地理而言，需要不断降低物流产业的运行成本，包括降低物流服务价格、提高多式联运效率等。新兴通道经济带框架的构建、多式联运体系的构建，都需要对南疆现有综合物流要素体系和资源进行重新整合和优化。对于庞大的社会资本项目运营体系而言，新疆南大门区域物流资源的整合充满着投资机遇，其中并购和重组是社会资源接入资源整合的重要载体。社会投资机构可引导重大产业基金、上市公司、物流行业龙头企业等通过资产收购等形式开展并购重组，促进行业整合和产业升级。对于一些需要激活的要素资源、物流地产项目、国有和集体所有的物流地产项目，可通过引进战略投资者、注入优良资产、资产置换等方式实施重组。要积极利用优先股、并购贷款、并购基金、可转债、永续债等融资手段，丰富并购方式，拓宽并购资金来源。鼓励证券公司、资产管理公司、股权投资基金以及产业投资基金等参与企业并购重组。充分发挥政府股权投资引导基金和民营发展基金的作用，按照有利于制衡机制有效形成、有利于资本运营水平提升、有利于产业转型升级的目标要求，积极引入社会资本参与国有企业改革，鼓励发展非公有制资本控股的混合所有制企业。完善财税、职工安置等政策，简化审批手续，降低并购成本，定向精准支持企业并购重组。

（三）基于金融创新驱动的产业体系建设模式

若羌县综合物流体系建设恰逢我国进入高质量发展阶段、供给侧结构性改革深化阶段、"一带一路"与中巴经济走廊建设纵深推进阶段、巩固脱贫攻坚成果同乡村振兴有效衔接的阶段。创新驱动已经成为写入党的二十大报告的工作要求和创建现代经济体系的战略性工作要求。在这样一个重大宏观背景下和历史性变革时期，若羌县综合物流体系建设不能再沿用老的工作思路和工作模式来推进，而必须采取基于创新驱动的新型产业运作模式或者商业运作模式。其中，引入现代金融发展的工具、手段和思路尤为重要。可将新疆南大门综合物流体系和南疆大通道的系列项目作为"一带一路"、中巴经济走廊、柴达木—塔里木物流大通道或者西部大开发项目体系的重大板块加以设计和推动，积极从自治区和国家部委层面推动战略性金融架构的构建，通过设立多元化产业基金、公益性基建基金或者引入大型市场基金机构等，实现内陆地区综合物流体系的超常规建设和发展。从一种直接的金融架构层面来讲，可将新疆南部大通道的能源、商贸、工矿业、特色农产品等物流项目体系整体包装为捆绑式项目储备体系，直接争取国家级金融组织的投融资支持。此外，国内在自贸区建设、海外产业园区建设等众多层面已经形成了较成熟的规模化项目开发经验和模式，考虑到新疆南大门综合物流体系的重大公益性特征和重大通道经济价值，可创新性采取区域性金融框架搭建的发展模式，最终实现第三条亚欧大陆桥的有效构建和华中地区市场（依托新疆南部大通道）与欧洲市场的高度对接。

（四）物流企业自身的融资价值构建

目前，在国内物流产业的发展层面，物流企业的平台化、联盟化已经成为不可阻挡的行业发展趋势。同时，信息技术、电子商务、网购平台的迅猛发展等对物流企业的传统运作方式提出了不断优化的要求。物流产业进入了一项物流技术的快速普及就能很快影响到整个行业体系的发展时代。在这样的产业背景和现代市场经济背景下，若羌县综合物流体系相关的各类物流企业要不断提升自身的产业管理水平，有效跟上新时代市场经济的变化形势，不断提高信息化发展水平，不断积累具有金融抵押价值的各类要素资源，使自身的企业体系、项目体系和资源变得更有市场价值，最终在市场占有一席之地，实现可持续发展。因此，物流企业要聚集优质的人才资源、专家资源，构建有效的社会公关资源和客户资源，组建创新型创业团队，不断优化业务流程，不断提高客户服务水平，不断降低产业服务成本和物流运行成本，不断创造良好的交易记录和信用记录。同时，物流企业应加强自身的财务管理，将先进的管理模式应用于管理实践中，提高资金管理水平。另外，物流企业要不断探索新的融资渠道，实现物流业态与金融业联动发展，延伸物流活动的金融服务价值链，构建和完善供应链金融体系，最终通过发行债券或者股票的形式筹集资金，实现事业腾飞。

第三节 政策扶持结构设计

一、扶持类政策

落实国家扶持现代物流业发展的相关政策，出台促进若羌县物流业加快发展的政策措施。县委县政府牵头有关部门加强对物流产业发展重大政策的研究和争取工作，形成有效的工作机制，全面争取自治区以及国家部委层面的重大产业政策落地。为鼓励区内外投资者到若羌县投资物流产业项目，促进若羌县现代物流产业的发展，出台相应的扶持政策是最常用的区域直接援助手段，主要针对区域内的微观经济主体——主要是企业——出台激励措施，目的是通过强化政策区位因素，有针对性地吸引主导产业进驻并加以培育。从政策环境的角度出发，若羌县政府应在土地、税费、财政、产业、人才建设等方面提供优惠政策。

（一）土地政策

充分认识物流节点设施作为社会基础设施的功能，强化用地保障。做好规划衔接协调，将物流业发展规划纳入地方经济发展、城乡发展和土地利用总体规划，及时落实土地使用指标。对国家、自治区、自治州级重点物流项目，要优先安排土地使用指标。新增物流项目根据类型、规模划分，由县物流产业发展领导小组认定后，尽可能"集中"布置，节约物流用地。在编制土地利用规划和城市规划时，对纳入规划的物流重点项目用地给予重点保障，涉及农用地转用的，可在土地利用年度计划中优先安排。对政府供应的物流用地，应纳入年度建设用地供应计划，依法采取招标、拍卖或挂牌等方式出让。积极支持利用工业企业旧厂房、仓库和存量土地资源建设物流设施或提供物流服务，涉及原划拨土地使用权转让或租赁的，应按规定办理土地有偿使用手续，经批准可采取协议方式出让。土地出让收入依法实行"收支两条线"管理。规划范围内的物流园区、物流中心、配送中心等物流项目由政府投资进行基础设施建设，达到"七通一平"，即通供水、通排水、通电、通信、通路、通燃气、通热力和平整土地，具备项目建设条件。土地使用权按有偿出让方式取得，对带动性、辐射性非常强的项目，建议采取一事一议的办法给予优惠。主要物流节点项目内用于仓储的库房及其附属设施、加工车间及其附属设施、堆场等用地列入工业、仓储用地范畴。

(二) 税费政策

税收优惠包括税收减量征收、税收免除征收、税收返还、加速折旧等多种形式，是指政府对区域内特定企业开展某种经济活动后应纳的税收予以减少或免除，目的是对已落户的企业在生产投资运营等方面给予长期的财政支持。应认真贯彻落实国家现有的商贸物流企业大宗商品仓储设施用地税收减半等税收优惠政策，降低交通运输、仓储服务等物流产业领域的税费水平。规划范围内的物流园区、物流中心、商业企业的配送中心和新成立的物流企业、商贸企业，超过一定规模的，可享受地方税收奖励。对作为辅业从工业和商贸流通企业中分离或改制而来的第三方物流企业，或通过优化资源配置而重组成立的物流企业，涉及企业资产、股权变动的，可商有关部门研究减免行政事业性收费。积极推动解决城市配送车辆通行难、停靠难、卸货难、罚款多、收费多"三难两多"等问题，有关部门出台便于配送车辆通行及停靠的具体措施，降低道路通行费用。规范和降低农产品批发市场、农贸市场的摊位费等相关收费，必要时按法定程序将摊位费纳入地方政府定价目录管理。禁止零售商、超市等向供应商收取违反国家法律法规规定的通道费用，切实降低商品流通环节的成本。物流企业生产运营时段的用电、用水、用气价格要与工业企业基本保持同价。

(三) 人才政策

发展现代物流业需要一支现代化的高层次人才队伍，他们不仅要熟悉国际法规和国际经贸流程，还要掌握现代信息技术和具备建立流通体系的综合能力。因此，要加强人才需求预测和人才引进与储备。在人才培育和引进方面，树立人才优先的理念。政府应以创新人才、战略产业人才、高技能人才为培育和引进重点，加大对企业招聘高层次人才的支持力度，建设一支具有核心竞争能力、自主创新能力、优秀管理能力的人才团队。以引进促培育，加大人才引进力度，重点引进一批在海内外有影响力、拥有自主知识产权、能够带动产业发展的领军人才和创新团队。通过引进领军人才和创新团队，采取以老带新、以新传旧、以熟带生等方式，培育本土化核心团队，促进本土人才的快速成长。以培育助引进，创新人才培养模式，实施各类人才素质提升工程，突出培养创新型科技人才和急需紧缺专门人才，并通过人才区外培养计划，输送优秀人才进行深造，然后通过人际关系网络的构建，吸引区外优秀人才落户本地。强化物流行业职业技能教育以及从业人员的岗前培训、在职培训等。通过举办短期学习班、进修、业余学习等形式，推进区域人才开发一体化计划，构建巴州、南疆人才共育机制。通过搭建人才流动平台，加快人才培养开发一体化进程。督促企业建立职工工资正常增长机制和支付保障机制，提高企业职工收入、福利水平。对符合条件的引进人才等提供经济适用房、公共租赁住房，以解决其住房生活问题。切实解决优秀人才配偶择业就业问题以及子女入学升学等问题，以消除其后顾之忧。同时，制定员工福利和激励政策，培育现代物流管理人才和技术人才。加大专业性培养投资，使人才在若羌县的物流行业实现自己的价值，促进其自身和南疆地区经济的共同发展。

二、争取类政策

（一）积极争取大型石油能源储备基地落户若羌

积极实现与中石化、中石油等大型中央企业的沟通对接，关注中央石油能源企业关于中巴经济走廊能源通道的建设思路和布局安排，争取能源管道线路和大型能源资源仓储设施落户若羌。中巴能源安全通道的建设是若羌县仓储产业体系构建的历史性机遇，务必高度重视项目对接工作，谋划南疆大型储备基地或内地大型转运基地落户若羌。若大型能源仓储设施有效落户若羌，将大大推动若羌石化产业体系的发展，培育新的重大产业增长点，全面拉动城市化发展进程，显著推动物流产业的发展和社会就业。

（二）积极争取战略应急物资储备基地落户若羌

依托若羌县特殊的地理区位和战略通道价值，积极呼吁相关部门在若羌地区设立辐射整个南疆以及周边国家和地区的战略应急物资储备基地，以充分发挥若羌县的交通枢纽优势和战略节点功能。战略应急物资储备基地建设对若羌县培育仓储业意义重大。

（三）积极争取设立全国红枣交割市场

依托若羌县驰名的红枣地理标志品牌和现有的产业运作体系，积极与自治区、国家相关部门沟通对接，争取在若羌县创建全国红枣交割市场，辐射带动南疆区域的红枣产业发展和干果产业发展，体现产品价值，增加农民收入，推动区域经济发展。

（四）积极争取"中巴通道"纳入全国通道规划

为贯彻落实《营造良好市场环境推动交通物流融合发展实施方案》，加快形成物畅其流、经济便捷的物流大通道，交通运输部和国家发展改革委曾出台《推进物流大通道建设行动计划（2016—2020年）》。其通道构建方案为：以综合交通运输通道为依托，以物流需求为导向，以货流密度为主要考量依据，梳理出到2020年前重点推进的11条国内物流大通道，基本满足主要经济区、城市群、重要国境门户之间的通道空间布局优化和通道集聚、辐射功能强化的需要。并依托丝绸之路经济带六大经济走廊以及"海上丝绸之路"向外延伸，实现与国际物流通道有机衔接。建议县域层面积极向自治区级交通运输部门以及国家相关部委呼吁，将新疆南大门综合物流通道设置为中巴经济走廊物流大通道，并纳入全国性通道规划目录当中。

（五）积极争取设立为丝绸之路经济带现代物流示范试点城市

积极向自治区相关部门呼吁，按照丝绸之路经济带交通枢纽中心和商贸物流中心的建设要求，将若羌县设立为丝绸之路经济带现代物流示范试点城市，并争取阶段性建设资源，用于若羌县现有区域物流体系的优化改造，全面提升若羌县内陆物流腹地的形象和中巴经济走廊综合物流集结中心的功能，打造物流产业发展的区域竞争力和南疆区域物流的提升引领力。

（六）积极争取铁路货运站纳入自治区公铁联运中心建设目录

按照自治区交通枢纽中心规划和商贸物流中心规划的建设要求，不断阐述若羌县的区域优势地位，不断提升若羌县区域物流项目在自治区通盘项目体系中的位次，积极争取将若羌铁路货运站纳入自治区公铁联运中心建设目录，不断提高铁路货运站的建设等级和运营等级，全面发挥铁路物流对区域物流的拉动和辐射作用。

（七）积极争取创建陆港型国家级商贸物流枢纽城市

依托若羌县作为新疆南大门的区位优势和第二条进出疆大通道的功能，以丝绸之路经济带核心区自治区级商贸物流节点城市和地区性交通枢纽城市定位为支撑，实施新材料（千亿产值）、新能源（千万千瓦）"两新"工程，高水平、高起点推进"若羌工业新城"建设，积极培育全疆高质量发展的重要增长极，构建符合实际、特色鲜明的现代商贸物流产业体系，努力将若羌县建设成为陆港型国家级商贸物流枢纽城市。

后 记

县域物流研究是区域物流研究的一个重要组成部分。我于2014年在新疆大学出版社公开出版了专著《区域物流研究——基础理论和综述》。出版该专著是我在中国科学院攻读博士学位期间设定的科研计划的一部分。在我出版该专著之前，武汉大学海峰教授于2006年出版过相同研究主题的专著《区域物流论：理论、实证与案例》。我出版的专著也是对区域物流基础理论研究的一次尝试。在该领域开展研究的一些同仁们在物流学学科范围之内，力求建立区域物流学的分支学科。我做的工作也是这种目标的一部分。由于从区域视角研究物流产业活动形成了一定的理论基础，我很快在新疆的相关研究领域获得了相对可持续的区域物流研究课题，这些课题有的是自治区社会科学基金项目，有的是自然科学基金项目或者自治区专家顾问团项目。这期间也开展了一些地州、市县的实证性规划研究项目。自2014年区域物流首部著作出版到2023年10月，大概近10年的时间，我先后主持了10余项新疆区域物流相关的省部级课题。

2023年10月，我在中国经济出版社公开出版了专著《新疆区域物流发展概述》。这是我的区域物流研究理论和实证研究思路相对成熟后的一部著作。在该著作中，我讨论了关于新疆区域物流跨越式发展的一些设想和工作思路。这些年，我也有过进一步深化区域物流研究的计划和目标，但是自2018年1月至2021年5月，我在新疆和田地区和田县参加了脱贫攻坚战驻村工作，这期间基本没有精力开展区域物流相关的理论研究。完成驻村工作后，回到在新疆社会科学院的工作岗位，我开始梳理新疆区域物流发展方面的基础性研究，并在新疆物流学会的支持下开展了为期4个月的行业调研，最终出版了《新疆区域物流发展概述》这部著作。

由于前期还参与过库尔勒市综合物流体系规划研究和若羌县新疆南大门物流产业发展战略研究的课题，我开始着手考虑区域物流领域的分层次研究。如果说整体的新疆区域物流研究是一个省域层面的物流研究的话，那么对库尔勒市或若羌县物流产业的研究，就是对市域或县域层面的物流研究。若能够以库尔勒市或若羌县为例开展中观层次的物流研究，那么在区域物流理论研究和实证研究的空间层次上，就可以由省域向市域、县域等区域延伸。就在这种背景下，催生了对市域物流和县域物流进行理论梳理的需求。对于我来说，这丰富了区域物流的研究板块，可将区域物流的研究从省域空间延伸到市域空间和县域空间，也是对整体区域物流研究的重要补充。

我开始思考市域物流和县域物流的体系建设问题。依托原先的库尔勒市和若羌县物流研究课题，我又赴库尔勒市和若羌县进行了补充调研，观察了库尔勒市和若羌县在整个"十三五"期间的物流产业发展变化特征以及"十四五"初期市域和县域物流演变的趋势。丰富的现实素材，为市域和县域物流理论研究提供了坚实的案例基础。我在设计市域物流或县域物流理论研究的提纲时，不知道多少次站在地图面前，不断在脑海中演绎市域物流或县域物流的发展景象和路径，站在整个市域或县域的宏观视角，再三思考物流产业的发展框架、发展要素、管理体制和规划实施等问题。最终以区域物流基本理论分析框架为依托，结合市域或县域的产业发展特征等要素，搭建了市域物流和县域物流理论研究的基本框架。其中最大的一个收获是提出和提炼了区域"综合物流体系"建设的理论分析范式。

"综合物流体系"这种理论或政策分析范式，是我在库尔勒市和若羌县开展实地调研期间，反复思考地方政府的物流产业发展功能、物流市场的变化特征、物流设施的网络性、市场主体的集群性、产业发展政策的干预性等情况时自然发现的一个思考框架，也是有效研究市域物流或者县域物流的重要工具和手段。只要从综合视角进行研究，便很容易从规划和管理视角找到政策的落脚点，也可以将物流产业的复杂运行系统剥离为一种可以直观观察的框架。只要市域政府或者县域政府发现了这个框架，便可对物流产业的整体发展进行有效的干预和提升，至少获得一定范围的"市场主动"。当然，通过网络资源，我也查阅了大量与市域物流、县域物流相关的文献资料，尤其是在一些概念和定义方面，的确学习和借鉴了众多专家学者的学术讨论内容，力求这些概念和要素框架更加精准。这种"精准"既要与学科理论靠近，又要与特定区域的物流产业发展实践靠近。

后 记

在撰写县域综合物流体系研究专著的过程中，我努力讨论了县域物流发展的各个方面，从理论分析到实践案例，从问题剖析到解决策略，力图为读者提供全面而深入的研究成果。通过对县域物流基本概念和发展需求的介绍，我们便可认识到县域物流作为地方经济发展的重要支撑，具有不可替代的作用。同时，我们也看到了县域物流发展中存在的一系列问题和挑战，如基础设施建设不完善、运输网络不畅通、信息化水平不高、缺乏统筹管理的体制机制等。针对这些问题，我在相关章节中提出了相应的改进策略和措施，旨在推动县域物流行业的健康有序发展。在讨论县域物流的创新发展和未来前景时，我们可以看到技术创新、企业转型升级以及政府支持政策对于县域物流发展的重要性。

在写作本专著的过程中，我深感研究县域物流是一项重要而复杂的任务。尽管我已经尽力考虑各种因素和角度，但仍难免存在不足之处。希望读者能够在阅读过程中给予理解和指导，并对相关研究提出宝贵的意见和建议。最后，我衷心感谢所有在本专著撰写和出版中给予支持和协助的人员，包括相关专家学者、企事业单位和政府部门的工作人员、新疆社会科学院的领导和同事，尤其是若羌县的各级干部和物流行业领域的各类企业管理人员等。感谢你们的辛勤付出和支持，使本专著得以顺利完成。希望所有同仁们的研究成果能够促进县域物流的发展，为地方经济繁荣做出贡献。

阿布都伟力·买合普拉

2023 年 11 月